THE SPIRIT LEVEL

公平之怒

世 界 为 何 病 了

Why
Equality is Better for
Everyone

（英）理查德·威尔金森　凯特·皮克特　著
李岩　译

新星出版社　NEW STAR PRESS

目 录

前　言 / 1
致　谢 / 5
图表说明 / 7

第一部分　物质成功，社会失败

一、一个时代的终结 / 3

二、贫穷，还是不平等？ / 14

三、我们为何如此在意不平等 / 28

第二部分　不平等的代价

四、社群生活与社会关系 / 43

五、心理健康与吸毒 / 57

六、生理健康与预期寿命 / 66

七、肥胖：收入差距越大，腰围也就越大 / 79

八、教育表现 / 92

九、青少年生育：循环往复的贫困 / 105

十、暴力：为了获得尊重 / 114

十一、监禁与惩罚 / 128

十二、社会流动性：机会不平等 / 139

第三部分　更美好的社会

十三、功能失调的社会 / 153

十四、我们的社会遗产 / 174

十五、平等与可持续性 / 190

十六、建设未来 / 204

后　记：当研究与政治相遇 / 237

附　录 / 262

参考文献 / 269

前　言

　　人们通常会夸大自己工作的重要性，因此，我们也担心自己会言过其实，但本书所包含的并非关于如何令世界步入正途的一系列灵丹妙药与成见。本书中所描述的工作出自一项耗时很长的研究（我们两人一共花费了超过50年时间），该研究最初的目的在于探明现代社会中居于不同社会等级的人们之间在预期寿命上存在巨大差异（也就是"健康上的不平等"）的原因。起初，中心问题在于弄明白为何居于较低社会等级的人们健康状况也较差：穷人健康状况差于中间阶层，中间阶层则差于上等阶层。

　　与其他研究决定健康的社会因素的人士一样，我们所接受的流行病学训练意味着我们运用的是用来追溯人口病因的方法：试图探明为何某个群体的人们染上了某种疾病，而另一个群体的人们并未患病；或是试图解释为何某些疾病变得更为流行。这种方法不仅限于健康状况，同样还可以被用于探明其他问题的成因。

　　"基于证据的医学"一词指的是，如今人们通过种种努力来确保医学治疗的基础是关于何种疗法有效、何种无效的最佳科学证据。与此类似，我们认为可以把本书称为"基于证据的政治学"。作为我们论述基础的研究成果出自不同大学与研究组织的诸多团队之手，通过可重复的方法对可观测的和客观的结果进行了研究，经过同行审阅的研究报告发表于学术科学期刊上。

这并不意味着本书不含有猜想的成分。结果总是需要被解释的，但通常有充分的理由在多种解释中更加青睐某一种。稍后的研究发现往往会对起初的理论与预期提出质疑，从而促使人们重新思考该问题。为了让您更好地了解为何我们相信在现代社会中提升每一个人的生活质量是可能的，我们希望邀您一道踏上我们曾经经历过的历程。在这段历程中，我们标记出了重要的证据，剔除了各条死胡同和错误的岔路，以免浪费时间。我们将罗列出这些证据以及解释这些证据的理由，您可以自己作出判断。

就直觉而言，人们总能意识到不平等会损害社会。但人们似乎很少有理由认为各个发达社会在不平等状态上的差异程度足以导致任何显著的后果。如今，与浮现出的这一幅惊人景象相比，最初促使我们寻找此类后果的理由已经显得无关紧要了。许多发现既要归功于判断力，也要归功于好运。

这幅景象为何直到现在才得以浮现？原因可能在于，直到近年来人们才能得到所需的多数数据。如今，关于各国收入、收入分配乃至不同的卫生与社会问题的信息均可以进行对比了，在这种情况下，某人得出与我们类似的研究成果只是时间问题。这些数据使得我们及其他研究者可以分析各个社会间的差异何在，发现多个因素之间有何种关联，以及更加严格地对理论进行检验。

容易想象的是，自然科学中的新发现要比社会科学中更迅速地被接受，正如同物理理论不像关于社会的理论那样具有争议。但自然科学的历史也充满了痛苦的人际争执。这些争执最初源自理论上的分歧，但常常会贯穿当事人的一生。自然科学界的争议通常仅限于专家之间：多数人对于粒子物理学中相互竞争的理论并不持有特别明确的观点。但对于社会是如何运作的，他们无疑有着自己的观点。在一定程度上，社会理论就是关于我们自己的理论。事实上，它们几乎可以被视为我们对于社会的自我意识或自我认知的一部分。自然科学家并不必说服各个细胞或是原子接受自己的理论，社会理论家则不得不面对纷繁的个人观点以及强大的既得利益。

1847年时，伊格纳茨·泽梅尔魏斯（Ignaz Semmelweis）发现，医生在接生前洗手将大幅降低产褥热导致的死亡率。然而，在他的研究成果造福于人之前，他先得说服人们（主要是他的医学同行）改变自己的行为。对他而言，真正的战斗不在于最初的发现，而是随后的争论。他的观点受到了嘲讽，最终，他精神失常，以自杀结束了一生。医学界大多都没有严肃地对待泽梅尔魏斯的研究，直到巴斯德（Louis Pasteur）和约瑟夫·李斯特（Joseph Lister）提出了细菌致病理论，从而解释了卫生的重要性。

我们生活在一个悲观的时代。除了对全球变暖可能导致的后果感到担忧之外，人们还常常感觉到许多社会尽管物质上很成功，但却愈发为社会性失败所累。雪上加霜的是，如今我们又迎来了经济衰退和随之而来的高失业率。不过，意识到了现状将无法维持下去，变革势在必行，这也许恰好构成了乐观情绪的基础：也许我们终于有机会建设一个更加美好的世界了。本书英国精装版受到了格外热烈的欢迎，这证明了的确存在着寻求变革、找到解决问题的积极对策的普遍渴望。

在这一版中我们只进行了少量改动。数据来源、方法和结果的细节——我们觉得多数读者也许希望略过这些内容——在附录中列出，供对数据有兴趣的读者查阅。关于因果关系的第13章，结构进行了微调，并被进一步强化了。我们还进一步扩展了对过去哪些因素导致各个社会更加或者更不平等进行的讨论。我们的结论是，这些变化是受到政治态度的变化推动的；因此我们认为，将对相关政策的讨论视为寻找恰当的技术性解决方案，是错误的态度。如果愿意的话，有上百种方式可以使得社会变得更加平等，因此我们并未指定应采取哪些具体政策。我们亟须的并非是一项明智的解决方案，而是认识到平等对于全社会的益处。

如果正确的话，本书提出的理论和证据将告诉我们，如何能大幅提高大多数人的生活质量。然而，除非改变多数人看待自己所处社会的方式，否则这项理论仍将胎死腹中。只有当本书所概述的观点深入人心后，民意才会推动必要的政治变革。因此，我们设立了一家名为"平等基金会"（The Equality Trust）的非营利机构（详情见本书结尾处），目的在于使得书中呈现的证据更好地为人所知，并且表明这样的态度：有一种方法能够令我们所有人都摆脱困境。

致　谢

我们要感谢丹尼·多林（Danny Dorling）、斯图尔特·普罗菲特（Stuart Proffitt）和艾利森·奎克（Alison Quick）对于本书手稿的细致阅读和颇有裨益的建议。我们还要感谢莫莉·斯科特·凯托（Molly Scott Cato）对第15章提出的意见，感谢马吉德·伊扎蒂（Majid Ezzati）体贴地向我们寄来他亲自修正的美国各州的体质指标，感谢斯蒂芬·贝兹鲁赫卡（Stephen Bezruchka）富有启发的讨论。

我们还要感谢约瑟夫·朗特里慈善基金会（Joseph Rowntree Charitable Trust），尤其要感谢斯蒂芬·皮特姆（Stephen Pittam）帮助我们通过平等基金会传播这项研究成果；感谢凯瑟琳·巴斯比（Kathryn Busby）和比尔·克里（Bill Kerry）的辛勤劳动，他们使得这一话题持续受到关注。

理查德·威尔金森要感谢诺丁汉大学以及在流行病学和公共健康系的前同事，他们使得威尔金森得以自由地投入本书的研究工作。凯特·皮克特要感谢约克大学及同事给予的慷慨支持。

图表3.1和3.2的重新绘制得益于让·特文格（Jean Twenge）友好的授权。我们要感谢剑桥大学出版社授权重新绘制图表4.3和10.1。图表6.1的重新绘制获得了BMJ出版集团的许可，图表6.7获得了布赖恩·克里

斯蒂设计公司的许可，图表 15.3 获得了《经济学杂志》（*The Economic Journal*）的许可。其他图表均由我们自己绘制，只要注明来源即可自由复制。

图表说明

图表中的事实：如何解读本书中的图表

本书中使用的多数图表表现的是收入不平等与不同的健康与社会问题之间的关联。它们或是在国际上对各个富裕国家进行了对比，或是对美国各州的情况进行了对比。

在这些图表中，位于下方的水平线（x轴）代表的是收入不均度，因此不平等程度较低的社会位于左侧，不平等程度较高的社会位于右侧。

不同的健康与社会状况体现在图表左侧的垂直线（y轴）上。

多数图表都具有两大特征。首先是分布在图表上的许多个点，它们或是代表了各个富裕的国家，或是代表了美国的各州；于是读者可以直观地将某个社会与其他社会进行对照。此外图表上还有一条线，被称为"回归线"；这条线代表的是收入不平等与某种状况之间的"最佳匹配"关系。这条线不是我们自己选择的，而是通过数据统计软件计算得出的，能够最好地反映数据中暗含的趋势。此外，我们还可以计算出这些状况在多大程度上并非出自偶然。只有当二者之间的关联很有可能并非出自偶然时，我们才会在图表中加入一条最佳匹配线。如果某张图表中不含有最佳匹配线，这就意味着没有证据表明二者之间存在关联。

如果这条线向右上角倾斜,这就意味着某种健康或社会状况在更不平等的社会中更为常见。我们认为的糟糕现象(例如暴力)常常呈现为这种形态。

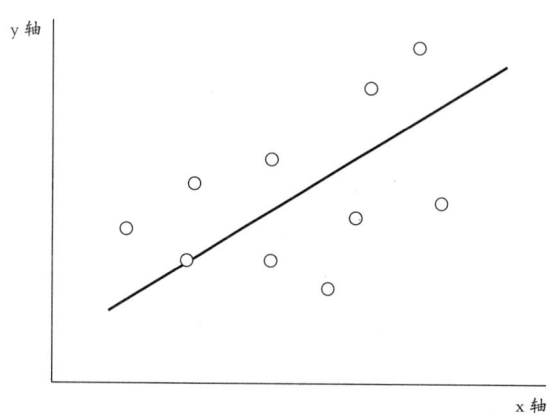

如果这条线向右下角倾斜,这就意味着某种健康或社会状况在更不平等的社会中更不常见。我们认为的良好现象(例如信任)常常呈现为这种形态。

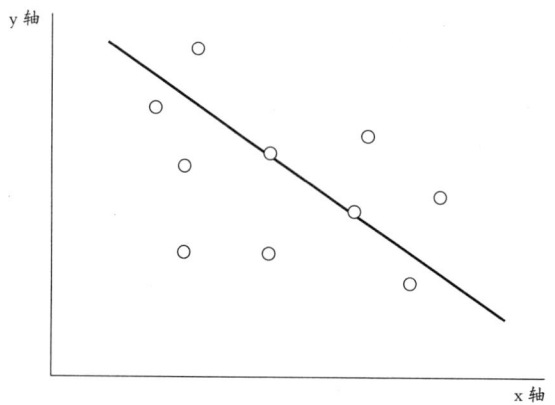

点在图表中分布得很散,意味着在该状况背后有着其他重要的影响因素。这并不意味着不平等对该状况不具有重大影响,而只是意味着其他因素同样很重要。

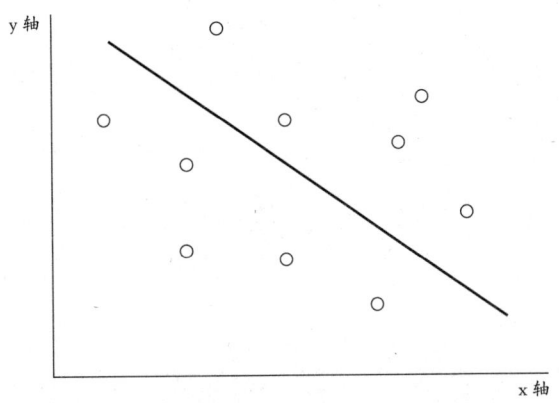

点在图表中分布得很紧密,意味着在不平等与该状况之间存在着非常密切的关联,不平等程度精确地预示着该状况的存在。

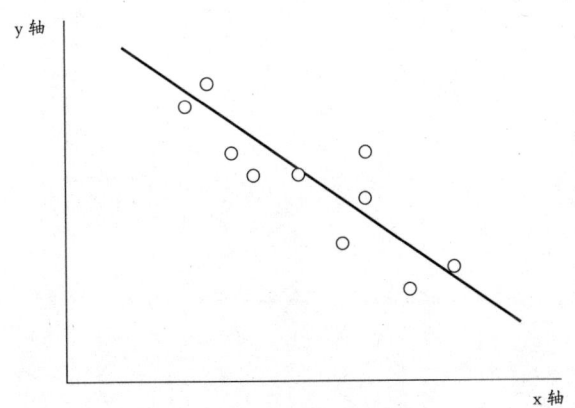

关于我们所采用的方法,更多细节请见 www.equalitytrust.org.uk。

第一部分

物质成功,社会失败

一、一个时代的终结

> 我在乎财富,它能为朋友带去礼物,能为生病的人提供治疗。但就满足日常需要而言,财富并不是特别重要。因为不管是富人还是穷人,只要填饱了肚子,就没有什么两样。
>
> ——欧里庇得斯(Euripides),《伊莱克特拉》(*Electra*)

这是一个引人注目的悖论:在人类物质与技术成就的鼎盛时期,我们却充满了焦虑,容易抑郁,为别人如何看待我们感到担忧,对自己的友谊心存疑虑,被驱使着进行消费,社群生活却很少,甚至完全没有。我们需要但缺少轻松的社会交往以及情感上的满足;我们过度进食、着迷一般地购物与开销,或是耽溺于过量的酒精、精神药品和非法药物,试图从中获得安慰。

为何当人类的财富与舒适程度达到了史无前例的水平时,我们的精神和情绪却经受着如此严重的痛苦?我们常常感到缺失的,只不过是享受朋友的陪伴,但就连这一点也显得遥不可及。我们的生活听上去就像是一场必须不断求生的心理战,不停地在与压力和情绪衰竭作战;但事实上,我们的生活已是如此奢华,甚至对地球构成了威胁。

受默克家族基金会(Merck Family Foundation)委托,哈伍德公共创新学院（Harwood Institute for Public Innovation）在美国展开的研究表明，人们感到"物质主义"阻碍了他们满足自己的社会需求。一份名为《渴望平衡》（Yearning for Balance）的报告以面向全美的调查为基础，总结称他们"对于财富和物质收益深深地感到喜忧参半"。[1] 大多数人都希望社会"摆脱贪婪和过剩，更加趋向于以价值观、社群和家庭为核心的生活方式"。不过，他们还认为多数美国人并不将这些视为当务之急；他们相信，多数同胞变得"愈发原子化、自私和不负责任了"。结果就是，他们常常感到自己受到了孤立。然而，这份报告表示，当人们被划分成焦点小组对这些问题进行讨论时，他们"惊喜地发现其他人与自己持有相同的观点"。我们感到了社会价值的缺失，觉得自己被驱使着追逐物质利益，但这种不安感并未促使我们为了共同的事业团结起来，反而常常表现为一种纯属私人的矛盾心态，将我们彼此隔离开来。

如今，主流政治已经不再探讨这些问题，不再尝试通过某种人们共享的愿景来激励我们建立更加美好的社会。作为选民的我们再也见不到任何认为能够改变社会的集体信念了。几乎所有人为之奋斗的唯一目标不再是建立更加美好的社会，而是在现存社会中为自己谋得更好的地位。

重要的标志之一在于许多富裕国家的物质成功与社会失败之间的鲜明反差。这表明，如果我们希望真正地进一步提高生活质量，就应该把注意力从注重物质水平与经济增长转移到改善全社会的心理与社会福祉上。然而，一旦谈及心理因素，讨论往往就会倾向于仅仅关注对于个体的治疗手段，政治思考似乎毫无成果。

如今，我们可以拼接出一幅全新的、令人信服的、逻辑一致的图景，提出令社会摆脱如此之多失调行为的对策。正确地理解现状将有助于为我们所有人实现政治转型，并提高生活品质。这将改变我们对周遭世界的认知，改变我们投票的目的，改变我们对于政客的要求。

在本书中，我们表明了社会中各种关系的性质是建立在物质基础上的。收入差距的程度对于我们与他人的关系有着极大的影响。我们将表明，不平等的程度是能够强有力地影响所有人心理福祉的一项政策手段，而不是应归咎于父母、宗教、价值观、教育或是刑罚制度。过去，对婴儿体重增长的研究表明，与充满爱意的照顾者互动对于儿童的成长是至关重要的。与此类似，如今，对死亡率和收入分配的研究表明了成年人具有何种社会需求，社会又该如何满足此类需求。

早在 2008 年下半年金融危机爆发之前，英国政客便时常称我们身处"破碎的社会"之中，感叹社群的衰落，或是各种反社会行为的兴起。金融崩溃令人们的注意力转移到了破碎的经济上。社会的破碎时常被归咎于穷人的行为，经济的破碎则被普遍归咎于富人。在更高薪水与奖金的刺激之下，那些最受人信赖的金融机构的掌控者将警惕心抛到了九霄云外。他们搭建起了一座摇摇欲坠的纸牌屋，只有在一层脆弱的投机泡沫保护之下，这间纸牌屋才能勉力维持下去。然而事实上，社会与经济的破碎都是不平等加剧的结果。

证据指向何处

首先我们应该概述的是，哪些证据表明经济增长为我们带来的收益已经接近了尽头。数千年来，改善人类生活质量的最佳方式就是提高物质生活水平。当狼群还环伺在家门口时，物资充沛的年代就算得上是好时光了。但是，对于富裕国家的大多数人来说，生活中的艰辛已经不在于填饱肚子、拥有清洁的用水和保暖设施了。如今，我们中的大多数人都希望自己能够少吃点儿，而不是多吃点儿。而且，平均而言，穷人要比富人更加肥胖，这在历史上还是第一次。长期以来，经济增长一直是推动进步的伟大发动机；但在富裕国家，在很大程度上它已经完成了自己的使命。幸福程度不仅仅不再随着经济的发展继续提高，事实上长期来看，随着富裕国家变得更加富裕，焦虑、抑郁和其他社会问题变得愈发严重了。富裕国家的人们已经走到了一段漫长历史旅途的终点。

图表 1.1 体现的就是这段旅途。它所反映的是处于不同经济发展阶段的各国人均国民总收入与预期寿命之间的关系。对较贫穷的国家而言，在经济发展的早期阶段，预期寿命迅速增长。但是从中等收入国家开始，预期寿命增速开始放慢。随着生活水平的提高，以及国家变得愈发富裕，经济增长与预期寿命之间的关联变弱了。最终，二者之间的关联彻底消失了，图表 1.1 中的上升曲线也变得水平，这意味着对富裕国家而言，变得更加富裕并不会促使预期寿命进一步增长。在最富裕的 30 多个国家，这种现象已经发生了，这些国家位于图表 1.1 的最右上角。

图表 1.1 中曲线变得平稳的原因不在于我们到达了预期寿命的极限，因为随着时间的流逝，就连最富裕的国家人民的健康状况也依然能够得到显著改善。不同之处在于，健康状况的改善不再与平均生活水平相关了。每经过十年，富裕国家的预期寿命就会增长两到三年。这与经济增长无关，也就是说，在预期寿命方面，像美国这样富裕的国家不再比富裕程度仅为自己一半的希腊和新西兰等国表现更加出色了。随着时间的流逝，图表 1.1 中的曲线并未沿着原先的轨迹延伸下去，而是开始垂直上升：相同的收入水平之下，预期寿命变得更长了。这些数据难免令人得出这样的结论：随着国家变得愈发富裕，平均生活水平的提高对于健康状况的改善作用越来越小。

健康与长寿固然重要，但优质生活还包括其他要素。然而，与健康和经济增长之间的关系逐渐变得平稳一样，幸福和经济增长之间的关系同样如此。和健康状况一样，在经济增长的早期阶段人们的幸福程度也迅速上升，然后逐渐变得平稳。经济学家理查德·莱亚德（Richard Layard）在关于幸福的著作中强有力地证明了这一点。[3] 各国的幸福程度也许深受不同文化的影响。在有些社会里，不表示自己很幸福听上去也许就像是承认失败，在另外一些社会里，声称自己很幸福听上去却很自鸣得意。不过，尽管面临种种困难，但图表 1.2 依然表明，与预期寿命的情况相仿，最富裕国家的"幸福曲线"也变得平稳了。就这两种情

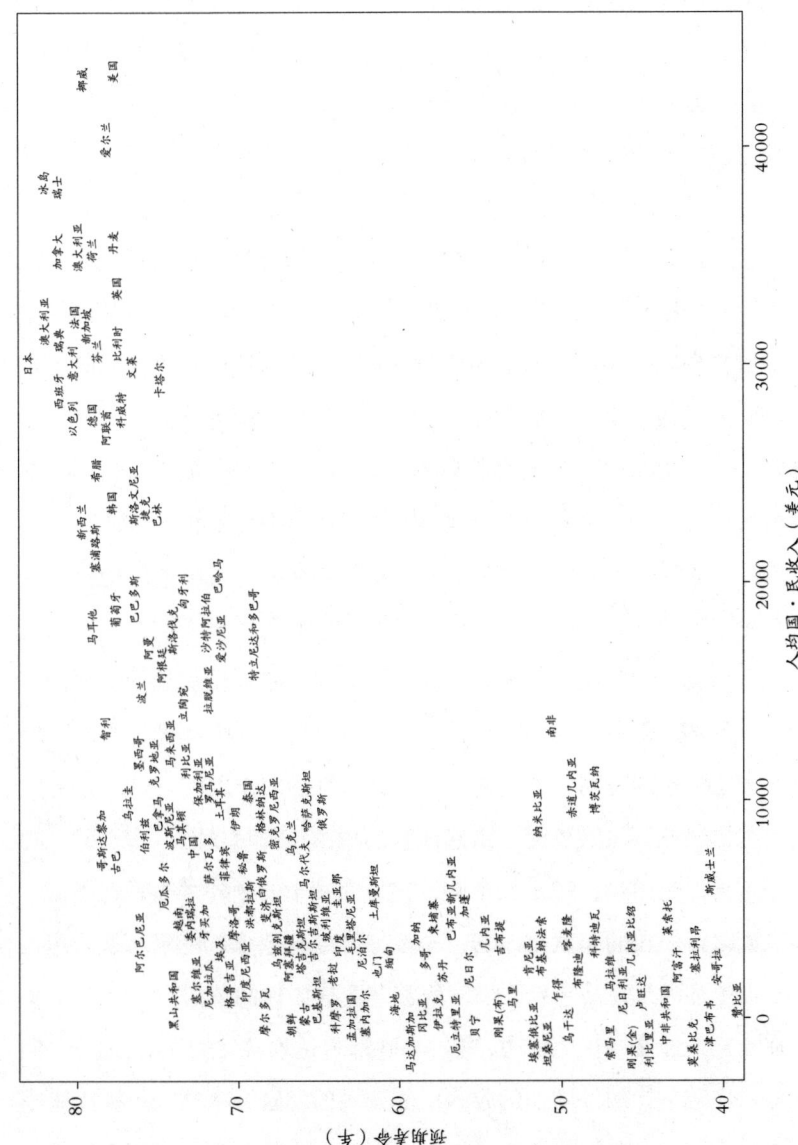

图表 1.1：经济发展只在早期阶段有助于提高预期寿命。[2]

一、一个时代的终结

况而言，重大进步都是在经济发展的早期阶段取得的，随着国家变得愈发富裕，更加富裕对于人们幸福程度的提高作用也越来越小。在这两张图表中，在人均国民总收入25000美元这个节点上，幸福程度和预期寿命这两条曲线都开始变得水平。不过也有证据表明，随着时间的流逝，这一节点可能在更高的收入水平上才会到来。[4]

随着富裕国家变得更加富裕，幸福程度不再继续提高。我们不仅仅可以通过对某个时间点上不同国家的状况进行比较（例如图表1.2所示）来得出这一结论，还可以观察日本、美国和英国等国家在足够长的一段时间内幸福程度的变化，以检验其幸福程度与富裕程度的关系。证据表明，即使在真实收入翻了一番的这段时期之内，这些国家里人们的幸福程度也并未增加。使用其他指标（例如"经济福利程度"和"真实进步指标"；这些指标试图在扣除了交通堵塞和环境污染等成本之后，计算经济增长的净收益）来衡量福祉程度的研究者也得出了相同的结论。

因此，无论我们考察的是健康、幸福，还是衡量福祉的其他指标，结论都是一致的。在较贫穷的国家，经济发展对于增进人们的福祉而言依旧非常重要。物质生活水平的提高将显著改善各项反映福祉水平的客观指标（如预期寿命）和主观指标（如幸福程度）。但随着这些国家跨入富裕发达国家的行列，收入进一步提高所发挥的作用就会越来越小。

这种情况并不出人意料。当你拥有的东西越来越多时，每得到一样新东西（无论是面包，还是汽车），它为你带来的额外幸福感就越低。当你饥饿时，一条面包就是一切；一旦你已经吃饱了，再来几条面包也不会让你更加满足；当它们变质时，甚至会成为你的负担。

在漫长的经济增长历程中，各国早晚都将达到富足的程度，此时"回报率开始递减"，额外增加的收入所能购买的健康、幸福或福祉越来越少。在过去的150多年间，许多发达国家的平均收入几乎经历着持续的增长，但新增加的财富已经不像曾经那样富有裨益了。

致死病因的变化趋势确认了这种解释。随着国家变得富裕起来，首

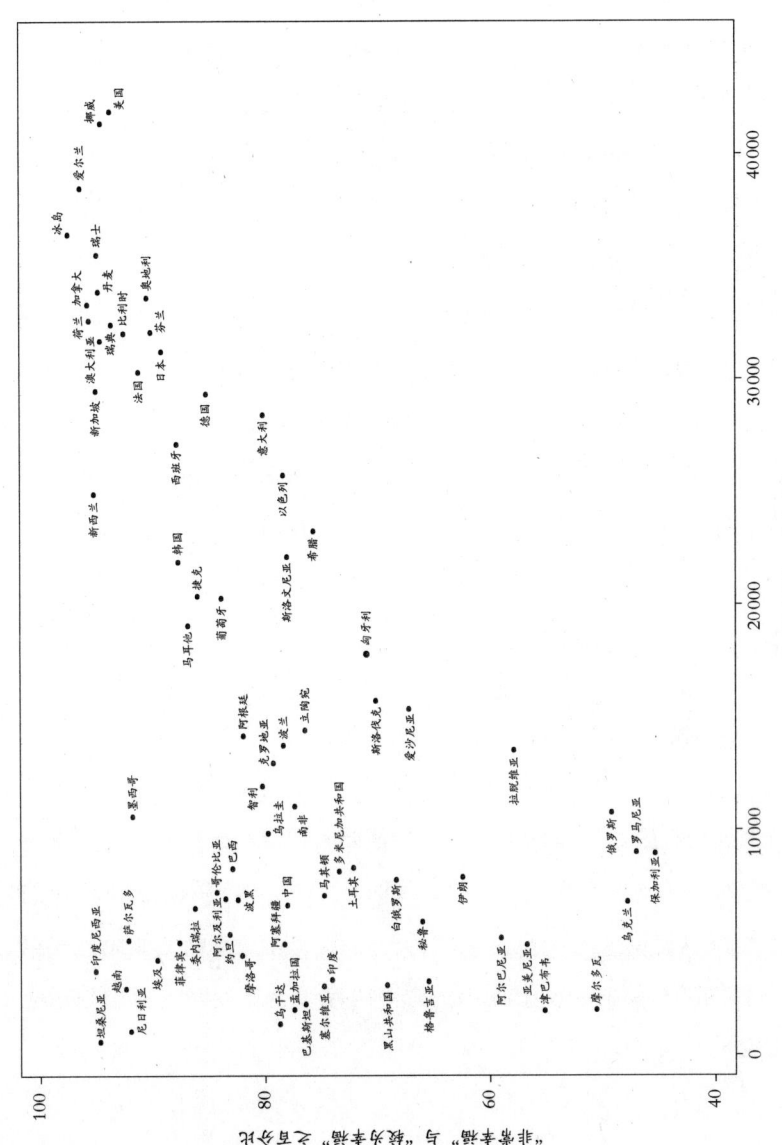

图表1.2：幸福程度与平均收入（无法获得关于英国的数据）。[5]

一、一个时代的终结

先开始减少的是贫穷疾病的数量。重大的传染性疾病如肺结核、霍乱和麻疹（如今，这些疾病在较贫穷的国家依然很常见）渐渐地变得不再是最重要的致死病因了。这些疾病消失之后，困扰我们的是所谓富裕疾病，如退化性心血管疾病和癌症。传染性贫穷疾病尤其高发于儿童时期，甚至会造成正值壮年的人死亡，而富裕疾病则多高发于晚年。

另外一项证据同样能够确认，图表 1.1 和 1.2 中的曲线之所以变得平稳，原因在于当这些国家达到了一定物质生活水平之后，经济进一步增长所能带来的益处就不再明显。这项证据就是，曾经的所谓"富裕疾病"变成了富裕社会中穷人经常患上的疾病。心脏病、中风和肥胖症等疾病曾在富人中更为常见：心脏病曾被视为企业家的疾病，过去的情况是，肥胖的往往是富人，瘦的则是穷人。但大概从 1950 年代开始，在各个发达国家，这种情况均发生了逆转。曾经高发于富裕阶层的疾病如今成为了穷人常患的疾病。

环境因素对于增长的限制

富裕国家的经济增长已经无法带来实实在在的益处了。与此同时，我们还必须意识到全球变暖等问题以及环境因素对于增长的限制。为了防止气候变化失控、海平面上升，我们需要大幅减少碳排放，这也许意味着就连当前的消费水平也是不可持续的。如果较贫穷的发展中国家的生活水平得以提高（这一点是应当的），那么情况就更是如此。在第 15 章中我们将对如何令本书提出的观点与减缓全球变暖的要求相适应展开讨论。

社会内部与各个社会之间的收入差异

我们这一代人必须为这一问题找到新的答案：如何进一步提高人类

的实际生活质量。如果经济增长不再有效的话，我们又应该凭借何种措施？对于这一问题的答案，最有力的线索来自这一事实：社会内部收入差异与我们所处社会与其他富裕社会之间平均收入的差异，对我们产生的影响是截然不同的。

在第4至12章中，我们将关注一系列健康与社会问题，如暴力、精神疾病、青少年生育，以及教育失败。在每个国家内部，这些问题在穷人之中都比在富人之中更为常见。结果就是，似乎往往是更高的收入与生活水平使得人们得以摆脱这些问题。然而，如果我们对不同社会进行比较，就会发现这些社会问题与某个社会的平均收入水平关联性很弱，甚至没有关联。

以健康问题为例。与图表1.1考察富裕与贫穷国家的预期寿命不同，我们在这里仅仅考察最富裕国家的情况。图表1.3中呈现的全部是富裕国家，尽管其中有些国家的富裕程度几乎达到了另外一些国家的两倍，但这并没有带来更高的预期寿命。不过，在任何国家内部，死亡率与收入水平之间都有着密切的、系统性的关联。图表1.4呈现的是美国国内死亡率与收入水平之间的关联。这里考察的是美国各个邮政编码区域具有典型家庭收入水平者的死亡率。位于图表右侧的是较富裕的邮政编码区域，这些区域死亡率较低；位于图表左侧的是较贫穷的邮政编码区域，这些区域死亡率较高。我们使用的是美国的数据，然而尽管倾斜程度不一，几乎所有社会的健康状况都呈现出类似的坡度。在社会的各个层次上，较高的收入水平都与较低的死亡率相关联。需要注意的是，这并不仅仅意味着穷人的健康状况比其他人更差。图表1.4的引人注目之处在于，关于健康状况的坡度是纵贯整个社会的：我们所有人都受其影响。

在各个社会内部，人们的健康和幸福状况与其收入水平相关联。平均而言，在同一个社会中，较富有的人往往比较贫穷的人更健康、更幸福。但如果在各个富裕国家之间进行比较，就会发现即使某国的平均富裕程度是另一国的两倍，这也不会对两国的健康与幸福状况造成影响。

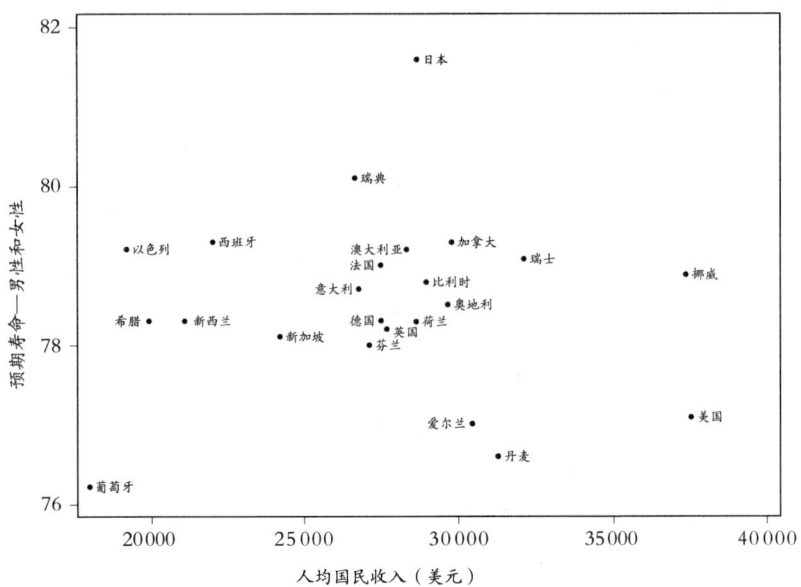

图表1.3：预期寿命与富裕国家之间平均收入水平的差异没有关联。[6]

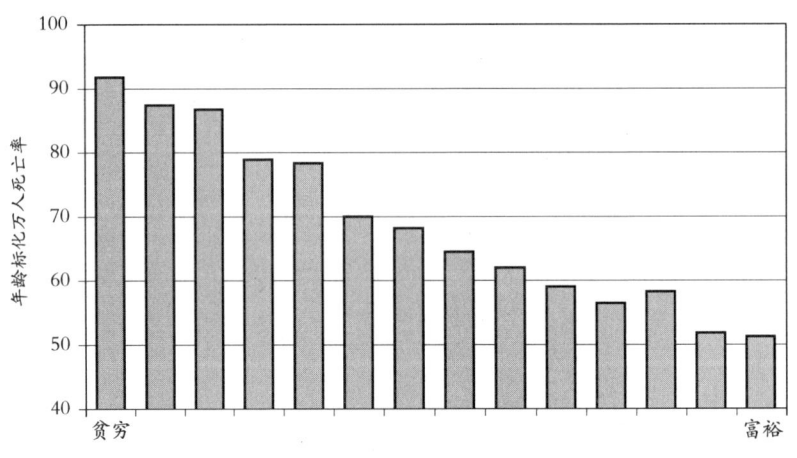

图表1.4：死亡率与各社会内部的收入差异状况有着密切关联。[7]

总体人口之间或是国与国之间平均收入水平或生活水平的差距根本不重要，但某国内部的收入差距状况至关重要——我们应该如何理解这一悖论？存在着两种可能的解释。一种解释认为，在富裕国家中，重要的不是你的实际收入水平和生活水平，而是你与该社会中其他人的收入水平与生活水平相比状况如何。或许平均水平并不重要，重要的只不过是你的状况是优于还是差于其他人，也就是说你在社会等级中居于何种地位。

另外一种可能性在于，图表1.4所展现的关于健康状况的社会坡度不仅仅源自相对收入或相对社会地位对健康造成的影响，更是社会流动性导致的。也就是说，将健康的人与不健康的人区分开来：或许健康的人往往能够提升自己的社会地位，而不健康的人只能留在底层。

下一章将探讨这一问题。我们将考察某个社会收入差距的缩小或是扩大，是否会造成重大影响？较平等的社会和较不平等的社会均面临着同样严重的健康与社会问题吗？

二、贫穷，还是不平等？

> 贫穷不仅意味着只能拥有少量物品，也不仅仅是手段与目的之间的一种关系。最重要的是，贫穷是人与人之间的一种关系。贫穷是一种社会地位……它是令人厌恶的分化阶级之物。
>
> ——马歇尔·萨林斯（Marshall Sahlins），
> 《石器时代经济学》（*Stone Age Economics*）

不平等有多严重？

我们在上一章中发现，对于富裕国家而言，经济增长和平均收入的增加不再能够增进人们的福祉了。我们还发现，在各个社会内部，健康和社会问题与收入水平之间依然有着密切的关联。本章中，我们将考察收入不平等的严重程度是否会造成影响。

图表2.1所展现的是各发达国家的收入差距情况。位于最上方的是最平等的国家，位于最下方的是最不平等的国家。水平条的长度衡量的是各国最富有的20%人群与最贫穷的20%人群财富对比的情况。在图表上方的日本和斯堪的纳维亚国家，最富有的20%人群财富为最贫穷的20%人群的不到四倍。对于图表下方的国家而言，收入差距至少翻了一

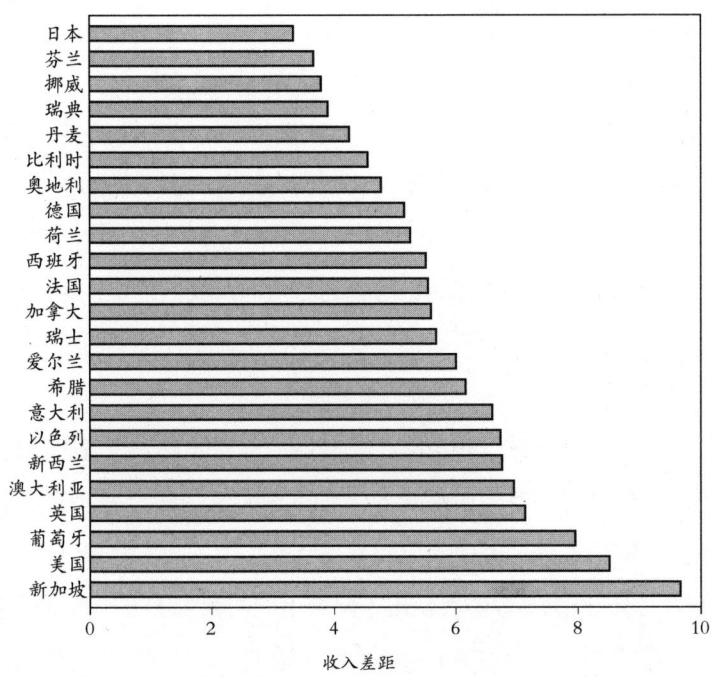

图表 2.1：各国最富有的 20% 人群比最贫穷的 20% 人群富有多少倍？[2]

番，其中有两个国家最富有的 20% 人群财富为最贫穷的 20% 人群的九倍多。最不平等的国家包括新加坡、美国、葡萄牙和英国（图表使用的数据是扣除了税收和福利之后的家庭收入，并根据每个家庭的人口数量进行了调整）。

衡量收入不平等的方法有许多种，这些方法彼此之间有着密切的关联，因此采用哪种方法通常不会造成太大差异。除了考察顶部和底部 20% 的人群之外，我们也可以考察顶部和底部 10% 或是 30% 的人群，我们还可以考察较为贫穷的半数人群的收入占总收入的比例。通常而言，较贫穷的半数人群收入占总收入的比例为 20% 至 25%，较富有的半数人群收入占总收入的比例为 75% 至 80%。其他更为复杂的指标包括所谓"基尼系数"。这一系数衡量的是整个社会的不平等状况，而不仅仅是比较两极的状况。如果所有收入都归一人所有，其他人一无所获（也就是最大程度的不平等），那么基尼系数就是1。如果收入被完全平均地分配，所有人都获得同样的收入（完全平等），基尼系数则为0。基尼系数数值越低，社会就越平等。最常见的数值通常在0.3到0.5之间。另外一项衡量不平等的指标被称为"罗宾汉指数"，它告诉我们的是，需要将富人收入转移多少给穷人，才能实现彻底的平等。

为了避免被指责为挑选对自己有利的指标，我们决定在本书中使用官方机构提供的数据，而不是自行核算。当比较不同国家的不平等程度时，我们使用的指标是顶部20%人群收入与底部20%人群收入之比：这一指标易于理解，而且联合国已经提供了现成的数据。当比较美国各州的不平等程度时，我们使用的指标是基尼系数：这是最常见的指标，受到经济学家的青睐，美国人口调查局已经提供了相关数据。在许多学术论文中，我们以及其他学者使用了两种不同的衡量不平等程度的指标，以表明指标的选择对于结果不会产生太大影响。

不平等的程度会造成不同影响吗？

经济增长对于提升生活质量的作用已经终结，再加之面临着诸多环境问题，在这样的背景下，图表2.1所呈现的不平等状况又会造成何种影响？

多年以来众所周知的是，糟糕的健康状况和暴力事件在较不平等的社会中更为常见。然而，我们在研究过程中发现，几乎所有在社会底层更为常见的问题，在较不平等的社会中都更为常见。我们在稍后数章中将说明，这不仅仅包括糟糕的健康状况和暴力事件，还包括许多其他社会问题。所有这些问题都令人们更加担心，现代社会尽管富足，但常常伴随着社会失败。

为了考察这些问题在较不平等的社会中是否更为常见，我们收集了值得信赖的、可以进行国际比较的、关于健康和其他社会问题的数据。

我们最终完成的清单包括：

- 信任程度
- 精神疾病（包括药物和酒精依赖）
- 预期寿命和婴儿死亡率
- 肥胖症
- 儿童的教育表现
- 青少年生育率
- 凶杀案率
- 监禁率
- 社会流动性（无法获得美国各州的数据）

有时候，乍看上去不同事物之间似乎存在关联，但这种关联可能是虚假的，或是出于偶然。为了确认研究结果的有效性，我们还尽可能地收集了美国五十个州的相关数据。这使得我们能够在两种独立的背景下核实这些问题是否总是与不平等程度存在关联。正如林登·约翰逊（Lyndon Johnson）曾说过的："美国不仅仅是一个国家，还是众国之国。"

为了展现出整体情况，我们将各个国家以及美国各个州关于健康和社会问题的所有数据综合起来，得出了"关于健康与社会问题的指数"。指数中的每一项都具有相同权重，也就是说，精神健康状况、凶杀案率和青少年生育率等项目的得分对于总体得分具有相同分量的影响。该指数表明的是这些健康与社会问题在各国和美国各州的常见程度。预期寿命等项目的打分是反向进行的，因此，各个项目中得分越高就意味着结果越糟糕。"关于健康与社会问题的指数"得分越高，情况就越糟糕（关于我们是如何选择本书表格中呈现的这些国家的，参见本书附录）。

一开始我们在图表 2.2 中揭示了，有强有力的迹象表明，糟糕的健康状况与社会问题在较平等的社会中较为少见。随着不平等程度的上升

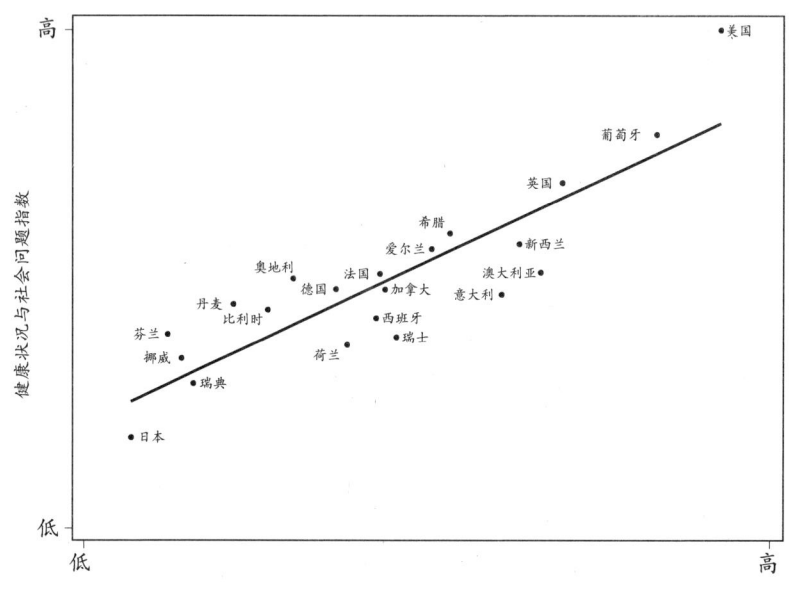

图表2.2：在富裕国家中，健康与社会问题与不平等有着密切关联。

（横轴向右），"关于健康与社会问题的指数"得分也逐渐提高。在收入不平等更加严重的国家，健康与社会问题的确更常见。二者之间的关联非常紧密，偶然因素几乎不可能导致图表呈现为这种形态。

为了强调糟糕的健康状况与社会问题在社会中的盛行与不平等程度有关，而非与平均生活水平有关，我们在图表2.3中展现了同一项指数与人均收入之间的关系。结果表明，没有明显的迹象表明较富裕的国家表现更好。这确认了第一章中图表1.1和1.2得出的结论。除了知道健康与社会问题在各个社会里较贫穷的人群中更为常见外，我们现在还知道，总体而言这些问题在较不平等的社会中更为严重。

为了检验这些结果是否只是个例，我们可以看看美国的五十个州是否也呈现出了类似趋势。与对各国情况的研究几乎一样，我们收集了美国各州关于健康与社会问题的数据。图表2.4表明，对美国各州而言，

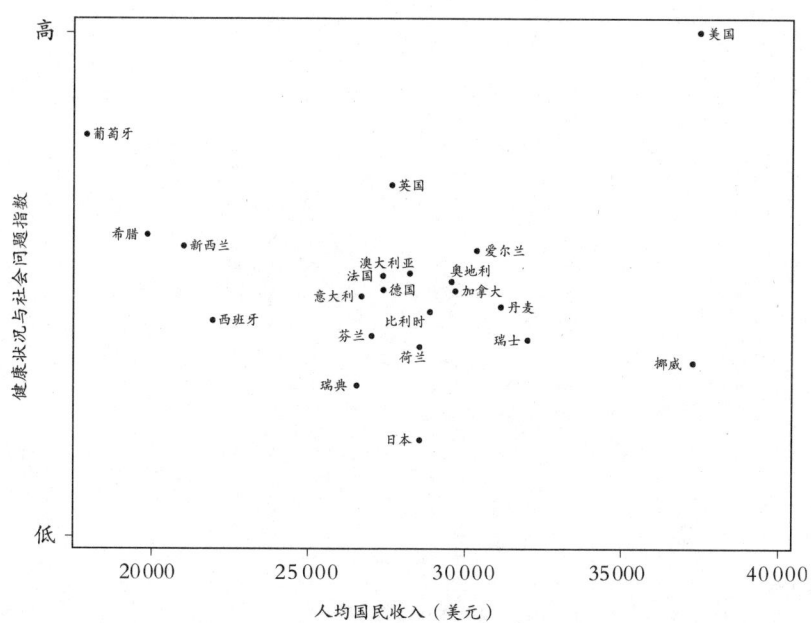

图表2.3：在富裕国家中，健康与社会问题与国民平均收入仅存在微弱的关联。

"关于健康与社会问题的指数"与不平等的程度有着密切关联；图表2.5则表明，该指数与平均收入水平并无明显关联。美国的数据确认了国际上的情况。美国在国际图表（图表2.2）中的位置表明，美国总体的高平均收入无助于缓解该国的健康与社会问题。

需要指出的是，综合了十项健康与社会问题的指数之所以与不平等有着密切关联，部分原因在于将这些问题综合起来会愈发突出其共同之处，而忽视了其不同之处。在第4至12章中，我们将分别审视每个问题是否与不平等存在关联，并将讨论不平等是如何导致这些问题的。

这些证据不应被贬低为统计学的诡计。图表2.2展现的密切关联表明，的确是不平等这一共同因素导致了健康与社会问题的盛行。所有数据都来自于最值得信赖的机构：世界银行、世界卫生组织、联合国、经济合作与发展组织，等等。

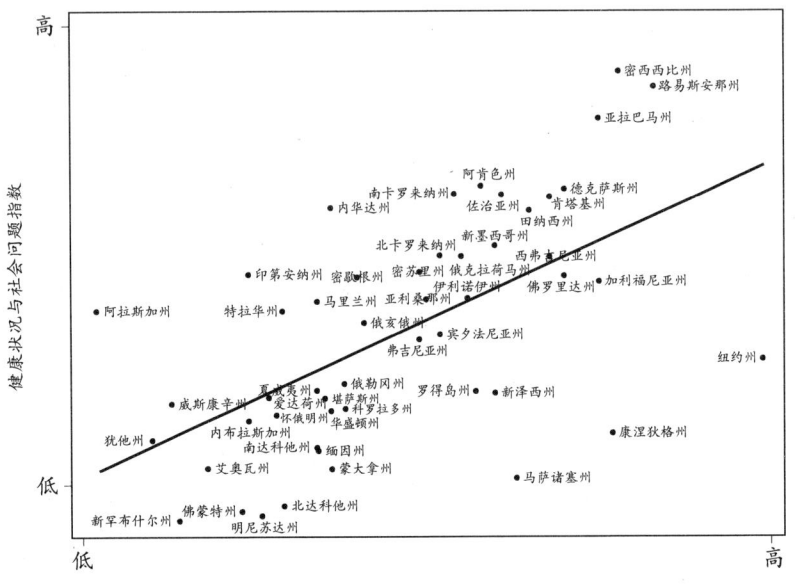

图表2.4：在美国各州，健康与社会问题与不平等存在关联。

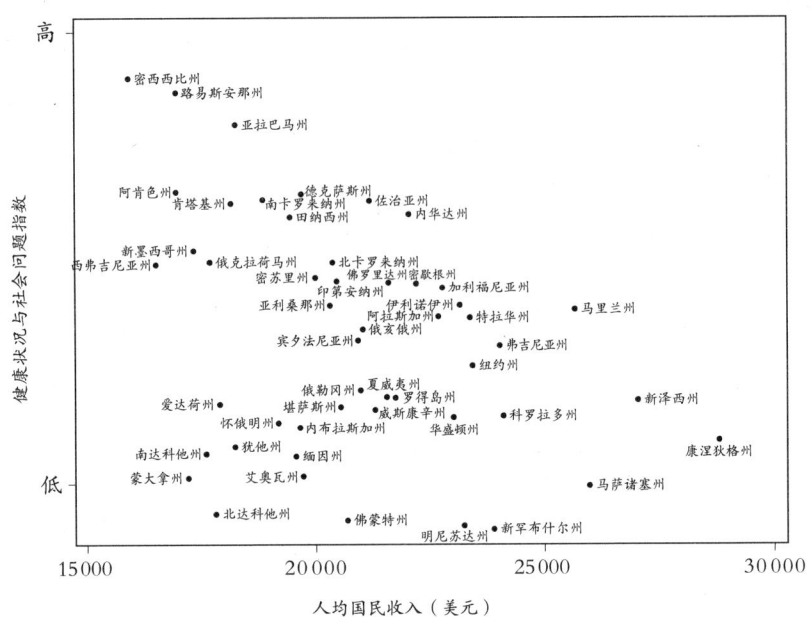

图表2.5：在美国各州，健康与社会问题与平均收入水平仅存在微弱的关联。

会不会是我们选择的问题不具有代表性，才造成了这样的结果？为了回答这个问题，我们又使用了联合国儿童基金会编纂的"富裕国家儿童福祉指数"。该指数综合了涵盖儿童福祉方方面面的40多项指标（我们删去了关于儿童相对贫困程度的指标，因为顾名思义这一指标就是与不平等密切关联的）。图表2.6表明，儿童福祉与不平等关联十分密切，图表2.7则表明，儿童福祉与各国的平均收入水平毫无关联。

社会坡度

正如我们在上一章结束时指出的，关于社会底层人群面临的问题为何更严重，也许存在两种解释。要么是人们所处的环境导致了这些问题，要么是因为人们受到这些问题的拖累，才沦落到了社会底层。我们在本章中提出的证据提供了新的思路。

首先考虑这一观点：社会是一项宏大的选拔机制，人们在社会阶梯上起起落落，原因在于各人的品质与不足。疾病、学习成绩不理想、青少年时期生育子女等因素的确不利于人们攀登社会阶梯，但"选拔机制"理论并不能解释为何这些问题在较不平等的社会比在较为平等的社会更为常见。社会流动性也许可以部分地解释为何这些问题集中于社会底层，但不能解释为何较不平等的社会总体而言面临更多问题。

有一种观点认为糟糕的物质条件（如住房、饮食、教育机会等）直接导致了这些社会问题。这种观点暗示的是更加富裕的发达国家应该比其他国家表现更加优秀，但现实远非如此：某些最为富裕的国家表现最为糟糕。

值得注意的是，两种不同的环境下对健康和社会问题的调查，以及对富裕国家儿童福祉的调查，都呈现出同样的态势。富裕国家的问题不是由于该国还不够富裕（或者过于富裕）导致的，而是由于该国内部各群体之间物质条件差距过大导致的。起到关键作用的是我们在社会中所

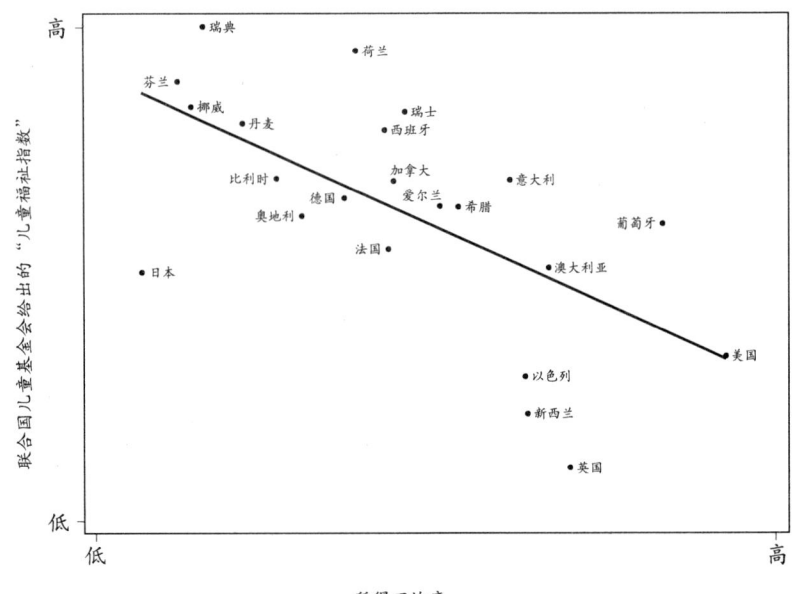

图表2.6：联合国儿童基金会的"富裕国家儿童福祉指数"与不平等存在关联。

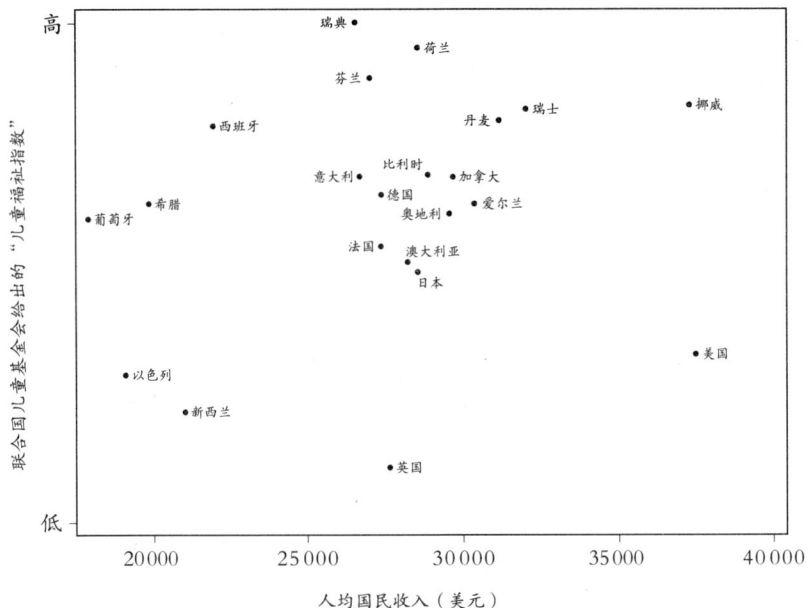

图表2.7：联合国儿童基金会的"富裕国家儿童福祉指数"与人均国民收入不存在关联。

处的相对位置。

诚然，即使最富裕的国家也会有偶尔会食不果腹的一小部分贫困人群。然而，对占美国人口总数 12.6% 的生活在联邦贫困线（衡量的是绝对收入，而非相对收入，例如平均收入的一半）以下者的调查显示，他们中的 80% 拥有空调，几乎 75% 至少拥有一辆车，约 33% 拥有电脑、洗碗机，或第二辆车。这意味着他们之所以没钱购买食物等必需品，往往是因为他们更加渴望达到流行的生活标准。例如，他们也许会觉得节衣缩食购买衣服以维持表象更为重要。我们了解到，有一位年轻失业男子用一个月的收入购买了一部新手机；他表示这是因为女孩不会注意那些没有适当商品的男孩。正如亚当·斯密（Adam Smith）强调的：在社会中表现得体面，不因显而易见的贫困而感到耻辱，是十分重要的。

然而，正如关于健康状况的坡度贯穿全社会一样，不平等和希望保持体面带来的压力也不只限于一小部分穷人。我们将发现，这些后果遍布于全体人群。

不同的问题，相同的根源

我们发现许多健康与社会问题与不平等相关。但决策者往往把这些问题视作彼此孤立的，认为每种问题都需要单独的应对措施。医生和护士为我们治病，警察和监狱应对犯罪问题，矫正教师和教育心理学家解决教育问题，社会工作者、戒毒机构、心理与健康专家应对其他问题。这些服务都是昂贵的，都只有部分效果。例如，医疗服务质量的优劣对于预期寿命的影响要弱于感染某些危及生命疾病风险的高低。而且，即使这些服务成功地防止了人们再次犯罪，治愈了某种癌症，令某人摆脱了毒品，或是解决了教育失败的问题，我们的社会依然在不停地为每一代新人重新制造这些问题。与此同时，所有这些问题都在较不平等的社会中和社会最为贫穷的地区里最为常见。

收入不平等告诉了我们什么？

在接下来的几章，我们将考察收入差距与其他问题的关联。在此之前，我们要简短地讨论收入差距如何帮助我们了解社会。人类经历过各种各样的社会：从最为平等的史前狩猎与采集社会，到金权统治最为严重的专制社会。尽管现代市场经济民主制国家不属于这两种极端，但也有理由认为各国的等级次序严重程度存在差别。我们相信收入不平等衡量的正是各国等级次序的严重程度。收入差距越大，社会差距也就越大，社会分层也显得更加重要。

如果能够通过各种不同的指标来衡量不同国家等级次序的严重程度就太好了，这不仅仅比较收入上的不平等，还可以比较财富、教育和权力等方面的不平等。考察这些方面的不平等与社会差距，与服饰、音乐和电影偏好等表明社会地位的指标，与等级次序和社会地位的重要性有何关联，也将是十分有意思的。也许，有朝一日我们将获得可以进行国际比较的新型数据，但当下我们还只能依靠有关收入不平等的数据。但这些数据也足以给我们带来惊喜。

之所以用这样的方式解读收入不平等，有两项重要原因。首先，只有那些明显具有社会阶级坡度的健康与社会问题（即在社会底层更为常见）才在较不平等的社会中更为常见。这似乎是普遍存在的现象：某个问题的社会坡度越陡峭，它与不平等的关联就越密切。[8] 不仅仅单个问题具有这样的特征（例如青少年生育率和儿童的教育表现），某个问题的性别差异也体现出了这样的特征。我们将会发现，女性肥胖率与不平等的关联之所以比男性肥胖率更为密切，是因为女性肥胖率的社会坡度比男性更加陡峭。乳腺癌等在贫穷人群中并不更加常见的健康问题，与不平等不存在关联。[9]

其次，收入不平等反映出了社会等级次序的严重程度。通过审视近170篇研究收入不平等与健康状况之间关系的学术论文，我们越来越清晰地认识到了这一点。[10] 研究不平等的学者涉及的领域规模不一,有些人研究的是邻近地区的不平等状况以及与当地平均死亡率的关系,有些人研究的是城镇或城市的不平等与健康状况,还有一些人的研究对象是地区和各州,还有人以各国为对象进行国际研究。在对这些研究成果的审视中,浮现出了一幅清晰的图案。就较大范围而言(例如地区、州,或者国家),有非常充分的证据表明不平等与健康状况之间存在关联;但就较小范围而言,研究结果则并不一致。

如果我们思考一下为何最贫穷的地区健康状况往往最糟糕,就完全能够理解上述结果了。导致某个邻近地区健康状况不佳(其预期寿命可能要比最为健康的地区短十年)的原因显然不在于其内部的不平等,而在于相对于整个社会而言,该地区处于不平等(或者说是贫穷)的状态。因此,重要的是整个社会的不平等程度。

我们的结论是,收入差异告诉我们的对健康(或社会问题)的影响因素并非此前未知的,而是社会等级次序的严重程度,这导致许多社会问题具有坡度。由于健康与社会问题的坡度反映的是文化与行为上的社会地位差异,因此,物质不平等应当是造成这些差异的核心因素。

我们也许应该将社会的物质不平等视为一具骨架,围绕着这具骨架,形成了阶级与文化差异。随着时间的流逝,最初的财富差异逐渐被服饰、美学品位、教育、自我意识和其他表明阶级身份之物的差异覆盖了。举个例子,可以想想俄罗斯近来出现的巨大收入差距将如何影响其阶级结构。俄罗斯新寡头的孩子在宏大的别墅里成长,就读于私立学校,周游世界,由此他们将养成上等阶级的文化习性。一位英国保守党政客曾有句名言,称另一位保守党人"需要自己购置家具"。尽管人们对于暴发户总是心存偏见,但财富不会永远是"暴发"的:一旦家具被继承下去,它就成为了古老的财富。早在18世纪时,人们曾认为出身和血统是进入上流社会的决定因素,如果你失去了财富,也许还能短暂地保留"上流穷人"的地位,但经历了一两代人之后,你和其他穷人也就没多少区别了。另外，正如简·奥斯汀（Jane Austen）在《曼斯菲尔德庄园》（*Mansfield Park*）和《理智与情感》（*Sense and Sensibility*）中揭示的，无论你出身如何，为了爱情而非金钱结婚，都可能导致严重的后果。你可以赢得或是失去一笔财富，但只要没有它，你都无法长时间地保持"体面人"的身份。物质差异构成了骨架，围绕着该骨架将形成其他社会差异，正是因为这一点，人们通常认为不平等会导致社会分裂。

事关所有人的生活质量以及全国性表现

由于更高的物质生活水平已经不再能带来更多益处，我们这一代人必须找到提高实际生活质量的其他途径。有证据表明，减少不平等是为我们所有人改善社会环境质量、并且由此提高实际生活质量的最佳途径。如我们在第 13 章中将要看到的，受益的也包括社会中的富裕阶层。

显而易见的是，更加平等不仅有助于增进所有人的福祉，对于全国性成就和本国在诸多领域的表现而言也是至关重要的。当 1980 年代初与健康相关的不平等首度在公共健康议程上占据显要位置时，人们还会不时地询问为何要对不平等感到大惊小怪。他们认为，从事公共健康工作的人们任务在于尽可能迅速地提升总体健康水平；与之相比，与健康相关的不平等只是无关紧要的细枝末节问题。如今我们发现，情况几乎与当时截然相反。健康以及我们将在后续章节讨论的其他重要问题，其严重与否在很大程度上是由社会的不平等状况决定的。如果你希望知道为何某个国家比其他国家表现更好或是更差，你首先需要关注的是该社会的不平等程度。不必为了减少健康或者学童教育表现方面的不平等制订一项政策，为了提高全国性的表现水平再制订另一项政策。减少不平等就是同时实现这两大目标的最佳途径。此外，如果某国希望提高学童的平均成绩，就必须应对潜在的不平等问题：不平等导致学童的成绩具有更为陡峭的社会坡度。

发展中国家

在结束这一话题之前,我们应该强调的是,尽管对于发展中国家而言不平等同样重要,但背后的原因却更加复杂。在富裕的国家,如今重要的是财富与财产的象征意义。购物所代表的地位与身份常常比购得的物品本身更加重要。粗俗地说,二流物品代表的是二流的人。

在任何地方,财产都是地位的象征。但在更加贫困的社会,必需品在消费中占据的比重更大,此时更加平等的社会之所以表现更佳,原因恐怕就与地位问题无关,而在于这意味着更多的人能够获得食物、清洁用水以及住处。只有对于非常富裕的国家而言,健康和福祉状况与人均国民收入之间才不再存在关联。在较为贫困的国家,提高生活水平依然是必不可少的,对最贫困的国家而言,这一点最为重要。在这些社会里,更加平等地分配资源意味着更少的人生活在贫民窟里、只能使用污水、无法获得充足的食物,或是凭借一小块土地勉强糊口。

在下一章中,我们将更加深入地考察为何发达国家的人们对于不平等如此在意,以至于不平等对现代人的心理与社会福祉产生了重大影响。

三、我们为何如此在意不平等

> 确定无疑的是，每个人的眼神都能确切地反映他在众人之中的地位，而且我们永远在学习该如何解读它。
> ——拉尔夫·沃尔多·爱默生（Ralph Waldo Emerson），
> 《生活的准则》（*The Conduct of Life*）

正如上一章的数据所显示的，为何不平等以及我们在社会中所处的地位会对我们造成如此强有力的影响？在接下来的九章里，我们将探讨不平等与一系列社会问题（其中也包括"健康与社会问题指数"涵盖的问题）之间的关系。但在此之前，我们希望探讨人类之所以对不平等感到十分敏感的原因。

不平等是广阔的社会结构中的一个方面，因此，要想解释不平等引发的后果，就需要探讨个人是如何受到社会结构影响的。被健康状况不佳、经常使用暴力、成为青少年母亲这些问题困扰的，都是个人，而非社会。尽管就个人而言无所谓收入分配，但在广阔的社会中，个人总是有着相对收入、社会或阶级地位的。在这一章中，我们将表明，个人对社会的敏感心态正是社会不平等会造成深远影响的原因。

要理解我们为何容易受到不平等的伤害，就得讨论我们共同具有的某些心理特征。当我们就这些话题展开讨论或是写作时，人们太过经常误解我们的意图。我们并不认为这一问题只和个人心理有关，也并非认为应该改变的是人们的心态，而非不平等的程度。要想解决不平等引发的那些问题，解药不在于对大众进行心理治疗，从而令所有人不那么容易受到不平等的伤害。对严重的不平等造成的伤害，最佳的回应方式是减少不平等。我们所呈现的这幅景象中最为激动人心之处在于，提高所有人生活质量与福祉的方法不在于在自来水中加入抗焦虑药物，或是实行大众心理疗法，而在于减少不平等。社会福祉与社会关系的恶化远不是不可避免和不可阻止的，而是可以逆转的。认识到不平等导致的后果，意味着我们突然拥有了一项可以增进全社会福祉的政策。

某种强有力的机制使得人们对于不平等十分敏感。单从社会结构或是个体心理的角度，都不足以理解这种机制。个体心理与社会不平等之间的关系就如同锁与钥匙。人们此前之所以没有充分意识到不平等导致的后果，原因之一就在于人们未能理解这二者之间的关系。

焦虑情绪的增多

考虑到现代社会中物质舒适与便利的程度都是史无前例的，自然有理由质疑为何人们总是会谈论紧张情绪，就仿佛生活艰难得难以继续一样。然而，圣迭戈州立大学的心理学家让·特文格（Jean Twenge）收集了令人惊讶的证据，表明我们要比过去焦虑得多。通过审视不同时代焦虑程度的大量研究，特文格发现了某种清晰的趋势。她收集了1952至1993年间对美国焦虑程度进行的269次比较研究，[11] 涉及人数总计超过52000人。特文格发现，在这四十年间，焦虑情绪呈不断上升的趋势。图表3.1所呈现的是对于男性和女性的研究结果。图表中的每个点是研究记录下的当时的平均焦虑程度。这么多研究都明确无误地呈现出上升趋势。无论考察的对象是大学生还是儿童，特文格都发现了同一种模式：

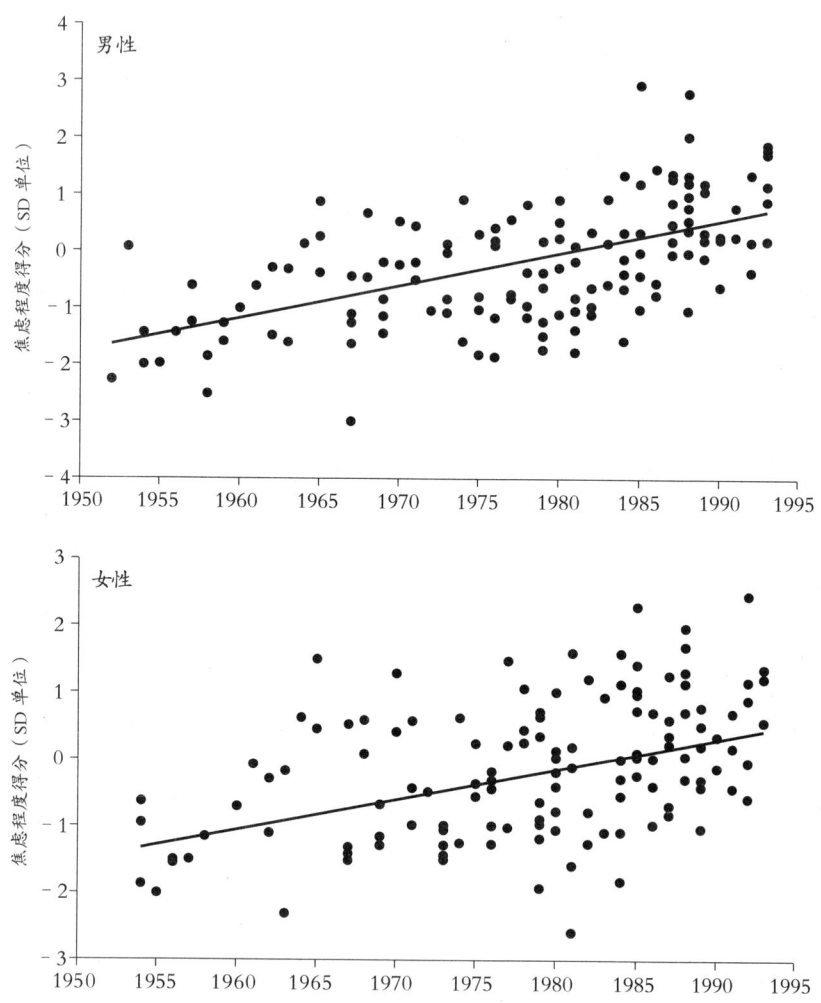

图表3.1：1952至1993年间，美国大学生焦虑程度上升。数据来自269个样本，涵盖52000人。[15]（经特文格的亲切许可，我们重新绘制了该图表。）

在这段时期的末期，大学生的平均焦虑程度要比这段时期之初总人口的85%都更为严重；更加令人惊讶的是，1980年代末时美国儿童的平均焦虑程度要比1950年代儿童心理疾病患者都更为严重。

这些证据源自对人口样本的焦虑程度进行的标准化衡量。认为人们只不过是变得更加在意焦虑情绪的观点并不足以解释上述结果。据我们所知，抑郁症等相关症状同样呈现出了恶化的趋势。抑郁症与焦虑情绪有着密切关系：受到前者折磨的人往往也会受到后者折磨，心理医生也往往以类似的方式治疗这两种症状。如今有大量研究表明，发达国家的抑郁症发病率有了大幅提升。有些研究考察了过去半个多世纪的变化，将两代人的体验进行对比，同时注意避免出现某些纰漏，例如人们的心态更加警觉导致更经常地汇报抑郁症病例。[12] 另外一些研究则跟踪了生于不同年份的代表性样本，并对抑郁症发病率进行了对比。例如在英国，对 10000 多人的调查表明，与出生于 1958 年的人 20 多岁时的抑郁症发病率相比，出生于 1970 年的人 20 多岁时的抑郁症发病率高达两倍。[13]

对这些研究的审视表明，在许多发达国家，焦虑和抑郁的症状都明显增多了。对于青少年而言，与之相伴的还包括犯罪、酗酒和吸毒等行为问题的增多。[12][14] 这些问题"影响到了所有社会阶级、所有家庭形态的男性与女性"。[13]

在探究焦虑情绪的增多与不平等之间有何关联之前，重要的是弄清焦虑情绪的增多是什么因素导致的。我们并非暗示焦虑情绪的增多是不平等加剧导致的。事实上这种可能性要大打折扣，因为在许多国家不平等的加剧发生在 20 世纪的最后 25 年，而在此之前焦虑与抑郁情绪就已经开始增多了（然而，不平等的加剧有可能使得 1970 年代至 1990 年代的趋势进一步恶化了）。

自尊感与社会不安全感

要探究何种因素导致心理健康状况呈恶化的趋势，一项重要的线索在于：令人意外的是，有证据表明，与之相伴的恰恰是乍看上去被人们认为是自尊感的心理现象的增多。和过去进行对比，与图表 3.1 呈现的焦虑情绪的趋势十分类似，对自尊感的标准化衡量同样呈现出清晰的长期上升趋势。看上去情况似乎是这样：尽管焦虑情绪不断增多，但人们对自己也愈发持有积极的观点。例如，人们更愿意表示为自己感到骄傲，更有可能赞同"我是有价值的"这样的表述，并且似乎抛开了自我怀疑和自己是"无用的"或"压根不够出色"的看法。特文格表示，在1950年代只有12%的青少年赞同"我是个重要人物"这样的表述，但到了1980年代末，这一比例上升到了80%。

那么，究竟为何会出现这种变化？表面上，人们变得更加自信与变得更加焦虑与抑郁似乎是矛盾的。答案实际上在于，我们对于别人如何看待自己变得愈发焦虑，这反过来促成了一种防御机制，令我们在面对这样的不安全感时能够保持对自己的信心。该防御机制中含有一种不安全的、具有自我推销性质的自负感，这种自负感经常被错误地当作强烈的自尊感。对于这些问题，似乎很难得出板上钉钉的结论，尤其是考虑到我们讨论的是整个群体的一般趋势。不过，让我们简短地考察一下自1980年代的"自尊运动"以来所积累的证据吧，这些证据将表明发生了哪些情况。

多年来，许多研究小组考察了在某个时间点上个体间关于自尊感的差异（而不是一段时间以来人群的一般趋势）。他们注意到，有两个群体得分最高。在第一个群体中，伴随着强烈自尊感的是积极的结果，往往与幸福、自信、能够接受批评、善于交友等特征相关。然而研究还发现，另外一个得分很高的群体表现出了暴力与种族主义倾向，他们对于别人很冷漠，人际关系很差。

接下来的任务就是发明一种心理测试方法，区分健康的自尊感和不健康的自尊感。健康自尊感的核心是理由充分的自信心，能够理性、确切地认识到自己在不同情况下的长处，并承认自己的短处。另一种自尊感主要是防御性的，含有对弱点的否认，是试图鼓励自己的内部机制，目的是在自尊受到威胁时维持积极的自我认知。因此，这种自尊感总是脆弱的，就如同在黑夜里吹口哨壮胆一般，而且面对批评时的反应会很糟糕。具有不安全的强烈自尊感的人们对于别人往往很冷漠，过度专注于自己，过于在意成功以及自己在他人眼中的形象。这种不健康的强烈自尊感常常被称为"受到威胁的自负感"、"不安全的强烈自尊感"，或是"自恋心态"。将自恋心态与真正的自尊感区分开来，并对这种心态的趋势进行比较研究，所需的数据直到相对较近的一段时间才能获得。通过研究，特文格揭示了这种心态的上升趋势。她发现截至2006年，三分之二的美国大学生在自恋心态一项上的得分要高于1982年的平均水平。如今，人们似乎已经普遍认可了这一点：变得愈发强烈的是不安全的自恋心态，而不是真正的自尊感；对于年轻人而言尤其如此。

对社会本身的威胁

因此，随着焦虑感一同增强的并非自尊感。相当显而易见的是，与焦虑感一同增强的是自恋心态，而且这两种心态有着共同根源。所谓"社会评价威胁"的增强导致了两种情绪的上升。如今，许多迹象都能表明现代社会中压力主要来自何处。人们已经意识到了在高压下生活不利于健康；此外，研究人员花费了许多时间，试图弄清身体会对压力作出何种反应，以及社会中压力的最主要来源是什么。多数研究关注的都是一种被称为"皮质醇"的中心压力荷尔蒙，在唾液和血液中能够轻易地测量这种物质。皮质醇的释放是受到大脑触发的，其功能在于让我们在生理上做好应对潜在威胁和紧急状况的准备。现在人们已经进行了许多试验，邀请志愿者进入实验室，测量他们在处于压力情境和面临压力任务时唾液中皮质醇的水平。不同的试验使用了不同的压力源：有的要求志愿者解决许多算术问题（有时还将他们的成绩与别人进行公开比较），有的令志愿者暴露在嘈杂的环境中，或是要求他们写下某段不愉快的经历，又或者录制他们完成任务的过程。鉴于这些试验使用了多种压力源，加州大学洛杉矶分校的心理学家萨莉·迪克森（Sally Dickerson）和玛格丽特·凯梅尼（Margaret Kemeny）意识到，自己可以利用这些试验的结果来考察何种压力源是导致皮质醇水平上升的最主要因素。[16]

她们收集了来自208份已发表的试验报告的研究结果,这些试验都测量了面对压力源时参与者的皮质醇水平。她们还对压力源进行了分类,发现"含有社会评价威胁(例如对自尊感或社会地位的威胁)的任务,比不含有此类威胁的压力源,更容易导致皮质醇水平发生了大幅度变化;在完成这些任务时,其他人可能会对参与者的表现作出负面评判;当参与人员的表现不可控时,情况尤其如此"(第377页)。她们指出,"人类被驱使着保持社会自我,对可能损害自己的社会尊严或社会地位的威胁十分警觉"(第357页)。社会评价威胁指的是那些可能导致人们的尊严受到伤害的威胁,这通常含有下列元素:试验中观众会对参与者的表现进行评估;可能进行负面的社会性比较,例如得分低于其他人;表现的过程被拍摄或记录下来,从而有可能在事后进行评估。当社会评价威胁与参与者难免失败的任务(例如这项任务故意被设计成无法完成的,或者提供的时间太少,又或者无论表现如何,他们都被告知自己失败了)叠加在一起时,会出现最高程度的皮质醇反应。

人们发现,最强有力的压力源是社会评价威胁;此外有证据表明,与焦虑感上升相伴的是对于不安的自我形象的自恋式保护;这二者十分匹配。正如迪克森和凯梅尼所言,我们试图保护的"社会自我……反映了一个人的尊严和地位,在很大程度上是以他者对此人价值的认定为基础的"(第357页)。

另外一项健康研究也佐证了这种观点,并提供了补充。就对影响富裕国家健康状况的关键因素进行考察而言,近来我们取得的最重大进展在于认识到了心理压力的重要性。我们在第6章中将概述持续的和/或长期的压力是如何影响包括免疫系统和心血管系统在内的生理系统的。但在本章中我们关注的是三类对健康造成最重大影响的社会压力:低社会地位、缺少朋友,以及艰辛的早年生活。许多严谨的研究都表明,这些因素非常不利于健康和长寿。

关于在现代社会中这些因素为何不断地为我们带来压力，最有道理的解释似乎是，它们都影响了（或者说是反映了）我们在众人中感到自在或是自信的程度。艰辛的早年生活导致的不安全感与低社会地位导致的不安全感有着类似之处，这两种不安全感还会起到彼此激化的效果。友谊具有保护作用，因为我们在有朋友陪伴时感到更加安全、自在。朋友令你感到被人欣赏，他们乐于与你作伴，享受和你交谈——总之，他们喜欢你。相较之下，如果我们缺少朋友，并且感到其他人都避免和自己接触，那么很少有人能够厚脸皮到不自我怀疑的程度，很少有人能够不担心人们觉得自己没有吸引力、乏味、愚蠢、缺乏社交技巧。

骄傲、羞耻与地位

心理分析师阿尔弗雷德·阿德勒（Alfred Adler）曾说过，"身为人类就意味着感到自己比不上别人"。也许他更应该这么说："身为人类就意味着对别人认为自己比不上他人感到十分敏感。"我们对这些情绪感到敏感，因此不难理解社会地位的高低对自信有着截然相反的影响。人们如何看待自己，是至关重要的。当然，上层阶级人士也有可能感到自己十分无能，下层阶级人士也有可能自信满满，但通常来说，你所处的社会等级越高，世界似乎就越乐于帮助你免于自我怀疑。如果社会等级被视作（它也的确常常被视作）根据能力高低对人类进行排序，那么表明成功与否的外在符号（例如更好的工作、更高的收入、教育、住房、汽车和服饰）就会产生重大影响。

人们很难无视社会地位，因为它几乎定义了你的价值与意义。取得成功几乎就是向上攀登社会阶梯的同义词。更高的地位几乎总是意味着更出色、更优越、更成功、更有能力。避免社会地位低下并不一定意味着能够摆脱认为自己渺小、无能、遭人鄙视、不如别人的感受；但你所处的社会地位越高，就越容易感到骄傲、有尊严、自信。社会对比会愈发令你感觉良好，无论比较的是财富、教育、工作、居所、假日，还是任何其他代表成功的符号。

广告商会利用我们对社会对比感到敏感这一心态，知道我们倾向于购买那些有助于改善表象的商品；此外，正如我们在第 10 章中将要探讨的，导致暴力行为的最常见原因之一就在于施暴者感到遭人蔑视和不尊重，觉得丢脸和遭到羞辱；这一点也能够在很大程度上解释为何在较不平等的社会中暴力行为更为常见。广告商还利用了我们害怕被人视作无能这一心态，这一点甚至可能进一步助长社会中的暴力行为。

加州大学圣巴巴拉分校社会学荣休教授托马斯·舍夫（Thomas Scheff）提出，羞耻是最典型的社会情绪。[17] 当迪克森和凯梅尼发现"社会评价威胁"是最容易提升压力荷尔蒙水平的压力源时，她们所指的也是几乎相同的意思。舍夫所说的"羞耻"指的是与愚蠢、糊涂、可笑、无能、不足、难堪、易于受到伤害、不安等感受相关的诸多情绪。我们会想象别人是如何看待自己的，并将这种想象内化，羞耻与骄傲都源于这一内化过程。舍夫称羞耻为最典型的社会情绪，原因就在于羞耻和骄傲这两种心态为我们提供了社会评价的反馈意见：我们就仿佛是在通过别人的眼睛来评价自己。在我们社会化的过程中，愉悦体现为骄傲，痛苦则体现为羞耻，因此从童年时起，我们就学着以被社会接受的方式行事。当然，这并不仅限于童年：在整个成年时期，对羞耻的敏感心态都促使我们遵从社会规范。人们常常感到，在他人面前，哪怕是最低程度地违反社会规范，也会令自己感到无比难堪，恨不得自己能够消失，或是找个地洞钻进去。

迪克森和凯梅尼的研究发现，社会评价威胁是提升压力荷尔蒙水平的最常见因素，但这并未告诉我们受到焦虑情绪折磨的频率如何。焦虑情绪是日常生活的一部分，还是只是偶尔出现？一项对健康状况的研究提供了答案。这项研究指出，低社会地位、缺少朋友和艰辛的童年生活是现代社会中引发心理压力的最重要因素。如果我们对这三项因素的解读是正确的,这就意味着此类焦虑和不安感是现代社会中压力的最常见来源。心理分析师海伦·刘易斯(Helen Lewis)促使人们开始关注羞耻这一情绪,她认为当患者发出尴尬的笑声,或是语气变得犹豫不决、有些紧张时,自己经常能观察到表示羞耻或难堪的行为(也许我们仅仅应该将其称为瞬间的尴尬或是忸怩)。[18]

从社群到大众社会

特文格的研究表明,在过去半个世纪里,焦虑情绪及脆弱、自恋的自负感急剧增多,为什么会这样?为何社会评价威胁看上去会如此严重?一项可能的解释在于,昔日的稳定社群解体了。过去,人们在一生中往往熟识同一群人。尽管好几代人都经历了愈发频繁的地理流动,但这种现象在过去半个世纪里变得更为深入了。在这段时期之初,无论是在城市,还是在农村,仍然有很多人从未离开过自己的城市或是村庄。已成家的兄弟姐妹、父母和祖父母往往都住在附近,社群中的成员通常都互相认识了很久。如今,许多人都离开了家乡,对邻居只有点头之交,或者根本不认识。过去,人们的身份感根植于自己所处的社群,根植于对周围人的了解;然而如今,人们却漂泊在不知姓名的大众社会里,熟悉的面孔被不停流动的陌生人所取代。结果就是,我们是谁、我们的身份是什么,成了被不断提出的问题。

我们很难区分他人对我们的"尊重"和我们的"自尊"这两种概念,这同样暴露了上述问题。足以证明我们对"社会评价威胁"感到敏感的证据,加上特文格发现的关于焦虑与自恋情绪长期以来增多的证据,都表明与过去相比,我们的自我意识变得十分强烈,我们十分在意别人对自己的看法,担心自己被当作没有吸引力、乏味、愚蠢的人物,并且不断地试图经营自己的形象。我们与陌生人互动时的核心要素是关注他们可能对我们作出何种判断和评估:他们怎么评价我们?我们是否积极地展示了自己？这样的脆弱心态是现代心理状况的一部分，并且能够直接被消费主义利用。

众所周知的是，青少年尤其难以应对这些问题。他们处于自我认知最不确定的时期，却必须在上千人的学校里处理人际关系。并不令人意外的是，对他们而言同学造成的压力如此巨大，以至于许多人都对自己的形象不满意，甚至患上抑郁症，或是进行自我伤害。

不平等加剧了评价引发的焦虑

尽管社会评价威胁导致焦虑情绪增多这一现象似乎要早于不平等的加剧，但不难发现不平等的加剧及社会地位差距的扩大是如何影响焦虑情绪的。人们拥有的财富与地位（从低工资的非技术工作，到成功、金钱与名望）并非完全分离的两大领域，它们不仅仅会影响人们的自我感知，甚至还会影响到朋友和家人对我们的看法。我们需要感到自己是有价值、有能力的，这意味着我们渴望积极的反馈，即使对隐晦的批评也常常作出愤怒的回应。社会地位能够最强有力地传达出人们是优越还是卑微的信息，而且人们常常认为社会流动是选贤任能的过程。的确，在求职和晋升时，年龄、性别、种族、宗教等因素造成的歧视是被禁止的，面试小组必须完全通过能力的高低来筛选申请人——前提是他们不受到性别、肤色等因素的影响。

不平等加剧会导致社会地位的重要性上升，从而增强了社会评价引发的焦虑感。在更为平等的环境中，我们会承认彼此都是平等的，因为我们享有共同的人性。但随着地位差距的扩大，仔细地打量彼此就变得更加重要了。我们越来越将社会地位视为他人身份中一项重要的特征。在一群陌生人之间，这更是成为了占据主导地位的特征。正如19世纪的美国哲学家爱默生所言："确定无疑的是，每个人的眼神都能确切地反映他在众人之中的地位。而且我们永远在学习该如何解读它。"[19]的确，心理试验表明，我们在接触他人的几秒钟之内便对对方的社会地位作出了评判。[20]怪不得第一印象如此重要；怪不得社会评价让我们如此焦虑！

如果不平等变得更加严重，以至于有些人拥有一切，有些人几乎一无所有，那么我们在社会中处于何种地位就变得更加重要了。在不平等变得更加严重的同时，对于社会地位的争夺往往也变得更加激烈，由此引发的焦虑也更加严重。并不仅仅是因为所涉及的利益更加重大，才导致我们更加担忧自己取得的结果；原因还在于我们更加在意社会地位，更加在意我们是如何评判彼此的。调查显示，当选择未来的结婚对象时，与较平等的社会相比，较不平等社会的人们更加关注经济前景、地位、抱负等标准，而较少考虑浪漫因素。[21]

自我推销取代了自我贬低与谦逊

将最平等（日本）与几乎最不平等（美国）的市场经济民主富国进行比较（见图表2.1），我们能够发现这两个国家的人们看待自己以及向别人介绍自己的方式存在鲜明差别。日本人往往以自我贬低和自我批评的方式介绍自己，这与美国人自我夸大的风格形成了鲜明对比。美国人更愿意将个人成功归结于自己的能力，将失败归咎于外部因素，日本人则恰恰相反。[22]在美国，人们往往以有利于自己的方式寻找失败与成功的理由，但在日本进行的超过20项研究均未发现这种模式。日本人更愿意轻描淡写地看待自己的成功，仿佛这更多地归因于好运，而非自己的良好判断；同时他们会认为失败归咎于自己的能力不足。在中国大陆和中国台湾地区也能发现类似于日本的模式。

我们不愿过多地纠结于心理学术语，而是认为导致日美两国差异的原因在于如何看待自谦的态度，以及是否更愿意维系社会纽带，而不是借成功来突出自己，显示自己比他人更有能力。随着不平等的加剧导致对于社会地位的争夺更加激烈、社会评价威胁更加严重，人们不得不通过自我推销和自我夸大的策略来维持自负感。谦逊很容易成为不平等的牺牲品：面对着愈发严重的社会评价威胁，我们表面上变得更为强硬，但正如关于自恋心态的文献所表明的，内心里却可能变得更加脆弱，难以承受批评，不善于处理人际关系，难以承认自己的过失。

自由、平等、博爱

法国大革命的口号"自由、平等、博爱"表明，我们讨论的话题有着悠久的历史。对于建立更加美好的社会、提升实际生活质量而言，这一口号所关注的那些社会关系是至关重要的。"自由"意味着不顺从于或是亏欠于封建贵族和土地贵族，即摆脱卑微感这一封建枷锁的自由。类似的，"博爱"代表着建立更加互惠互助的社会关系的渴望。当我们谈及社群、社会凝聚力，或是团结之情时，也会指出这一点。许多研究都表明友谊及社群生活是有利于健康的，由此证明了它们对于人类福祉的重要性。"平等"则是实现"自由"与"博爱"的前提条件。严重的不平等不仅仅导致了与社会分化和阶级偏见相关的所有问题；而且，正如后续诸章将要表明的，它还会削弱社群生活，减少彼此间的信任，导致暴力行为增多。

第二部分

不平等的代价

四、社群生活与社会关系

> 在美国停留期间，吸引我注意力的新事物中，最令我感到惊叹的是社会地位的平等。我很容易就能想象这种基本状况会对社会的进步产生何种重大影响。
>
> ——亚历克西斯·德·托克维尔（Alexis de Tocqueville），
>
> 《论美国的民主》（*Democracy in America*）

2005年8月，卡特里娜飓风袭击了美国南部的墨西哥湾沿岸地区，摧毁了密西西比州和路易斯安那州的多个城市，漫过了防洪系统，导致新奥尔良市的80%都浸泡在水中。在风暴来袭的前一天该市发出了强制撤离令，但当时公交系统大部分已经瘫痪，人们也无法获得燃料或是租赁车辆。市政府为无法逃离新奥尔良的人们设立了"最后的避难所"，其中就包括"超级圆顶"体育馆。尽管部分屋顶被风暴掀翻，这座巨大的体育馆还是为约26000人提供了遮蔽。这场飓风至少造成1836人死亡，700人失踪。

风暴过后，引发世界媒体关注的除了巨大的物质破坏外（倒塌的房屋、被淹没的街道、崩溃的高速公路、遭到重创的钻井平台），还有文明的彻底瓦解。在飓风过后的一周内，发生了多起逮捕和枪击事件。电视新闻播出了绝望的居民乞求帮助、婴儿食品、药物的画面，然后切换到军队乘小船在被淹没的街道上航行的画面。军队的任务不是疏散市民，不是为他们送去补给，而是荷枪实弹地找寻洗劫者。

在美国国内，新奥尔良市应对混乱的方式遭到了广泛的批评和谴责。许多人声称，执法部门及军队与新奥尔良多数贫穷的黑人市民之间缺乏信任，这反映了深刻的种族与阶级问题。在一场面向许多电视观众直播的、为飓风受难者进行的义演音乐会上，歌手坎耶·韦斯特（Kanye West）怒吼道："我憎恨他们在媒体上刻画我们的方式。如果是个白人家庭，他们会说：'他们在寻找食物。'如果是个黑人家庭，他们会说：'他们在洗劫。'"当军队进城后，路易斯安那州州长凯瑟琳·布兰科（Kathleen Blanco）表示："他们拿着M16步枪，而且已经上了膛。这些士兵知道如何开枪杀人，我期待他们这么做。"

救援行动中暴露出来的信任不足也在国际上遭到了广泛谴责。世界各国都伸出了援手，但他们的新闻报道却充满了批评之声。我们可以进行这样的对比：在新奥尔良，军队主要被用于控制居民，而中国在经历了2008年的大地震之后，迅速调动了不配备武装的士兵，来执行救灾任务，此举受到了国际社会的普遍赞扬。

社会地位的平等

然而，一位早期的观察家曾提出了关于美国的截然不同的观点。托克维尔于1831年环游了美国。[23] 他会见了总统和前总统、市长、参议员和法官，以及普通公民。所到之处，给他留下深刻印象的是"社会地位的平等"（第11页）、"不同社会等级的融合"，以及"特权的废除"。由此，社会构成了"统一的整体"（第725页，至少对于白人来说是这样）。他写道，"不同年龄、社会地位、性格的美国人总是能联合起来"（第596页），"陌生人能够欣然聚集在同一个地方，可以自由地对别人讲述自己的想法，既不会因此感到危险，也不是为了从中获得好处"，他们的举止是"自然、开放、坦诚的"（第656页）。托克维尔还提到了危难时刻美国人是如何互相帮助的：

> 如果公路上突然发生了事故，人们将从四面八方赶来救助受害者；要是某个家庭遭遇了不幸，会有上千陌生人愿意慷慨解囊……（第661页）

托克维尔相信，社会地位的平等有助于美国人彼此之间产生并保持信任。

信任与不平等有何种关系

然而，不平等会侵蚀信任，造成政府与公民、富人与穷人、少数群体与多数群体之间的分裂吗？本章表明，在较不平等的社会中，社会关系的质量的确会降低。

并不令人感到意外的是，不平等会严重地分裂社会。这或许是因为我们都倾向于根据生活水平的差距来判断社会地位的差距。我们更愿意选择与我们地位相近的人做朋友，与比我们富裕得多和贫穷得多的人都很少打交道。当我们很少与其他人打交道时，也就很难信任他们。在社会等级次序中所处的地位决定了我们将哪些人视为内部人士，将哪些人视为外部人士——也就是区分"我们"和"他们"——由此会影响到我们认同于他人、并与之产生共鸣的能力。在本书的后续部分，我们将表明不平等不仅仅会导致我们鄙视那些比自己贫穷的人，还会导致其他各种歧视，例如种族主义和性别主义。我们有时会将"他们和我们就是不一样"作为理由，为自己的态度开脱。

托克维尔明白这一点。终身反对奴隶制的他曾提到，非洲裔美国人和美国原住民被排除在了其他美国人享有的自由与平等之外。[23]他认为，奴隶制之所以能维持下去，是因为非洲裔美国人被视为"他者"，以至于"欧洲人之于其他种族就如同人类之于动物一样"（第371页）。我们只有对同等地位的人才会怀有同情之心，"不同阶级之间不会存在这种感情"（第650页）。托克维尔认为，"财富与法律导致的现实中的不平等"，会引发偏见这种"想象出来的不平等"（第400页）。

早期的社会主义者等人士相信，物质不平等阻碍了人类实现更广泛的和谐，建立全人类的博爱之情。在本章中，我们将用数据证明这一直觉是正确的：不平等会导致分裂，而且即使微小的差别也会造成重大影响。

收入不平等与信任

图表4.1和4.2表明，在收入差距较大的国家及美国各州，人与人之间的信任程度也较低。二者之间的关联足够有力，因此我们可以确信这并非出自偶然。图表4.1所使用的关于信任程度的国际数据来源于"欧洲与世界价值调查"，这项研究对价值观和规范进行了跨国比较。[5]调查人员在各国随机选取样本人群，询问他们是否同意"多数人是可以被信任的"这一表述。各国的结果差异很大。在斯堪的纳维亚国家和荷兰，人与人之间的信任程度最高，其中瑞典排在第一位，多达66%的受访者表示自己信任他人。在葡萄牙，人与人之间的信任程度最低，仅为10%。也就是说，同为富裕的市场经济民主国家，信任程度的差距却达六倍之多。正如图表所展现的，较高的信任程度与较低的不平等程度之间存在关联。

图表4.2反映的是美国国内的信任程度，数据来自联邦政府进行的综合社会调查，这项调查监控美国的社会变迁已超过二十五年时间。[24]与国际调查一样，调查者同样被询问是否同意"多数人是可以被信任的"

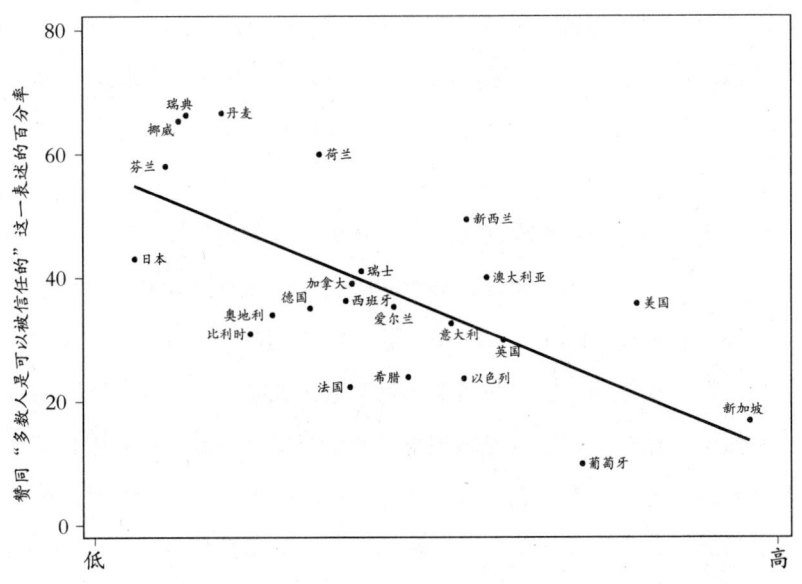

图表 4.1：在较平等的国家，赞同"多数人是可以被信任的"这一表述的人比例更高。

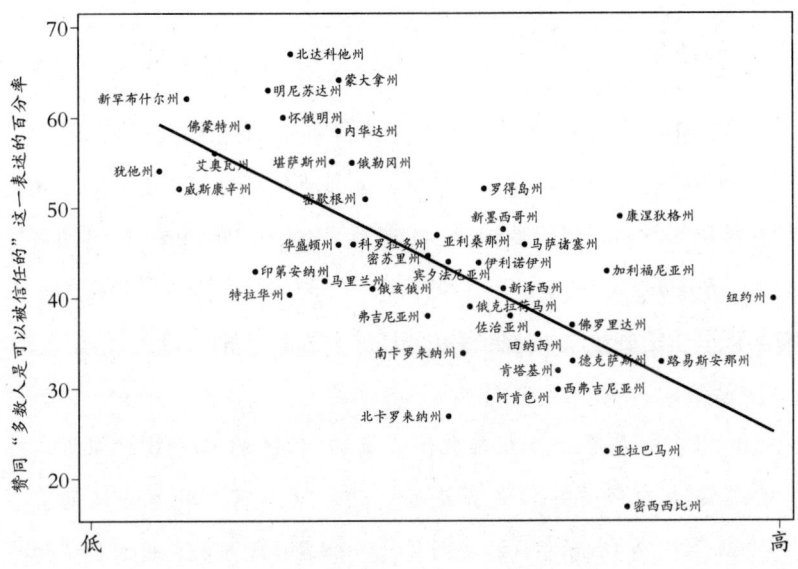

图表 4.2：在较平等的美国各州，赞同"多数人是可以被信任的"这一表述的人更多（只能获得 41 个州的数据）。

四、社群生活与社会关系

这一表述。美国各州信任程度的差距为四倍，北达科他州的信任程度与瑞典类似，达到了 67%；在密西西比州则只有 17% 的人信任他人。和国际数据一样，美国各州较低的信任程度与较高的不平等程度之间也存在关联。

这些关于信任与不平等的图表所传递出的重要信息在于，它们表明对于生活在不同社会的人而言，对生活的感受存在着巨大差异。想象一下：在 90% 的人都不信任他人的社会里，生活质量会是怎样；在工作时、在街上、在学校里，人们之间将如何打交道。在挪威，经常有咖啡店将桌子和椅子摆在路边，并且为感到寒冷的顾客提供毛毯。没人担心顾客或是路人会将毛毯偷走。有很多人怀念昔日的时光，当时他们可以放心地将房门大开，遗失的钱包也会物归原主。新奥尔良是美国最不平等的大城市，前文提到的卡特里娜飓风过后一片混乱的场景，以及紧张、互不信任的情绪，正是发生在这样的背景之下。

先有鸡，还是先有蛋？

美国的信任程度从 1960 年的 60% 下降到了 2004 年的不足 40%。[24] 然而，是不平等导致了信任程度降低，还是不信任导致了不平等？孰先孰后？哈佛大学政治学家罗伯特·帕特南（Robert Putnam）的《独自打保龄》（*Bowling Alone*）一书表明了不平等与"社会资本"（指的是人们参与社群生活的程度）之间存在怎样的关系。[25] 他写道：

> 社群与平等会互相强化……在 20 世纪的的多数时间里，社会资本和经济平等都是齐头并进的。就财富和收入分配而言，1950 年代和 1960 年代的美国要比一个多世纪里的其他时候更为平等……这同样也是社会联系与公民参与程度最高的时代。平等与社会资本的最高点恰好发生在同时……反过来，在二十世纪的后三十

年,不平等加剧,社会资本被削弱……两种趋势发生的时机引人关注:大约在1965年至1970年的某个时刻,美国调转了方向,经济上的公正性以及社会与政治上的凝聚力均开始下滑。(第359页)

帕特南在另一篇文章中还写道:

因果关系可能是双向的。社会资本较高的州,公民更能减少不平等;不平等本身也会造成社会的分裂。[26]

马里兰大学政治学家埃里克·厄斯莱纳(Eric Uslaner)的《信任的道德基础》(*The Moral Foundations of Trust*)一书态度更为明确。他认为是不平等削弱了信任程度,而不是反过来。[27]如果生活在社会资本更高的社会里,那么我们就会拥有更多朋友和邻居,这可能会增强我们对熟知之人的信任。但厄斯莱纳指出,"欧洲与世界价值调查"等衡量的是对陌生人的信任程度,我们并不了解这些人,而且他们往往和我们并无相似之处。他使用了多个来源提供的丰富数据,表明信任他人的人是乐观主义者,对于自己的生活有着强烈的控制感。父母的抚养方式也可能对孩子是否信赖他人产生影响。

厄斯莱纳与同事博·罗思坦(Bo Rothstein)一道对不平等与信任的因果关系进行了统计检验,该研究表明,是不平等影响了信任,"信任对于不平等并无直接影响;相反,不平等才是起因"。[28](第45页)厄斯莱纳表示,"在不平等的环境里,信任程度不可能很高";此外,收入不平等是影响信任的"首要因素",胜于失业率、通货膨胀率、经济增长率等因素。[27]有助于建立信任的并非平均经济水平,而是经济平等程度。厄斯莱纳的图表显示,在不平等急速加剧的时期,美国的信任程度也下降了(见图表4.3)。该图表上的数字表明了1960至1998年间,每一年的信任程度与不平等状况之间的关系。

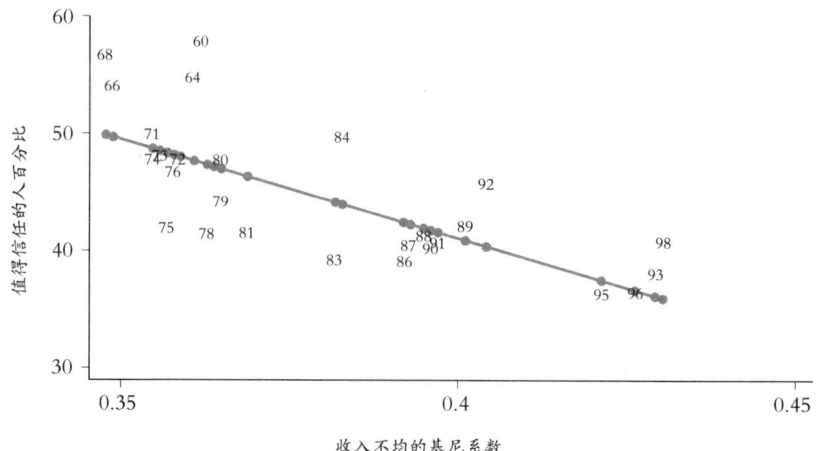

图表 4.3：随着不平等加剧，信任程度也减弱了。[27]（第 187 页）

多年来，不平等状况和信任程度的变化总是同步发生。当不平等加剧时，人与人之间的关怀与互助也减弱了，人们只能竭尽全力地顾及自己。于是，信任程度也不可避免地减弱了。不信任和不平等也会互相强化。正如托克维尔指出的，我们不太可能对不是同等地位的人怀有同情之心；物质差异会导致社会分裂。

信任是重要的

帕特南和厄斯莱纳都指出，信任会促成合作。厄斯莱纳的研究表明，信任他人的美国人也更愿意花费时间和金钱帮助他人。"信任者"也往往持有共同的文化信念，认为美国是由共享的价值观凝聚在一起的，所有人都应该得到尊重和包容。他们也更加支持法律秩序。

信任不仅会影响个人的福祉，还会影响公民社会的福祉。信任程度高意味着人们感到安全，烦恼较少，将他人视为合作者而非竞争者。在美国进行的许多有说服力的研究确认了信任与健康的关系：信任程度更高的人寿命也更长。[29] 事实上，信任他人者往往生活在信任程度普遍较高的社群里，并从中获益；较不信任他人者则常常生活在类似的环境中，并因此变得更加糟糕。[30]

对于在卡特里娜飓风之后身陷混乱局势的有些人而言，是否信任他人意味着生死之别。在芝加哥于1995年经历热浪时，信任他人对于求生同样至关重要。社会学家埃里克·克利嫩伯格（Eric Klinenberg）在关于这场热浪的书中指出，贫穷的非洲裔美国人生活在信任程度低、犯罪率高的地区，他们过于害怕，不敢打开窗户和家门，也不敢离家前往政府设立的避暑中心；人们也不关照邻里，以至于数百名老人和弱势人群死亡。然而，同样贫穷的拉美裔社区信任程度更高，社群生活更活跃，死亡风险也要低得多。

袭击者与特立独行之人

也许，另一项能够表明社会关系受到侵蚀、信任程度下降的迹象在于1980和1990年代运动型多功能车（SUV）的大受欢迎。在英国，这种车辆被贬义地称为"切尔西拖拉机"——切尔西是伦敦的富人区；这个绰号讽刺了在拥堵的城区驾驶大块头越野车的愚蠢行为。SUV车的名字往往会让人联想起猎人和户外活动者的形象：欧蓝德（Outlander，意为外乡人）、探路者（Pathfinder）、切诺基（Cherokee，为北美原住民部落名）、牧马人（Wrangler），等等。还有一些名字甚至会令人联想起士兵和战士等更加强悍的形象：游骑兵（Trooper）、卫士（Defender）、将军（Shogun）、袭击者（Raider）、指挥官（Commander），等等。这些车辆的地盘并非真正的丛林，而是"都市丛林"。

SUV大受欢迎不仅仅表明人们希望自己看上去很强硬，这种现象还体现了人们之间不信任的加剧，因而需要远离他人，找到安全感。乔什·劳尔（Josh Lauer）在他的论文"被驱赶到极致"（Driven to

Extremes）里提出了这样的问题：为何军人般的粗犷压倒了速度和造型，成为了人们优先考虑的因素？SUV的流行又反映了美国社会的何种趋势？[32] 他的结论是，这种现象反映出了美国人对待犯罪和暴力的态度：赞赏粗犷的个人主义，以及要求躲开他人——也就是不信任。这种大型车辆不具备合作性的公共精神，也不愿接纳搭便车者——恰好在不平等于1970年代开始加剧时，搭便车的数量也开始减少了。正如一位人类学家观察到的，人们试图通过"驾驶如同装甲车一般的SUV、尽可能地令潜在的袭击者感到畏惧"，从而摆脱这个残酷、互不信任的社会造成的威胁。[33] 民意调查人员迈克尔·亚当斯（Michael Adams）在文章中谈到了美国与加拿大的价值观差异。他指出，在加拿大小型车的销量好于SUV，是后者的两倍；在美国这一比例正好相反（显然，加拿大要比美国更为平等）。[34] 在SUV大受欢迎的同时，其他迹象也表明美国人愈发对他人感到不安和害怕：封闭式社区数量增多；[35] 家庭安保系统销量增加。[32] 近些年来，由于燃油成本的急剧升高，SUV的销量也开始下滑，但人们仍旧钟爱粗犷的形象：外观强悍的小型跨界休旅车销量仍在上升。

女性的地位

从许多方面来看，如果按照脸谱化的形象进行分类的话，更不平等的社会看上去更具"男性气质"。对这一点进行检验后，我们发现女性的地位与信任程度及社会关系的好坏一样，也受到不平等的影响。

美国女性政策研究所制定了衡量女性地位的指标。借助于这些指标，哈佛大学研究人员发现，女性地位与各州收入不平等之间存在关联。[36] 这三大指标分别是：女性的政治参与、就业与收入，以及社会与经济自主性。我们将各个州的三大指标综合起来，考察其与各州收入不平等的关系，结果发现在较不平等的州，女性地位要糟糕得多，尽管二者之间的关联并非特别强有力（见图表4.4）。图表上的点分布得相当分散，这表明不平等之外的因素对于女性地位同样有影响。尽管如此，这种趋势依然不能被归结为偶然：在较不平等的各州，担任政治职务的女性人数较少，女性收入较低，完成大学学业的女性人数也较少。

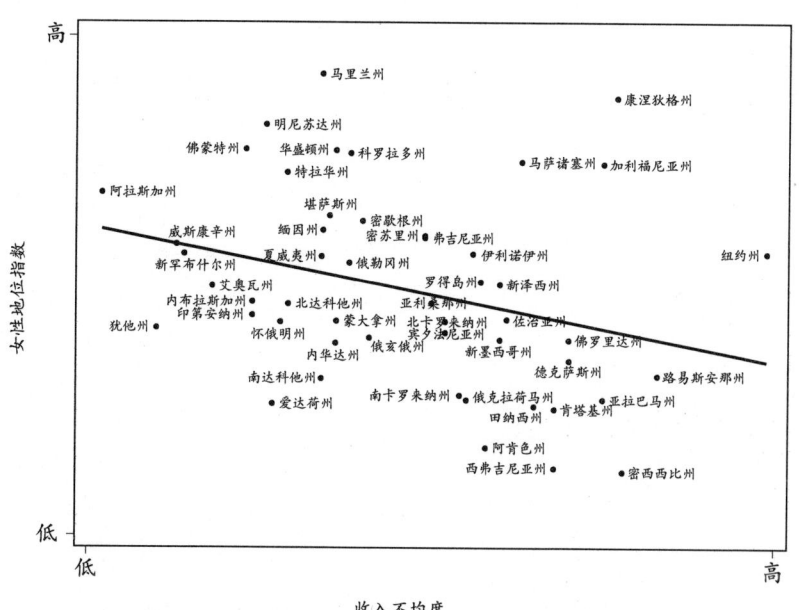

图表 4.4：美国各州的女性地位与不平等状况。

跨国比较得出了同样的结论，图表 4.5 表明了二者之间的关联。将议会中女性所占比例、男女收入差距、完成高等教育的女性比例等指标综合起来，我们发现较平等社会中女性地位更高。

考虑到日本是一个相当平等的国家，其女性地位要比我们预期的更低；意大利同样如此，瑞典女性的地位则比预期更高。正如图表 4.3 中点的散布情况一样，这同样表明其他因素也会对女性地位产生影响。在日本和意大利，传统上女性的地位要低于男性，瑞典女性则拥有争取权利的悠久传统。不过需要再次指出的是，收入不平等与女性地位之间的关联不能归结为偶然，有迹象表明较平等社会中女性地位更高。

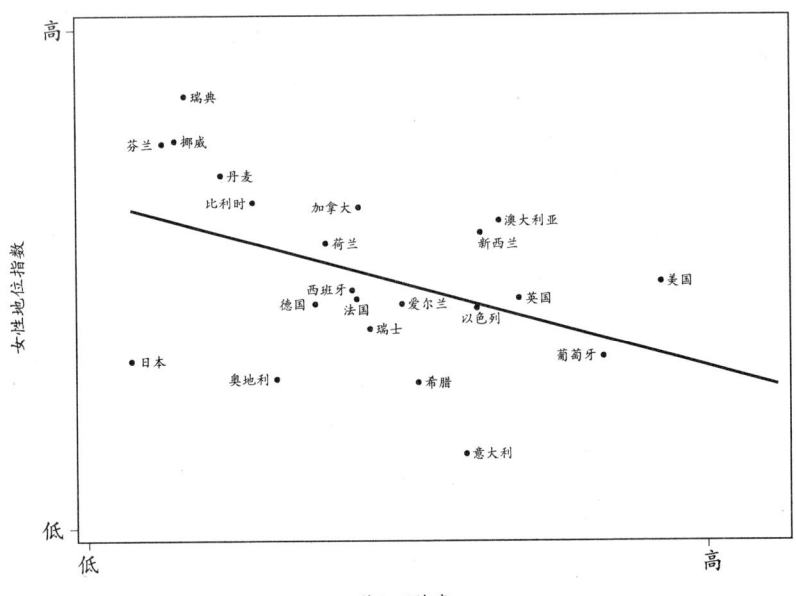

图表 4.5：富裕国家的女性地位与不平等状况。

流行病学家还发现，女性地位较高的美国各州，男性和女性的死亡率也较低。[36] 而且，女性的总体地位会对富裕和贫穷的女性均产生影响。[37]

跨越国界的信任

并不令人感到意外的是，正如信任他人者更热心于慈善事业一样，较平等的国家对待贫穷国家也更加慷慨。联合国制定的对外发展援助目标为国民总收入的 0.7%。只有挪威、瑞典、丹麦和荷兰达成了这一目标，它们比联合国所期望的更为慷慨。此外，图表 4.6（其数据来自于经济合作与发展组织[38]）表明，就占国民收入的百分比而言，较不平等的国家提供的对外援助也要少得多。在这张图表上，日本和英国是两个离群

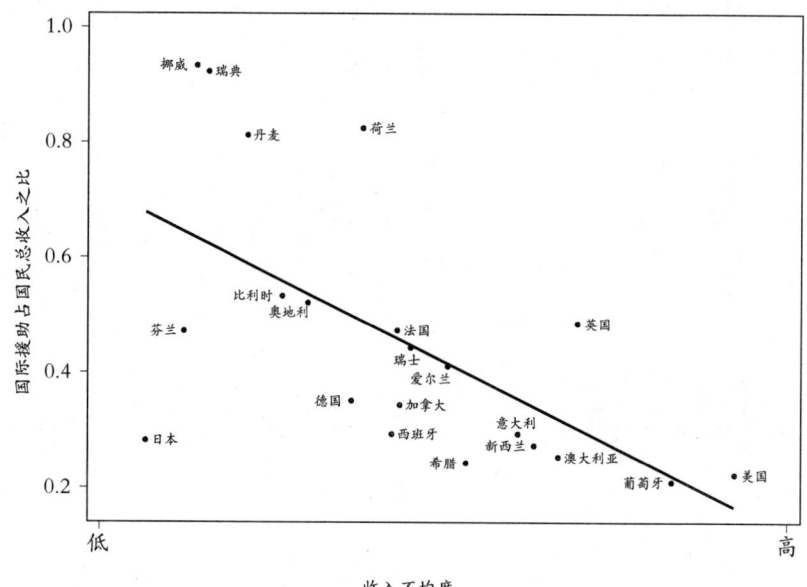

图表 4.6：富裕国家的对外援助金额与不平等状况。

点。日本的对外援助少于预期，或许是因为二战之后它便退出了国际舞台。英国的对外援助多于预期，则是因为它与许多发展中国家有着殖民历史联系。

我们知道了什么

我们在本章中表明社会信任程度与收入不平等之间存在关联。不过，存在关联当然不意味着存在因果关系。

我们有许多理由相信平等是提高信任程度的前提条件（尽管二者之间几乎肯定存在相互反馈的关系）。理由之一在于二者之间的关联是强有力的，图表 4.1 和 4.2 的陡峭程度表明了这一点。瑞典人比葡萄牙人更愿意信任他人。任何其他解释都需要达到如此有力的程度，才是有效的。但在我们的统计模型中，无论是贫穷程度，还是平均生活水平，都无法对这样的结果作出解释。我们还发现，无论在美国国内，还是在国际上，这二者之间均存在关联。此前我们曾提到厄斯莱纳和罗思坦是如何通过统计模型来确立不平等与信任程度之间的因果次序的：是不平等影响了信任程度，而不是反过来。不平等与女性地位以及对外援助金额这二者的关系令我们更加坚信，是不平等导致了社会不同人群间距离感的增加，使得我们更倾向于将他人视作"他们"，而非"我们"。

总之，我们可以将信任程度视为一项重要的标志，它表明物质上更加平等有助于我们建立一个有利于所有人、更具有凝聚力和合作性的社群。

五、心理健康与吸毒

> 没有哪个健康指标适用于一个积重难返的社会。
>
> ——克里希那穆提（Krishnamurti）

英国和美国的心理疾病状况

如今，儿童的心理健康状况成为了各大报纸的头条新闻，例如英国的《每日邮报》（*Daily Mail*）就打出了这样的通栏标题："心理不正常的一代。"据估计，一百万英国儿童（占5至16岁儿童人数的十分之一）患有心理疾病。[39] 据称，如果某所中学有1000名学生，那么其中有50人是重度抑郁的，100人是焦虑的，10至20人受困于强迫症，5至10名女孩受困于进食障碍。[40] "美好童年调查"这一受到儿童协会委托的独立调查于2008年发布的一份报告支持了上述结论。[41] 在调查了数千名儿童后，他们的结论是，越来越多儿童受困于心理疾病，其中超过四分之一经常感到抑郁。造成这一现象的主要原因是家庭破裂和来自同学的压力。

在美国，6%的儿童患有注意力不足过动症。这种行为综合征的特点是注意力严重不集中、好动、坐立不安。[42] 一项全国性调查显示，几乎多达10%的3至17岁儿童在"情绪、注意力、行为、与他人友好相处等方面"都有着中度乃至重度问题。[43]

那么这两个国家的成年人状况又如何呢？2000年进行的一项全国性调查显示，23%的英国成年人或是患有神经症，或是沉迷于酒精和毒品；4%的成年人受困于多种心理疾病。[44]2005年时，光是英格兰地区的医生就开出了2900万份抗抑郁药处方，耗费了国民医疗服务体系超过4亿英镑资金。[45]在美国，每四名成年人中就有一位在过去一年中曾患上心理疾病，其中重症所占比例几乎达四分之一；超过半数美国人在一生中会患上至少一种心理疾病。[46]美国在2003年用于心理治疗的费用为1000亿美元。[47]

心理福祉

在对其他社会的心理健康状况进行比较之前，我们应该提出这样一个问题：健康的心灵指的是什么？

英国全国心理健康协会发布了一份名为《如何改善你的心理福祉》的手册，它一开始便提出：

> 良好的心理健康指的不是你所处的状态，而是你的行事方式。要想保持心理健康，你必须珍视并接受你自己。[48]

该手册总结道，心理状况良好者能够善待自己，将自己视为有价值的人，并且按照合理（而不是不现实）的标准来评判自己。不珍视自己的人则害怕受到拒绝，他们与别人保持着距离，陷入了孤独这一恶性循环。

此外还需要指出的是，尽管患有心理疾病者大脑中某些化学物质的水平有时会发生变化，但这并不意味着这些变化是导致抑郁的原因。恰恰相反，这些变化正是抑郁造成的结果。同样的，尽管基因缺陷可能是导致某些心理疾病的潜在原因，但这并不足以解释为何近几十年来心理疾病急剧增多。毕竟，我们的基因不可能改变得如此迅速。

苹果，还是橙子？

我们真的能够对不同国家的心理疾病状况进行比较吗？难道不同的文化不会导致不同种类的心理疾病，形成判断正常与否的不同标准，导致对差异的容忍程度各不相同吗？难道不是有些社会的人们更愿意承认自己存在情绪问题、吸毒，或是有着其他难以启齿的症状，有些社会的人们则较不愿意承认这些问题？

对不同国家的心理疾病状况进行比较从来不是一件简单的事情，这并不令人感到意外。不过，随着研究者于1980年代发明了"诊断式会谈"这一方法，情况变得容易一些了。即使不是心理学家或精神病医生，也可以通过提出一系列问题，来大规模地衡量符合不同心理疾病诊断标准的患者人数。

世界卫生组织于1998年设立了世界心理健康调查联盟，目的在于估算不同国家患有心理疾病者的人数、其疾病严重程度，以及其治疗模式。尽管这一方法并不能完全打消人们对于文化差异所导致影响的疑虑，但至少这些调查在不同国家以相同的方式提出了相同的问题。在我们选定的富裕国家中，有九国完成了世界卫生组织的调查：比利时、法国、德国、意大利、日本、荷兰、新西兰、西班牙和美国。[49][50]尽管不具备非常严格的可比性，但通过类似的全国性调查，其他三国同样对患有心理疾病的成年人比例进行了估算：澳大利亚[51]、加拿大[52]和英国[44]。

收入不平等与心理疾病

在图表 5.1 中,我们借助这些调查考察了富裕国家收入不平等状况与在接受访问前的 12 个月里患有心理疾病的成年人所占比例之间存在何种联系。二者之间的关联是强有力的:在较不平等的社会里,患有心理疾病者所占比例要高得多。如此密切的联系绝非出自偶然。这些国家在图表上几乎排成了一条直线,只有意大利的位置有些偏差,其心理疾病患者所占比例比我们根据其收入不平等状况所预期的要低。

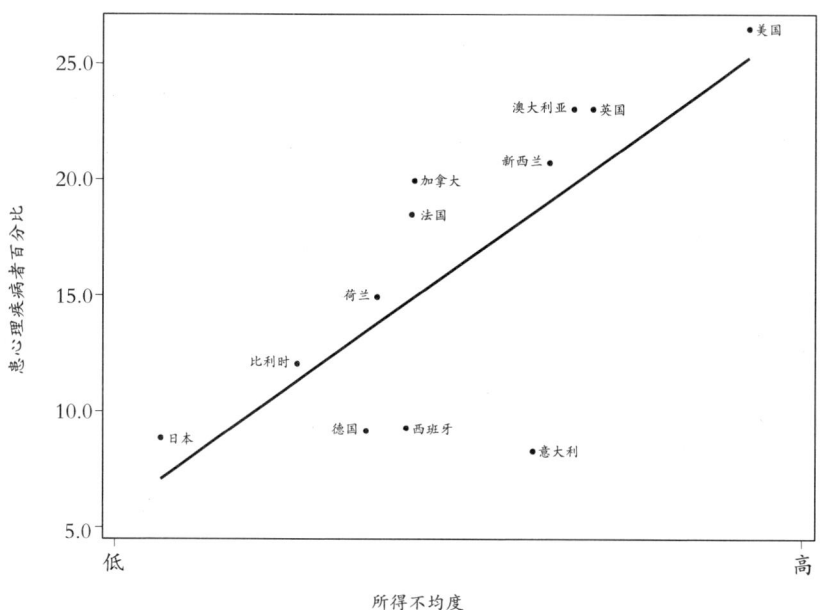

图表 5.1:在较不平等的国家,患有心理疾病的人也更多。

正如我们在上一章中考察的信任程度一样,各国的心理疾病患者比例也存在巨大差异(从 8% 直到 26%)。在德国、意大利、日本和西班牙,受访之前的一年中曾患上心理疾病者所占比例不足十分之一;在澳大利亚、加拿大、新西兰和英国,受访之前的一年中曾患上心理疾病者所占比例略高于五分之一；在美国，受访之前的一年中曾患上心理疾病者所占比例略高于四分之一。各国间不平等状况的差距看上去与心理疾病患者比例的差距是一致的，同为三倍。

对于能够获得世界卫生组织调查数据的九个国家，我们还可以进一步考察各种类型的心理疾病，尤其是焦虑症、情感障碍、冲动控制失调和上瘾，以及一定程度的严重心理疾病。焦虑症、冲动控制失调及严重疾病与不平等均有着强有力的关联；情感障碍与不平等的关联较弱。我们在第3章中发现，近几十年来发达国家人们的焦虑情绪愈发严重。在所有被调查的国家，焦虑症都是最为常见的心理疾病；在较不平等的国家，焦虑症占所有心理疾病的比例也要高得多。不幸的是，我们无法获得可以用于国际比较的关于儿童和青少年心理健康状况的数据。

让我们再将目光转向美国的五十个州，结果有些令人感到意外。在本书考察的诸多健康与社会问题中，我们发现唯独在成年男性心理疾病患者比例与收入不平等之间不存在关联。各个州心理健康状况的评估是由"美国行为风险因素监控研究"和"全国吸毒与健康调查"完成的，这两项研究的数据均显示，收入不平等与男性心理健康状况之间不存在关联。

然而，收入不平等与成年女性心理健康状况之间存在关联。这种关联虽不强，但不能归结为偶然。收入不平等与儿童心理健康状况之间也存在类似关联。"全国儿童健康调查"估算了各州在"情绪、注意力、行为、与他人友好相处等方面"有着中度乃至重度问题的儿童比例。[43] 尽管和成年女性的情况一样，这种关联也并不是太强，但二者之间的关联是显而易见的。

关于成年男性心理健康状况与不平等之间为何不存在关联，存在几种可能的解释。通常而言，与不平等存在关联的问题往往有着陡峭的社会坡度（即在社会底层更为常见）。[8] 有迹象表明，美国的心理健康状况并未一以贯之地呈现出社会坡度。对此的解释可能在于：数据收集的方法有问题、不同性别之间在汇报心理疾病时存在差异、少数族裔有着较强的心理康复能力，或是不平等加剧的后果尚未显现出来。无论如何，重要的是记住这一点：从国际视角来看，美国的总体心理健康状况正如我们根据其严重的不平等状况所预期的一样。

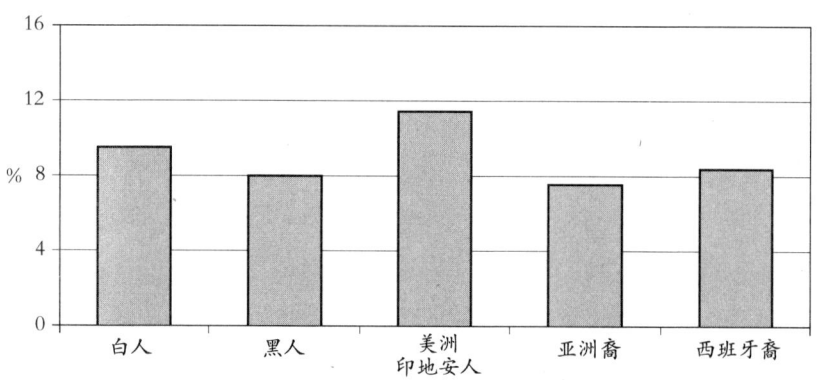

图表5.2：1993至2001年间，美国成年人汇报自己受困于心理压力的频率上升。[53]

执着于攀登社会阶梯

为什么在较不平等的地方，人们更容易患上心理疾病？心理学家、记者奥利弗·詹姆斯（Oliver James）将心理疾病比作传染病，以此来解释二者之间的联系。詹姆斯表示，"富裕病"的病毒指的是"导致我们更容易受困于情绪压力的一系列价值观"，这些"病毒"在富裕社会中更为常见。[54] 这包括高度重视金钱、财产、在他人眼中的形象，以及渴望成名。这些价值观使得我们更容易抑郁、焦虑、上瘾和出现人格障碍，并且与我们在第3章中探讨过的现象有着密切联系。在关于同一主题的另一本新书中，哲学家阿兰·德博顿（Alain de Botton）将"地位焦虑"称为"如此有害的一种担忧，长此以往会破坏我们的生活"。当无法维持自己的社会地位时，我们就"不得不苦涩地看待成功，羞耻地看待自己"。[55]

经济学家罗伯特·弗兰克（Robert Frank）注意到了同一种现象，并称其为"奢侈热"。[56] 随着不平等加剧以及位于社会顶层的超级富豪花越来越多钱购买奢侈品，对奢侈品的欲望也降临到了收入较低者身上，导致我们其他人挣扎着试图跟上潮流。广告商利用了这一点，令我们对自己所拥有的感到不满足，促使人们进行令人不快的攀比。另一名经济学家莱亚德（Richard Layard）描述了我们是如何"对收入上瘾"的：我们拥有的越多，便觉得自己需要更多，于是牺牲了家庭生活、人际关系和生活品质，花费更多时间追求物质财富和财产。[3]

在信任程度较低、社群生活较弱的社会中，人们的心理健康状况也较差。考虑到社会关系对于心理健康的重要性，这一点也就不会令人感到意外了。

不平等与毒品

社会地位低会令大多数人感到痛苦，因此人们自然会发现，在较不平等的社会中，吸食可卡因、大麻和海洛因等毒品的现象也更为普遍。

联合国毒品与犯罪办公室发布了一份《世界毒品报告》，[57] 其中分别含有关于麻醉剂（如海洛因）、可卡因、大麻、摇头丸、安非他明等毒品使用情况的数据。我们将这些数据综合起来，得出了一项单独指标，赋予各种毒品相同的权重，从而避免某种毒品主导该指标。我们使用该指标绘制了图表 5.3。该图表显示，在较不平等的社会中，吸食毒品的现象明显更为普遍。

就美国国内而言，在较不平等的州，对毒品上瘾和吸毒过量致死率均更高。[58]

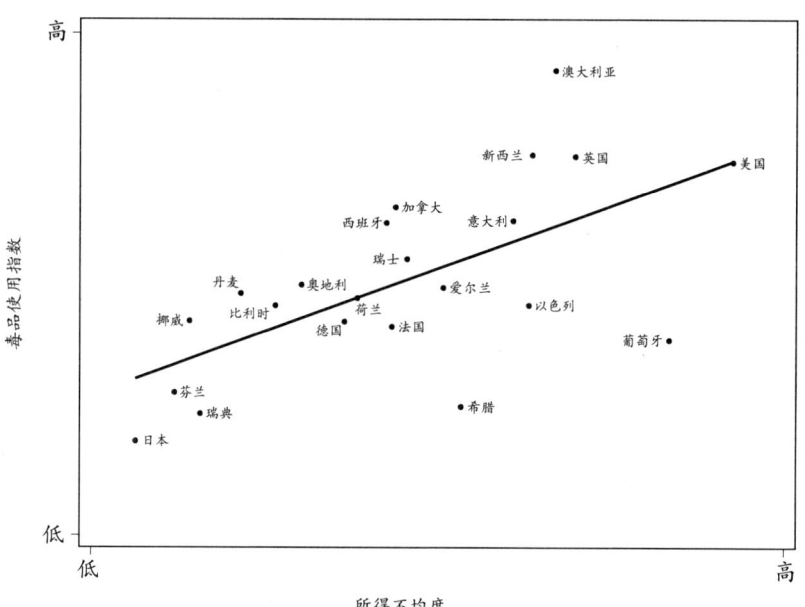

图表 5.3：在较不平等的国家，吸食毒品的现象更为常见。

猕猴试验

大脑中化学物质的活动反映出了社会地位对于我们心理状况的重要影响。血清素和多巴胺这两种物质对于调节情绪发挥着重要作用。人体中血清素与多巴胺含量较低与抑郁及其他心理紊乱有关。虽然我们在将结论推广至人类时需要谨慎，但对于动物的研究表明，低社会地位会对大脑中某些化学物质的含量及其活动产生影响。

北卡罗来纳州韦克福里斯特医学院的研究人员设计了一项机智的试验：将二十只猕猴先在单独的笼子关上一段时间。[59] 随后，他们将每四只猕猴分为一组，关在一个笼子里，观察每组形成的社会等级次序，并分别标记出居于主导和从属地位的猕猴。研究人员在将猕猴分组前后均对它们的大脑进行了扫描。最后，研究人员教会猕猴通过按动操纵杆来获取可卡因——它们可以尽情地吸食。

这一试验的结果引人注目。居于主导地位的猕猴大脑中的多巴胺变得比此前更加活跃，居于从属地位的猕猴大脑中化学物质的活动则没有发生变化。居于主导地位的猕猴比居于从属地位的猕猴吸食的可卡因更少。事实上，居于从属地位的猕猴通过吸食毒品来缓解低社会地位造成的伤害。猕猴试验的证据令我们更有理由相信不平等与心理疾病之间存在因果联系。

在本章之初我们曾提及英国和美国开出了大量调节情绪药物的处方，除此之外还有许多人通过吸毒来给自己疗伤。由此，我们能够发现不平等导致了多么深重的苦难。

六、生理健康与预期寿命

> 悲伤的灵魂会比病菌更加迅速地杀死你。
>
> ——约翰·斯坦贝克（John Steinbeck），
> 《与查理同行》（*Travels with Charley*）

决定健康状况的物质与心理因素

随着社会变得富裕以及我们所处环境的变化，我们所遭受的疾病以及最重要的致病因素也发生了变化。

公共卫生的历史就是对于致病因素的认识不断变化的历史。[60][61]在19世纪，改革者收集的数据显示，生活在贫民窟里的穷人忍受着疾病和早逝等痛苦。这引发了伟大的卫生改良运动：排水系统、垃圾回收系统、公共浴室、体面的住房、更加安全的工作环境、食品卫生的改善等改革大幅改善了人们的健康状况。随着物质生活水平的提高，人们的预期寿命也延长了。

如我们在第1章中所述，当传染病不再成为主要的死亡原因时，工业化国家经历了一场"流行病学转型"，心脏病、癌症等慢性病取代传染病，成为了致病和致死的主要原因。在20世纪的多数时间里，改善人们健康状况的最主要方法在于"选择生活方式"和"避免风险因素",从而预防这些慢性疾病。吸烟、高脂肪饮食、锻炼和酒精是人们关注的焦点。

然而,在20世纪的下半叶,关于决定健康状况的因素,研究人员有了令人惊讶的新发现。他们开始相信压力会导致慢性疾病,尤其是心脏病。于是,心脏病被认为是管理人员的疾病,是担负着重大责任的商界人士面临的巨大压力导致的。长期跟踪英国男性公务员健康状况的"白厅一期"研究开始于1967年,目标在于调查导致心脏病及其他慢性疾病的因素。研究人员本以为会发现居于最高职位的公务员患上心脏病的风险也最高,然而,他们实际发现公务员职位高低与死亡率高低之间的关系恰恰相反,级别较低者(信使、门房等)死亡率为级别较高者(管理人员)的三倍。[62][63]

"白厅一期"的进一步研究以及后续的"白厅二期"研究(将女性也包括在内)表明,工作地位低不仅与患上心脏病的高风险有关联,还与某些种类的癌症、慢性肺病、肠胃疾病、抑郁症、自杀、因病缺勤、背部疼痛和自我汇报的健康问题有关。[64][65][66]那么,糟糕的健康状况是地位低导致的,还是不同级别公务员的不同生活方式导致的?

较低级别的公务员的确更有可能肥胖、吸烟、血压高、较少锻炼。他们因心脏病去世的风险更高,但上述因素对于这种变化的解释力度只有三分之一。[67]此外,显然也无法用绝对贫困和失业等因素来解释,因为所有研究人员都从事着有薪酬的工作。在研究人员多年来曾探讨过的因素中,工作压力以及对于自己工作的掌控感似乎是导致健康状况差异的最主要原因。如今许多国家关于各种疾病的研究都得出了同样的结论,即社会地位低会对生理健康造成明显影响,而且影响波及的不仅仅是那些处于社会最底层的人。除了强调社会地位的重大影响外,"白厅研究"传递出的另一重要信息就在于此。健康状况呈现出明显的社会坡度,我们所处的相对地位有着重大影响;从社会阶梯的底端到顶端,比我们地位高者健康状况更好，比我们地位低者健康状况更差。[68] 理解健康状况的社会坡度就意味着理解为何高级管理人员的寿命比专业和行政人员长，以及理解为何穷人的健康状况较差。

除了对于自己生活的掌控感之外，其他会影响生理健康状况的因素还包括我们是否感到幸福，心态是乐观还是悲观，我们对他人是否怀有敌意或是侵略性。我们的心态会对健康状况产生直接影响，如果我们所处的社会地位较低，就很难觉得能够掌控自己的生活，很难感到幸福、乐观。

影响我们健康状况的不仅仅是自己的社会地位和心态，我们与他人的关系同样十分重要。早在19世纪末，社会学奠基人之一埃米尔·涂尔干（Émile Durkheim）对自杀的研究就提出了这一观念。[69] 涂尔干的研究表明不同国家的人口自杀率与融入社会的程度以及社会是否在经历剧变和动荡有关。不过，直到1970年代流行病学家才开始系统地调查人们的社交网络与健康状况有何种关联。他们发现，朋友较少者面临的死亡风险更高。有朋友、配偶、属于某个宗教团体或其他组织、有支持自己的人相伴，都对我们的健康有利。[70][71]

社会支持和社交网络同样与心血管疾病的发病率和康复率有关。一项惊人的试验表明，同样身处存在感冒病毒的环境中，朋友较多者患上感冒的可能性更低；实际上，朋友越多，抵抗力就越强。[72] 试验还表明，当人们与亲密伙伴关系良好时，伤口的愈合速度也更快。[73]

社会地位和融入社会的程度同样被视为影响人们健康状况的重要因素。此外，研究人员愈发发现早年承受的压力（在胎儿期、婴儿期，以及幼儿时期）同样会对人们一生的健康状况产生重要影响。[74][75] 早年承受的压力会对生长发育，情感、社交及认知能力的发展，以及日后的健康状况和健康行为产生影响。家庭的社会经济地位也会影响到孩子一生的健康与成长轨迹。[76]

总而言之，研究人员将社会地位、社交网络和早年承受的压力称为

"心理因素"。像我们在第 1 章中所描述的那样，富裕的发达国家物质生活水平已经足够高，不再成为影响健康状况的重要因素了。在这些国家，"心理因素"变得愈发重要。

人生越艰辛就越短暂

进化心理学家马戈·威尔逊（Margo Wilson）和马丁·戴利（Martin Daly）的研究兴趣在于，采取更加冲动、更具风险的策略是否是针对压力更大的环境（这样的环境中寿命可能更加短暂）作出的进化回应。在更危险的环境中，为了提升社会地位，也许必须采取更加鲁莽的策略，从而增加享受性爱的机会，并且至少能够享受片刻的愉悦。也许只有在更加放松的环境里，当能够确保获得较长的寿命时，人们才能进行长远规划。[77] 为了检验这一假设，他们收集了芝加哥 77 个社区的谋杀率数据；随后又收集了死亡率数据，并减去了谋杀导致的死亡案例。将两组数据进行对照，他们发现二者之间存在密切联系（见图表 6.1）：在谋杀率高的社区，人们会因其他原因更早去世。看来，某些因素同时对健康和暴力行为产生了影响。

在第 4 章中我们展示了发达国家和美国各州信任程度的差别。各发达国家之间的信任程度差距达六倍，美国各州之间则达四倍。我们曾提到信任程度与人们的健康状况有关联，事实上，在过去数年间，对于社会凝聚力和社会资本的研究如雨后春笋般涌现。如今已有超过 40 篇研究健康与社会资本之间关联的论文得以发表。[78]

美国流行病学家河内一郎（Ichiro Kawachi）和他在哈佛大学公共卫生学院的同事考察了 1980 年代末综合社会调查涵盖的 39 个州的死亡率。[79] 他们还通过调查数据计算出了各州参加志愿组织（如教会和工会）的人数。结果，参加志愿组织的人数这一指标能够强有力地预示总体死亡率以及冠心病、癌症、婴儿死亡导致的死亡率。参加志愿组织的人数越

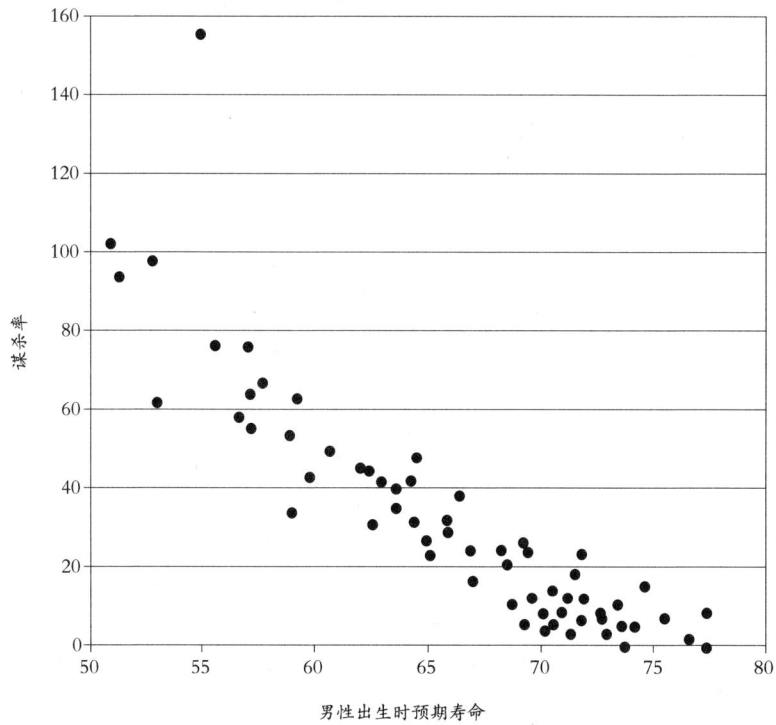

图表6.1：在芝加哥的77个社区，谋杀率与男性预期寿命存在关联（对预期寿命的估算扣除了谋杀导致的死亡案例）。[77]

多，死亡率就越低。

帕特南考察了美国各州社会资本与健康及医疗状况的关联。[25] 关于健康及医疗状况的指数包括下列信息：出生体重过低的婴儿比例、接受产后护理的母亲比例、不同原因导致的死亡率、用于医疗的开销、艾滋病与癌症患者人数、免疫接种率、汽车安全带使用率、医院床位数量，等等。这项健康指数与社会资本有着密切关联。明尼苏达和佛蒙特等州在社会资本和健康指数两项上得分都很高；路易斯安那和内华达等州这两项得分都很低。显然，影响健康状况的因素不只是个人的社会地位，还包括人与人之间的社会联系。

健康与财富

让我们考虑一下生于不同社会的两个婴儿的健康状况。

婴儿 A 出生于世界上最富裕的国家之一：美国。世界上半数亿万富翁都生活在这里。该国人口仅占世界总人口的不到 5%，但医疗开销占世界总开销的 40% 至 50%。用于药物治疗和高科技扫描设备的花费尤其巨大。该国的医生收入几乎是其他地方医生的两倍；这里的医疗常常被称赞为世界上最好的。

婴儿 B 出生于一个比较贫穷的西方民主国家：希腊。该国的人均收入仅仅为美国的一半。美国人均每年的医疗开销为 6000 美元，希腊则不足 3000 美元——这是扣除了不同的医疗成本后得出的真实开销。美国人均拥有的高科技扫描设备数量是希腊的六倍。

那么，婴儿 A 肯定比婴儿 B 更有希望过上健康、长寿的生活？

事实上，婴儿 A 的预期寿命比婴儿 B 要短 1.2 年；婴儿 A 在出生后一年之内死亡的风险比婴儿 B 要高 40%。各发达国家之间的差距甚至要比我们在此进行的对比更为惊人：出生于美国的婴儿在一年之内死亡的风险比出生在日本的婴儿要高两倍；美国人的预期寿命要比瑞典人短 3 年，葡萄牙人的预期寿命则要比日本人短 5 年多。有些对比更加令人震惊：根据哥伦比亚大学外科教授科林·麦科德（Colin McCord）和哈罗德·弗里曼（Harold Freeman）1990 年时的估算，纽约哈勒姆区的黑人男性活到 65 岁的可能性比孟加拉国男性还低。[80]

我们对婴儿 A 与 B 进行的对比尤其表明，医疗开支和高科技医疗设备的普及率与人们的健康状况没有关联。图表 6.2 表明，在富裕国家，人均医疗开支数额与预期寿命之间不存在关联。

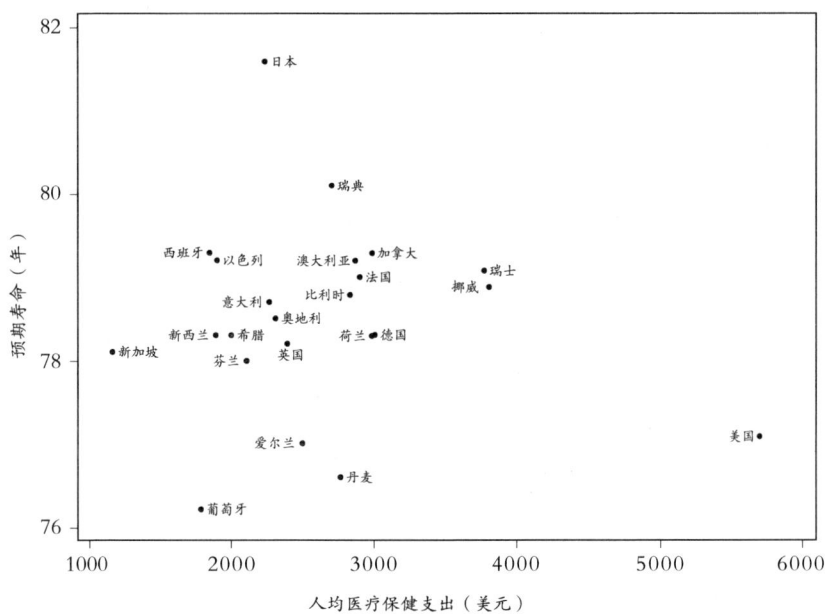

图表 6.2：在富裕国家，预期寿命与医疗开支之间不存在关联（货币经过了换算，以反映购买力）。

"宏大的理念"

如果说平均收入水平和用于高科技医疗的开支都并不重要，那么重要的究竟是什么因素？如今有许多针对收入不平等和健康状况的研究对各国、美国各州，或是其他地区进行比较，多数研究均显示，越平等的社会往往也越健康。[10] 我们于1992年发表于《英国医学期刊》上的一项关于不平等与死亡率的研究为诸多此类研究的涌现注入了动力。[81] 该期刊的编辑于1996年表示，进一步的研究确认了收入不平等与健康状况之间的关系。他写道：

> 一项宏大的理念是：决定一个社会死亡率和健康状况的，不在于该社会的财富总量，而在于财富是否被平均分配。财富分配得越

平均，社会的健康状况就越好。[82]

不平等与预期寿命较低、婴儿死亡率较高、身高较矮、自我汇报的健康状况较差、出生体重较轻，以及艾滋病和抑郁症等疾病的盛行之间存在关联。图表 6.3 至 6.6 分别展示了收入不平等与男性和女性预期寿命以及与婴儿死亡率之间的关联（首先反映的是富裕国家的情况，随后是美国各州的情况）。

当然，某个群体的平均健康状况掩盖了该群体内部的差异。事实上，这些内部差异甚至可能比各国之间的差异更为惊人。在英国，在二十五年多的时间里，健康状况差异这一问题一直是公共卫生议程的重要话题。当下的《全国健康服务规划》指出："没有什么不公比健康状况的不平等更加严重；这会对我们国家造成创伤。"[83] 1990 年代末，社会顶层与底层的男性预期寿命差距为 7.3 年，女性为 7 年。[84] 美国的研究往往发现差距更加巨大，例如在 16 岁时，最贫穷地区黑人与最富裕地区白人的预期寿命差距达 28 年。[85][86][87] 工人阶级的预期寿命比专业人士要短许多年，没有人会认为这反映的不是严重的不公。值得注意的是，正如"白厅研究"表明的，这种差距不能归结为社会底层人士某些不利于健康的行为。[88][89][90] 生活在较不平等的社会里，平均预期寿命会缩短三至四年，这种不公意味着什么？

我们审视了许多致死原因，考察哪种因素的阶级差异最为巨大。我们发现对于工作年龄的人士而言，心脏病和谋杀这两个致死原因具有最明显的阶级差异。相较之下，前列腺癌只有很小的阶级差异，乳腺癌则几乎完全与阶级无关。随后我们又考察了不同致死原因与收入不平等的关系，我们发现阶级差异最大的致死原因与不平等的关联也最为密切。[8] 我们还发现生活在更平等的地方将有利于所有人，而不仅仅是穷人。值得再次指出的是，健康状况的差异不仅仅表现为穷人健康状况糟糕、其他人健康状况良好。相反，全社会的健康状况都会受到影响，就连那些

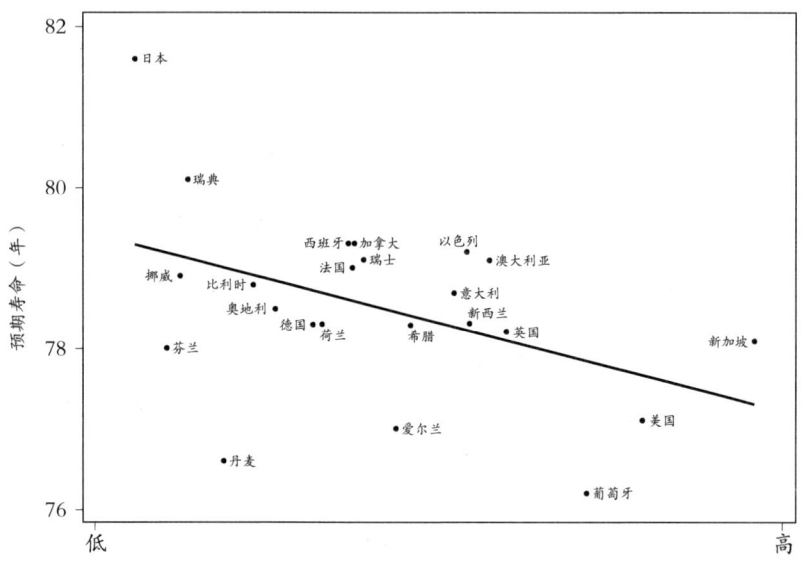

图表6.3：在富裕国家，预期寿命与不平等之间存在关联。

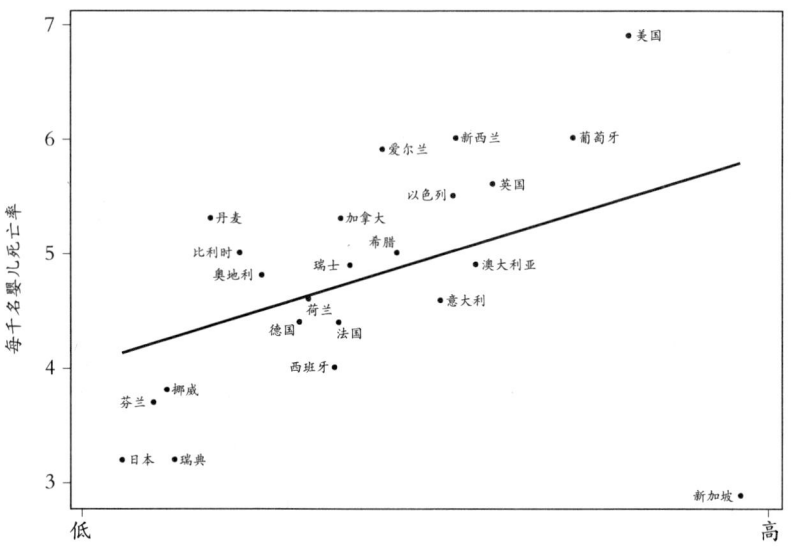

图表6.4：在富裕国家，婴儿死亡率与不平等之间存在关联。

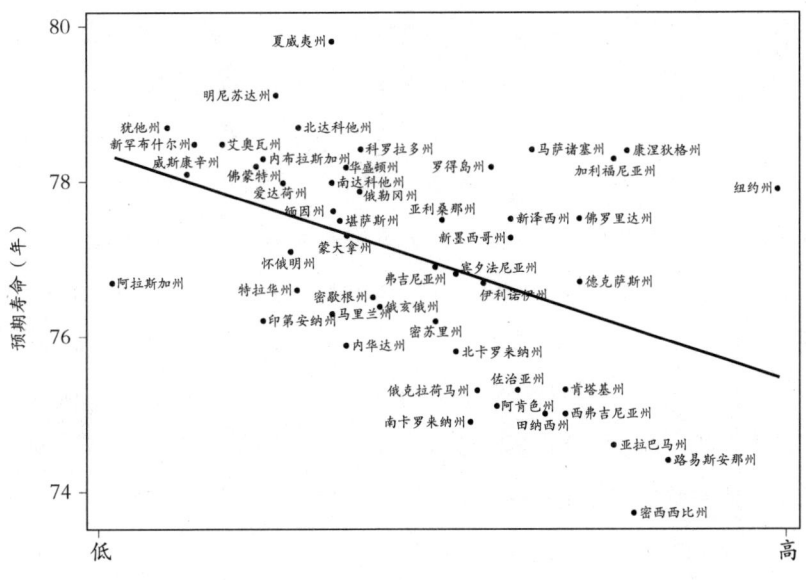

图表6.5：美国各州的预期寿命与不平等之间存在关联。

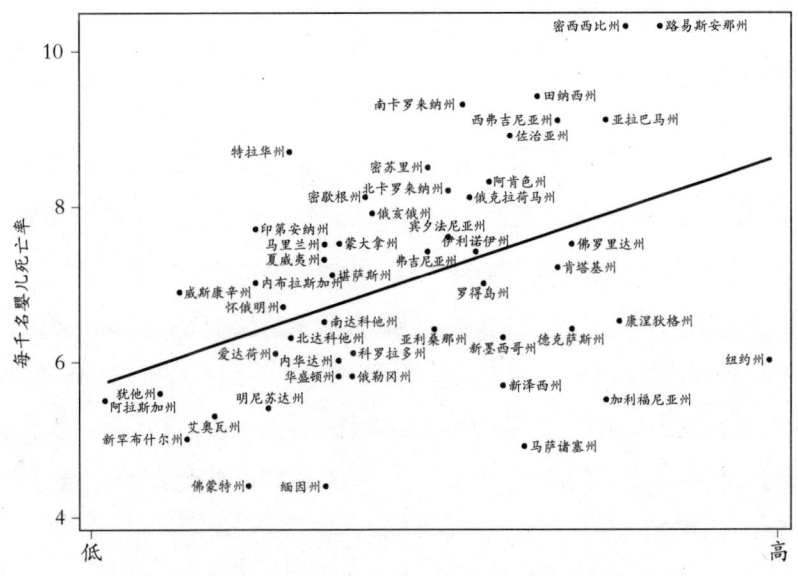

图表6.6：美国各州的婴儿死亡率与不平等之间存在关联。

六、生理健康与预期寿命

富有之人的预期寿命也会短于更加富有之人。与之类似的是，平等也将令全社会受益，改善所有人而不仅仅是社会底层人士的健康状况。换句话说，无论收入水平如何，生活在更加平等的地方都是更有益的。

英国在两次世界大战之间的经历能够证明，减少不平等有助于迅速改善人们的健康状况。[91] 两次世界大战之间英国平民预期寿命的增加幅度是二十世纪其他时段的两倍。在两次世界大战之间，男性和女性的预期寿命增长了六至七年；在此之前和之后，预期寿命仅仅增长了一至四年。二战时的配给制有助于改善英国人的营养状况，但一战却并未令人们从中获益，而且两次世界大战时物质生活水平都下降了。然而，两段战争时期的特征在于完全就业和大大缩小的收入差距。这样的结果是政府为了促进战时合作而刻意执行的政策造成的。例如，在二战期间工人阶级的收入上升了9%，中产阶级的收入则下降了7%，相对贫困率减少了一半。由此产生的同志情谊和社会凝聚力不仅仅改善了人们的健康状况，犯罪率同样下降了。

在我们心灵深处

艰辛的早年经历、社会地位低下、缺乏社会支持等因素是如何导致我们不适的？[92] 认为心灵会影响肉体的观念自古有之，现代研究更是增进了我们对压力如何加剧患病风险、愉悦和幸福感如何增进福祉的认识。心态会对神经系统产生影响，并由此影响免疫系统：当我们感受到压力、抑郁或是敌意时，我们的身体更可能抱恙，包括心脏病、传染病，以及更加迅速地衰老。[93] 压力会扰乱我们身体的平衡，干扰生物学家所称的"体内稳态"（在这种状态下，一切都运转得很顺畅，我们的生理进程是正常的）。

当我们感受到突如其来的压力或痛苦时，身体就会作出"战斗或是逃跑"的反应。[93] 能量储备被释放，血管收缩，凝血因子进入血液，为可能的伤痛做好准备，心肺也加大了功率。我们的感官和记忆力均提升了，免疫系统活跃了起来。在压力面前，我们做好了战斗或是逃跑的准备。如果几分钟之内紧急情况就得以解除，这种奇妙的反应会有利于健康。然而，如果我们的担忧长达数周乃至数月，长期经受着压力，那么身体就会一直处于应急模式，"战斗或是逃跑"的反应就变得有害了。

人体应对物理刺激有一套很好的应激反应，比如捕食猎物或逃脱捕食者。循环系统、神经系统和免疫系统被激发，而消化和生殖系统被抑制。如果压力成为常态，持续重复的这些反应可能导致重大损伤。

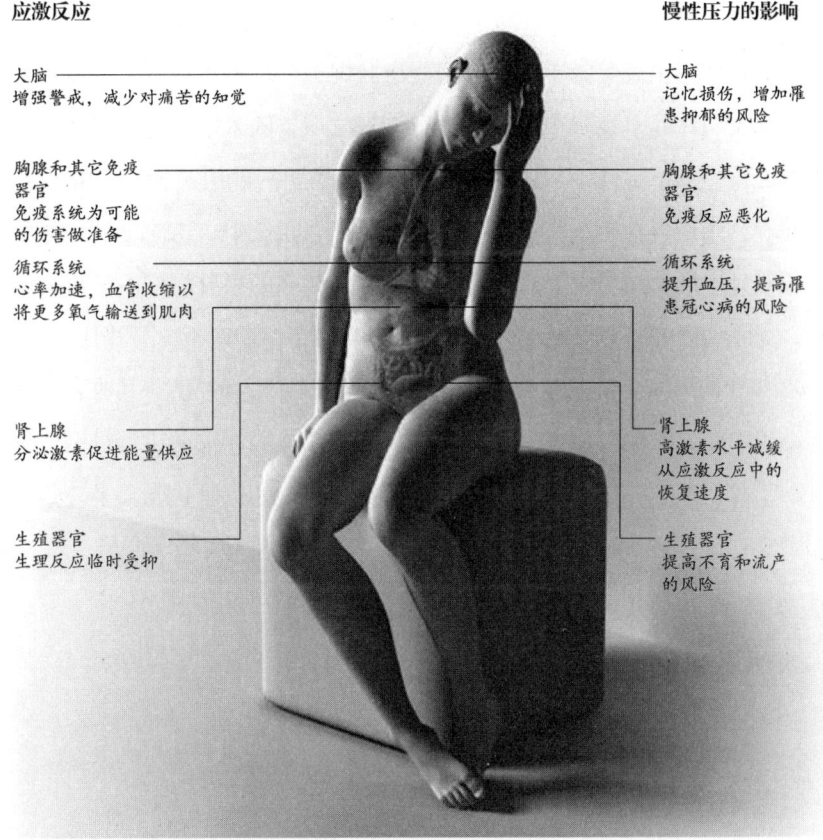

图表6.7：压力的生理机制。[92]

六、生理健康与预期寿命　　77

长期调动能量，将其以葡萄糖的形式注入血液，会导致不该变胖的地方变胖（即中央型肥胖），乃至患上糖尿病。长期的血管收缩和凝血因子水平上升会导致高血压和心脏病。短暂的压力会调动我们的免疫系统，但长期的压力会抑制免疫系统，导致儿童发育不良、女性排卵受阻、男性勃起功能障碍、所有人消化系统均出现问题。大脑中某些区域的神经元将受损，认知能力将下降。我们还将难以入睡，长期的压力将令我们筋疲力尽。

我们在本章中表明，无论是在美国国内，还是在各个发达国家，不平等与许多健康问题之间存在着强有力的关联。对决定健康状况的心理因素以及发达国家健康状况的社会坡度的研究，令我们更加坚信这二者之间存在因果关系。社会地位有着重大影响，因为健康或是其他因素（例如穷人吸烟率更高）都不足以解释健康状况为何呈现出坡度。如今许多研究都表明，甚至在对个人收入进行调整之后，收入不平等仍会影响健康状况。[94]英国的收入差距在两次世界大战期间经历了剧烈变化，与此同时，预期寿命也大大提高。日本的情况也很类似，二战之后盟军的占领对日本的非军事化、民主化、财富以及权力的再分配产生了重大影响，使得经济更加平等，人们的健康状况得到了空前改善。[95]相比之下，1990年代初以来，随着俄罗斯从计划经济转型为市场经济，其收入不平等迅速加剧，预期寿命也迅速下降。[96]与长期压力相关的生理机制也许有助于我们理解，为何在不平等的社会里，人们的健康状况几乎总是更加糟糕。

七、肥胖：收入差距越大，腰围也就越大

食物是最原始的安慰。

——希拉·格雷厄姆（Sheila Graham）

在发达国家，肥胖这一现象正变得越来越普遍。在某些国家，仅仅数年之内肥胖率便翻了一番。衡量肥胖程度的"体质指数"①考虑了身高因素，避免仅仅因为某人个子高就将之贴上超重的标签。世界卫生组织制定了"体质指数"的划分标准：小于18.5为体重不足，18.5至24.9为体重正常，25至29.9为超重，大于30则为肥胖。在1970年代末的美国，接近半数人口为超重，15%为肥胖；如今，四分之三的人口为超重，接近三分之一为肥胖。在1980年的英国，接近40%的人口为超重，不到10%为肥胖；如今三分之二的成年人为超重，超过五分之一为肥胖。[97][98][99][100]这是一场严重的健康危机，因为肥胖非常不利于健康：这会增加高血压、2型糖尿病、心血管疾病、胆囊疾病和某些癌症的发病风险。如今，儿童的肥胖趋势已经如此严重，以至于人们普遍估计这一代孩子的预期寿命会变短。对许多发达国家而言，自19世纪末有政府记录以来，预期寿命将首次缩短。[101]

---

① 体质指数为体重（单位为千克）除以身高（单位为米）的平方。

除了健康方面的后果外，肥胖还会对情绪和社交福祉造成影响：超重和肥胖的成年人与儿童十分痛苦。一名来自伊利诺伊州、体重达409磅的少年描述了自己的生理痛苦："我的心脏在胸膛里作痛，我的手也很疼。这很吓人。"[102] 学校里的其他孩子会咒骂她，她的社交生活受到限制，她还感到自己的身体"几乎就像是一座监狱"——这些同样对她构成了伤害。

英国的小报《太阳报》（Sun）于2007年春天重点报道了三名肥胖儿童。[103][104][105] 其中最年轻的男孩年仅8岁，体重为218磅，在学校——如果他上学的话——常常遭人欺负。由于体重过大导致行动不便，他常常无法到校；此外，他也不被要求身着校服，因为没有他能穿着的尺码。他9岁的姐姐体重为196磅，同样受到了儿童和成年人的欺负和取笑。她表示自己"有时难以呼吸"，对于"只能身着难看的衣服"和无法在游乐场游玩感到难过。三人中最年长的男孩体重也最重，12岁的他体重为280磅。他非常不开心，由于攻击咒骂自己的同学，他已经遭到了两所学校的驱逐，在第三所学校也被停课了。

"致胖"环境

许多人相信肥胖是基因决定的。毫无疑问，基因的确会对人们是否容易超重产生影响。但许多国家肥胖率的急剧上升不能归结于基因因素。肥胖的蔓延是生活方式的改变导致的。人们往往会认为原因在于：高能量食物的成本、烹饪难易程度和可及性都发生了变化，快餐厅遍地开花，微波炉的普及，以及烹饪技巧的减退。其他人则认为原因在于工作时间和空闲时间身体活动的减少，开车更加频繁，学校里体育课时被压缩。现代生活的方方面面似乎要合力导致我们肥胖。然而，如果情况仅仅就是这样，那么我们应该发现更加富有者肥胖率更高，因为他们能够购买更多食物、汽车，等等；我们还应该发现所有富裕国家肥胖率都很高。

但事实并非如此。在我们于第 1 章和第 6 章讨论过的流行病学转型期，慢性疾病取代传染病成为了首要致死因素。此时，肥胖的社会分布状况也发生了改变。过去富人肥胖，穷人瘦削，现在在发达国家的情况发生了逆转。[106] 世界卫生组织于 1980 年代发起了一项研究，监控 26 个国家的心血管疾病发病趋势，以及导致该疾病以及肥胖的风险因子。该研究发现，随着肥胖率增加，其社会坡度也变得更为陡峭。[107] 到了 1990 年代初，在所有 26 个国家中，贫穷的女性都比富有的女性更容易肥胖；在 21 个国家中，贫穷的男性都比富有的男性更容易肥胖。正如记者波莉·汤因比（Polly Toynbee）于 2004 年所言："肥胖是一个阶级问题。"[108] 她指出，美国肥胖率高、斯堪的纳维亚国家肥胖率低，这证明了并非所有的现代富裕国家都面临严重的肥胖问题；因此她表示收入不平等也许是导致肥胖蔓延的因素之一。

收入不平等与肥胖

图表 7.1 表明，在收入差距较小的国家，肥胖程度往往较低。关于肥胖的数据来自国际肥胖工作组，反映的是所有成年人的肥胖率（即"体质指数"大于 30）。[109]

各国之间的差异巨大。在美国，多达 30% 的成年人肥胖，这几乎是日本肥胖率（2.4%）的 12 倍。由于这些数据的基础是"体质指数"而非体重，因此结果与平均身高的差异无关。

国际间儿童的肥胖状况也呈现出同样的结果（见图表 7.2）。关于 13 岁和 15 岁青少年超重率的数据起初来自世界卫生组织的学龄儿童健康行为调查，后来发布在 2007 年的联合国儿童基金会报告中。[110] 调查不包括澳大利亚、新西兰和日本的数据，但肥胖与不平等之间的关联依然足够强有力，不能被归结为偶然。与成年人肥胖率相比，各国之间儿童超重率的差异较小。荷兰的超重率最低，为 7.6%，这一数字是美国

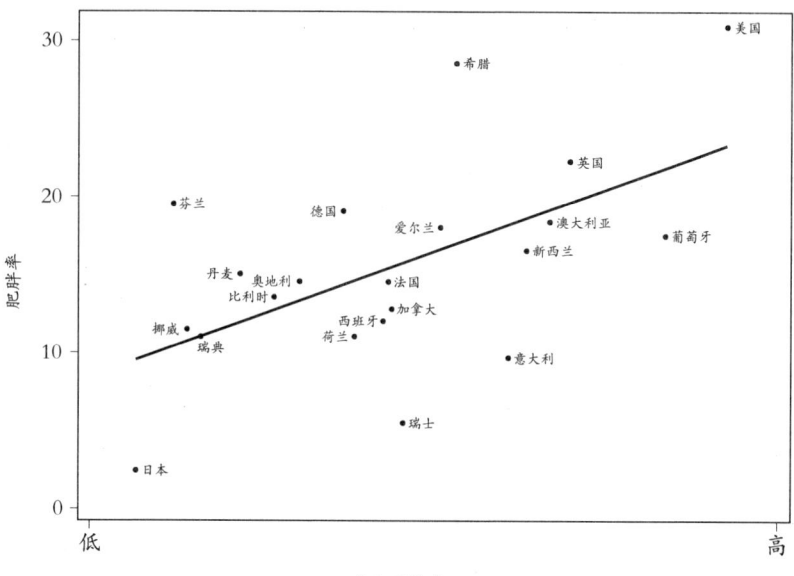

图表 7.1：较不平等的国家成年人肥胖率更高。

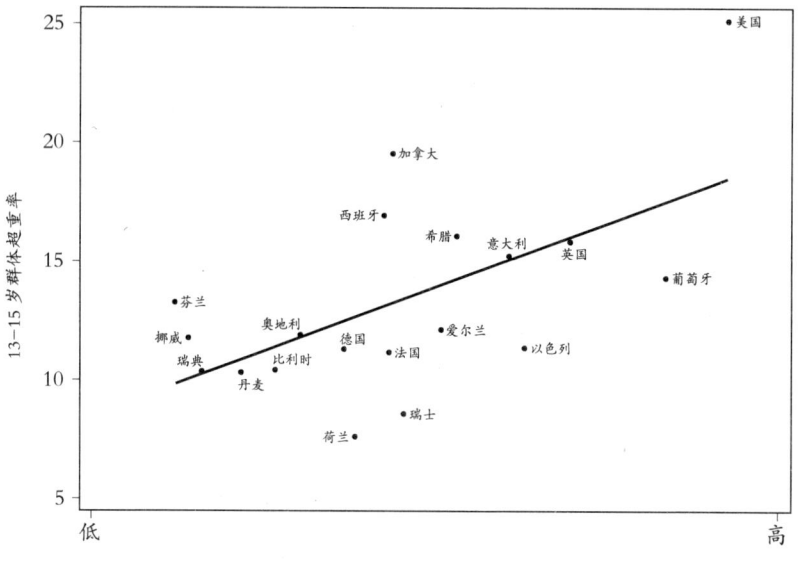

图表 7.2：较不平等的国家儿童超重率更高。

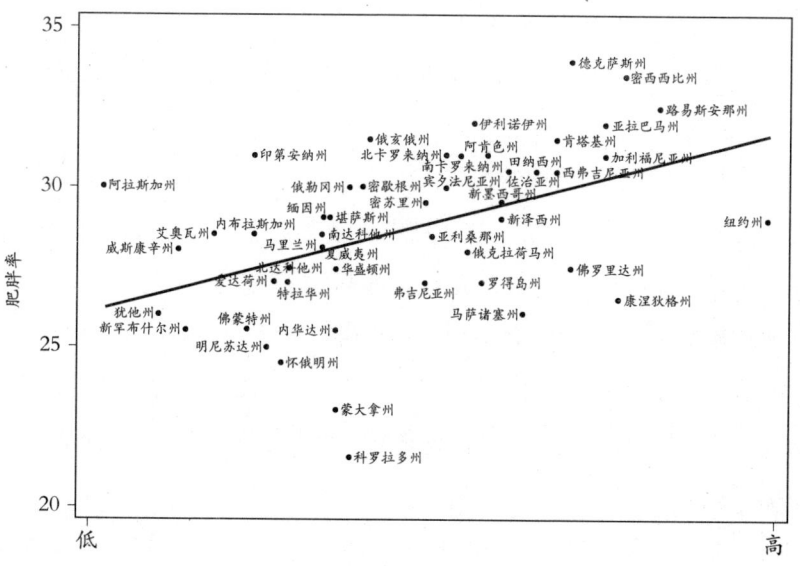

图表7.3：较不平等的美国各州成年人肥胖率更高。[113]

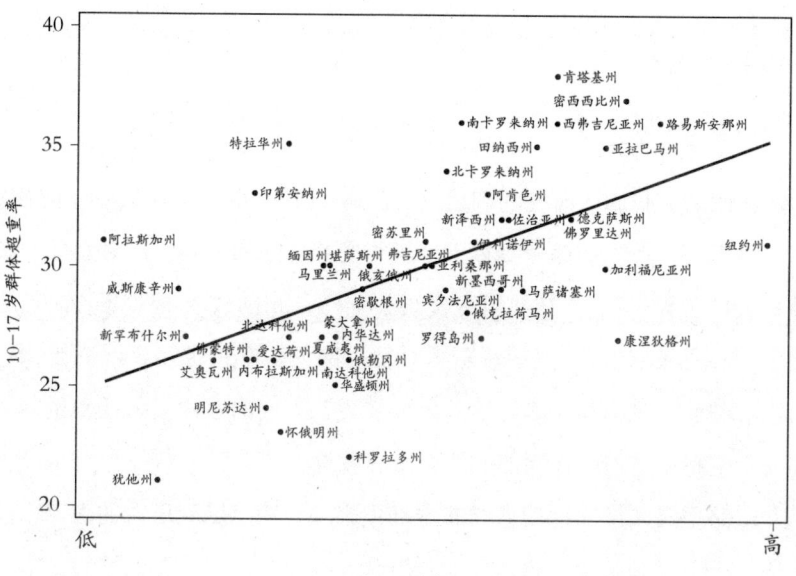

图表7.4：较不平等的美国各州儿童超重率更高。

（25.1%）的三分之一（该调查根据的是儿童自己汇报的身高与体重状况，而不是实际测得的数据，因此在所有国家，超重的实际情况可能都更为严重，但这并不会影响到超重与不平等之间的关联）。

在美国国内，所有州的成年人肥胖率都高于20%。科罗拉多州的成年人肥胖率最低，为21.5%；得克萨斯州最高，为34%。① 不过成年人肥胖率与不平等之间的关联依旧足够强有力，我们坚信这不能归结为偶然。其他研究者也得出了类似的结果。某项研究发现，州一级的收入不平等状况与男性腹部是否发胖之间存在关联。[111] 其他研究发现收入不平等增加了缺少运动的风险。[112] 穷人的超重问题与收入不平等之间的关联似乎尤为强烈。

关于美国儿童的状况，我们使用的是全国儿童健康调查的数据（见图表7.4）。与国际数据一样，这里调查的也是10至17岁的超重（而非肥胖）儿童（儿童的身高和体重是由父母或最了解儿童的成年人汇报的）。儿童超重率与不平等的关联甚至比成人肥胖率还要强有力。

向食物求安慰

不平等与肥胖之间的关联可能是通过卡路里摄入量和运动情况等因素起作用的。我们的研究的确表明，在较不平等的社会中，人均卡路里摄入量更高。这能够部分解释不平等与肥胖之间的关联，但对女性的解释效力低于男性。[114] 其他研究发现，美国各州的收入不平等与缺乏运动之间存在关联。[112] 似乎较不平等社会的人们吃得更多，锻炼更少。但澳大利亚、英国和瑞典等地的研究发现，人们的进食量和运动量并不能完全解释超重与肥胖问题的社会阶级差异。[115][116][117][118]

卡路里摄入量和运动量并非全部因素。长期感受到压力的人与未感

---

① 哈佛大学公共卫生学院的马吉德·伊扎蒂（Majid Ezzati）教授为我们提供了关于美国成年人肥胖率的数据。伊扎蒂教授的估算是以实际测得的身高与体重数据为基础的。

到压力的人对待食物的反应是不一样的。感受到压力的人会将脂肪储存在身体中间即腹部，而不是储存在下方的大腿和臀部。[119][120] 正如我们在第 6 章中看到的，长期压力会影响皮质醇的活动。研究人员发现，腹部肥胖的男性和女性皮质醇含量发生了变化，他们在压力测试中也更容易失败。在身体中部积累脂肪的人患上与肥胖相关疾病的风险格外高。

身体在压力下作出的反应会导致其他问题。这不仅仅使得我们在最糟糕的地方积累脂肪，还会增加我们的进食量，改变我们的食物选择，这被称为"压力进食"或是"向食物求安慰"。在用小鼠进行的试验中，小鼠在受到压力时会食用更多糖和脂肪。长期处于压力之下的人们往往会过度进食，导致超重；或是进食不足，导致体重过轻。在芬兰进行的一项研究中，处于压力之下的人们选择食用香肠、汉堡、披萨和巧克力，并且会比其他人喝更多酒。[121] 科学家开始认识到我们是如何通过向食物求安慰，来应对长期压力之下出现的生理变化的，这些变化与焦虑情绪相伴而生。[122]

《太阳报》报道的三名肥胖儿童似乎都试图通过向食物求安慰来应对家庭破碎的问题。9 岁的女孩表示："我唯一感兴趣的东西就是巧克力。我活着就是为了它……当我伤心或是忧虑时，我就吃东西。"在父母离婚后，她哥哥的体重在 5 年之内增加了 210 磅。

几年前，《华尔街日报》(*Wall Street Journal*)发表了名为"致命的饮食"的系列报道，关注的是美国内城区的营养问题。[123] 接受采访者中有一位生活在暴力泛滥的公房区的 13 岁女孩，她表示食物和电视能够起到缓解紧张的作用。一位失业女性表示知道自己的饮食会损害肝脏和动脉，但仍然愿意尽可能"滋润地活着"。一位祖母抚养着自己的孙辈，因为她的女儿吸食可卡因上了瘾，她表示：

> 此前，我对女儿吸食可卡因十分生气，饭都吃不下。后来我发现了百事可乐，对我来说这就像是毒品一样，没有它我就什么也干

不了。我曾经在醒来时发现手里抱着一瓶百事可乐。三升百事可乐就能让我度过一天。

近期的研究认为，食物刺激长期过度进食者大脑的方式和毒品刺激瘾君子大脑的方式是一样的。[124][125][126] 对大脑进行扫描后，研究发现肥胖者对于食物和吃饱的反应和瘦子截然不同。[127]

为了社会地位而进食（或是不进食）

然而，决定食物选择和饮食结构的不仅仅是我们的感觉，社会因素也会发挥作用。我们出于复杂的文化理由来决定吃哪些食物。有时我们喜欢从小就吃的食物，对我们而言，它们就如同家乡一样；有时我们则喜欢代表着我们所向往的生活方式的食物。我们为别人献上食物，以表示对他们的爱意，或是希望表现得成熟，又或是希望表明自己很慷慨。也许，食物从来都发挥着这样的作用：它具有丰富的社会含义，因而是盛宴中不可或缺的一部分。然而，如今人们已经可以轻松地获得廉价的高能量食物；无论经常享用盛宴能够带来多大的社会收益，这都不足以弥补其造成的伤害。

在《华尔街日报》的"致命的饮食"系列报道中，一名刚刚从波多黎各来到美国的男子表示，自己一家曾一成不变地食用米饭、大豆、蔬菜、猪肉和鱼干。自从来到芝加哥后，他们开始享受汽水、披萨、汉堡、加糖的早餐麦片、热狗和冰淇淋。"我给孩子买不起昂贵的鞋子和衣服……但食物没那么贵，所以我让他们想吃什么就吃什么。"他们一家尤其喜欢吃快餐，每个月都要吃两次，而且孩子们还想吃更多次。"快餐店的感觉很好……我们感到自己就是美国人，感觉我们身在这里、属于这里。"

一名17岁的新泽西居民表示，买得起快餐能够证明你的经济地位，表明你口袋里有钱,不必等待月底才发放的福利金。

一名 37 岁的男子表示,他将一半薪水都花在了快餐上。在接受采访的当天,他已经三次前往麦当劳,正打算在这天结束前再去趟肯德基和另外一家中餐外卖店。对他而言,快餐店的意义远不止廉价食物。尽管有工作,但他却无家可归。快餐店成为了他的庇护所。

他自己没有住处,总是往返于布鲁克林的姑姑家和一名朋友位于哈勒姆区公房区的公寓。"快餐店的气氛让我觉得舒适和放松。你不必着急。"他表示自己喜欢汉堡店明亮的地板和墙上悬挂的乔治·华盛顿·卡佛(19 世纪的一位著名非洲裔美国人)画像,舒缓的音乐令他感到放松。他小憩了片刻,然后补充道:"这里没有嘻哈音乐,没有脏话。画像、绿植、整洁的环境,这让你感觉身处文明社会。"

拉美裔街头团伙的一名成员一日三餐都在快餐店享用,他自豪地表示自从 16 岁以来就没在家里吃过一顿饭。

> 这里的孩子不愿吃妈妈做的饭……所有人都厌倦了妈妈做的饭:总是米饭和大豆。我希望过成年人的生活。快餐能让你获得地位和受人尊重。

肥胖是个女性问题?

我们以及其他人的研究均表明,与男性相比,女性肥胖率与收入不平等之间的关联更为强烈。世界卫生组织对 26 个国家进行的调查显示,女性肥胖率的社会坡度比男性更为明显和陡峭。2003 年的英格兰健康调查同样表明,女性社会经济地位低与肥胖之间存在明显关联,男性则不存在这种关联。[128]

这也许是因为,肥胖对女性的社会流动性造成的负面影响要甚于男性。或许肥胖的女性在职场和婚姻市场中要比肥胖的男性遭受更严重的歧视；或者社会地位低更容易导致女性肥胖。对英国出生群组进行的两项研究为我们提供了一些线索。这些研究对出生于同一时段的大量样本人群进行了自出生时起的跟踪调查。对1946年出生者进行的研究表明，与成年之后社会地位没有发生变化的人相比，社会地位得以提升的男性及女性肥胖的可能性更低。[129] 在1970年出生者中，与肥胖的男性相比，肥胖的女性获得有酬工作和找到伴侣的可能性更低。[130]

在美国和英国，女性青春期时肥胖与否和成年之后的收入高低之间存在关联。[131][132] 近来一项对2000多名人力资源从业者进行的调查表明，93%的受访者更青睐正常体重的求职者，而不是资质相同但超重的候选人；不过该调查针对的不只是女性。几乎半数受访者都认为超重的人生产力不足；几乎多达33%的受访者觉得肥胖是拒绝雇用求职者的正当理由；40%的受访者认为超重者不够自律。[133]

尽管超重显然阻碍了社会流动，但我们对出生于1970年的英国女性进行的分析表明，这一理由不足以解释为何女性肥胖率会具有社会坡度；以及为何甚至对中年人而言，超重与社会地位低之间都存在关联。[117]

你总是不够富有、不够苗条

对不同社会阶层的女性而言，体格大小和身体形态也具有不同的重要性，这一点也是导致肥胖率具有社会坡度的原因之一。过去，体态丰满的女性十分受人仰慕，但在许多富裕的现代国家中，身体瘦削则代表社会地位高、具有吸引力。与英国下层女性相比，上层社会的女性更加愿意监查自己的体重，更愿意节食，并且对自己的身材感到更加不满意。[134] 越是社会下层的女性越不看重瘦削的体型，越是对自己的身材感到满意。婚姻状况的改变也会产生影响：在美国进行的一项研究表明，已婚女性比单身、离异或分居的女性体重更重。[135] 并非所有女性都希望身材瘦削，例如在内城的非洲裔美国人社区，瘦削的身材会让人联想到贫困、饥饿、依赖福利，以及艾滋病和吸毒等问题。一名 19 岁的女孩说道：

> 我一直都是个丰满的女孩。如果我变瘦了许多，人们就会认为我吸毒了……在贫民窟，你根本承受不起瘦削的外表。

她的这番话令人想起了在发展中国家超重与社会阶级之间的关系：只有富足的人才承受得起肥胖的身形。在富裕的国家，似乎社会地位越高的女性越希望身材瘦削，而且也越有能力保持身材瘦削。

女性的体重固然深受社会因素影响，但男性也未能幸免。近来一项为期十二年、以美国工作年龄男性为对象的研究发现，当他们失业时，体重会上升。[136] 当他们的年收入下降时，他们平均会增重 5.5 磅。

审慎表型

另外一种认为在严重的收入不平等与体重过高之间存在因果联系的观点被称为"审慎表型"理论。简单来说，该理论认为，当孕妇处于压力之下时，胎儿的发育过程会进行某种调整，为在压力环境中生存做好准备。目前还不清楚，是压力荷尔蒙对胎儿构成了伤害，还是压力之下的胎儿发育不良，抑或二者兼而有之。不过这种具有"审慎表型"的婴儿出生体重和代谢率都偏低。换句话说，他们已经适应了食物稀缺的环境：他们体型较小，因而需要的食物也较少。在过去物资稀缺的条件下，这样的调整是有益的。但在现代社会中，孕期的压力常常并非是食物不足造成的，而且婴儿将降临到一个物资丰裕的环境中，此时这种调整就不再有益了。在食物丰裕的环境中，具有"审慎表型"的婴儿更容易患上肥胖症、糖尿病和心血管疾病。正如本书所表明的，在收入不平等较严重的社会中，不信任、疾病、对于社会地位的不安感、暴力以及其他压力来源也更为严重，因此"审慎表型"的确有可能是导致这些人普遍肥胖的原因之一。

平等的饮食

显然，肥胖与超重等问题不仅限于穷人。美国总人口中穷人所占比例为12%，超重人口比例则超过了75%。在英国，地位越低者越肥胖这一规律贯穿于整个社会。只有16%的"高管与专业"女性患有肥胖症，而稍低级别的管理与专业女性中则有20%的肥胖症患者。在这样的事实面前，很难认为肥胖的蔓延是受教育不足者缺乏营养学知识导致的。一项对中年英国女性的研究表明，[137]84%的受访者明白自己应该每天食用五种水果和蔬菜，另一项研究表明肥胖的人比瘦削的人更擅于估测零食里的卡路里含量。[138]

另一项研究表明，导致肥胖的因素在于相对收入水平，而非绝对收入水平。在这项研究中，受访者被要求对自己的社会地位作出主观描述。研究者向受访者展示一张阶梯的图片，告诉他们顶端代表着最高的社会地位，底端代表着最低的社会地位，然后让他们在阶梯中标记出自己所处的地位。结果表明，对社会地位的主观判断与不健康的脂肪分布[139]及肥胖[140]均存在关联。换句话说就是，肥胖与人们对于自身社会地位的主观判断之间的关联要强于与人们实际教育和收入水平之间的关联。

如果我们能观察到在社会的收入不平等状况发生变化之后，肥胖率随即发生了变化，那么这无疑将为二者之间的因果关联提供有力证据。统一之后的德国为我们提供了不平等迅速加剧的案例。在柏林墙倒塌后，前民主德国的不平等情况加剧了，[141]对人们进行的跟踪研究表明，这样的社会动荡导致了儿童、青年和母亲的体质指数增加。[142]

旨在治疗和预防肥胖症的卫生与社会政策关注的往往是个人。这些政策试图告诫人们超重带来的风险，并促使他们养成良好的生活习惯。

但这种做法忽视了人们之所以继续保持不爱运动的生活方式和不健康饮食的原因，这些行为给他们带来的慰藉，肥胖现象之所以具有社会坡度的原因，以及孕期的抑郁心态和承受的压力所造成的影响。感觉自己具有掌控力并心态良好的人，改变自己的行为也更容易一些。因此，减少不平等对于解决肥胖蔓延这一问题将发挥至关重要的作用。

八、教育表现

> 我们国家的进步不会快于我们在教育领域的进步,人类的心灵是我们最根本的资源。
>
> ——约翰·F. 肯尼迪(John F. Kennedy),
> 1961 年 2 月 20 日向国会发表的关于教育的特别讲话

在各个发达国家,无论身处政治光谱的哪一端,所有人都认同教育具有的重要性。教育有利于社会——熟练劳动力的贡献与经济生产力是社会需要的,更不必提税收了——也有利于个人。教育程度更高者收入也更高,对自己的工作与闲暇时光感到更满意,失业风险更低,更加健康,犯罪的可能性更低,更愿意参与志愿活动和在选举中投票。[143] 根据美国劳工部数据,2006 年时高中肄业者的平均收入为每周 419 美元;高中毕业者的平均收入上升至每周 595 美元;本科毕业者的平均收入为每周 1039 美元,若取得了更高的学历,那么平均收入将进一步上升至每周超过 1200 美元。[144]

家庭优势

尽管学校的质量会对孩子在中小学和高等教育阶段的表现产生影响,但最重大的影响因素还是家庭背景。在一份关于英国教育的未来的报告中,梅利莎·本(Melissa Benn)和菲奥娜·米勒(Fiona Millar)描述道:

> 英国学校面临的最重大问题之一就是贫富差距、孩子家庭背景的不平等以及随之而来的社会与文化资本的不平等。[145](第23页)

父母的收入和受教育程度越高,那么孩子在学校里的表现也越好;如果孩子家中有学习的空间、有参考书和报纸、教育受到重视,他们的表现也会更好。[146] 父母参与到孩子的教育过程中,这甚至更为重要。

既然所有发达国家都致力于教育和机会平等(至少理论上是这样),那么尽管学校制度十分完善,为何出身于社会地位较低家庭的孩子在学校里仍表现较差,从而无法从教育中获取极大的益处?接下来我们将表明,有些社会要比其他社会更加接近于实现机会平等这一目标。

成就的不平等

图表8.1表明,国际教育成绩与收入不平等状况之间存在密切关联。图表8.2表明这种关联在美国国内同样存在。较不平等的国家和较不平等的美国各州在教育成就方面表现也较为糟糕,这二者之间的关联足够强烈,我们确信这不能归结为偶然。可以进行比较的关于教育成就的国际数据来自于"国际学生评估项目",该项目目的在于对不同国家的15岁学生进行标准化测试。该项目于2000年在43个国家启动,每三年对学生作出一次评估,通常每次会考察每个国家的4500至10000名学生。学校是随机抽取的。"国际学生评估项目"之所以要考察15岁的学生,

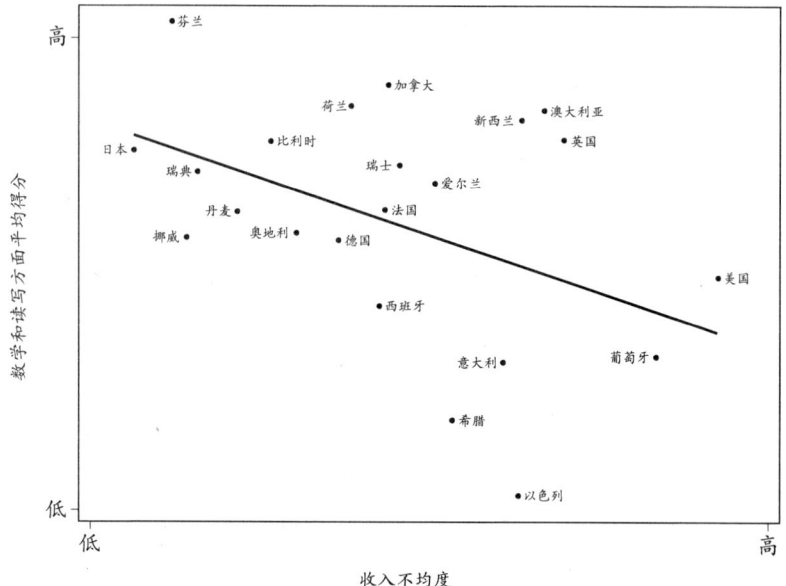

图表8.1：在较不平等的国家，15岁学生在数学和读写方面得分较低。[148][149]

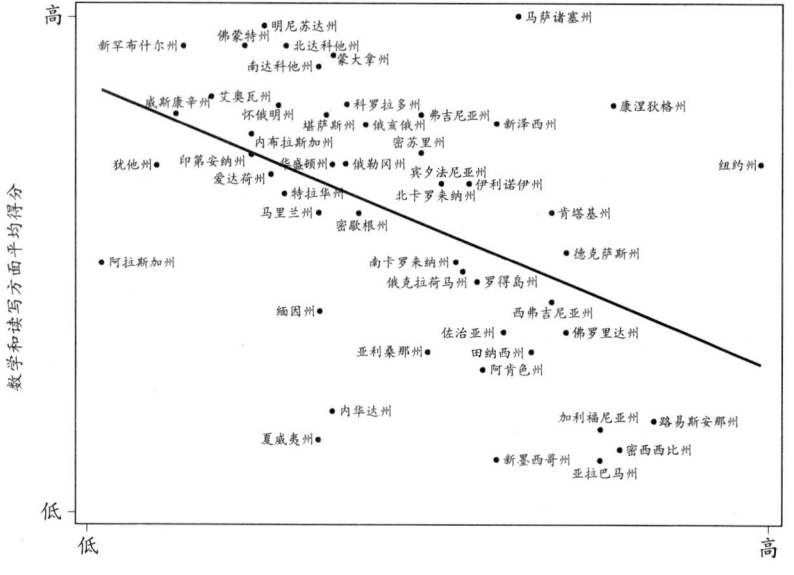

图表8.2：在较不平等的美国各州，八年级学生在数学和读写方面得分较低。

是因为在大多数国家，这都是完成义务教育时学生的年纪。每次测试的科目包括阅读、数学和科学素养，目标在于考察学生应用知识和技能的能力。

为了保证国际数据与美国国内数据的一致性，我们只选取了各国数学和阅读的平均分数，并按照收入不平等程度对各国进行了排列（见图表8.1）。不过，即使加入科学素养方面的分数，结果也不会发生明显变化。2003年的"国际学生评估项目"中不包括英国的数据，因为同意参与调查的学校数量太少，未能达到该项目的要求。此外，"国际成年人读写能力调查"的数据显示，在国际上，收入不平等状况与成人读写能力之间同样存在着紧密的关联。[147]

为了审视美国国内是否也存在这种关联，我们从美国教育部全国教育统计中心处选取了2003年度八年级学生（约为14岁）的数学和阅读成绩（见图表8.2）。收入差距较大的州分数明显较低。

我们进一步考察了美国高中生的辍学率。图表8.3表明，在较不平等的各州，学生辍学的可能性也较大。辍学率最低的州分别是阿拉斯加、怀俄明、犹他、明尼苏达和新罕布什尔，辍学率约为12%。在密西西比、路易斯安那和肯塔基这三个州，辍学的高中生比例高达四分之一。

你也许会认为这种惊人的关联是贫穷导致的：在贫穷的各州，高中生辍学率也更高，以便早日开始工作，补贴家用。的确，贫穷的州辍学率更高，但贫穷和不平等分别造成的影响是独立的。贫穷这一因素不能够解释不平等所造成的影响。所有州的贫困率均低于17%，然而有16个州的辍学率高于20%，而且辍学现象不仅限于穷人。

教育表现

人们通常认为，提升一国教育表现水平的愿望与减少教育不平等的愿望是相互分离的，但事实与此几乎截然相反。能否提升一国的教育表

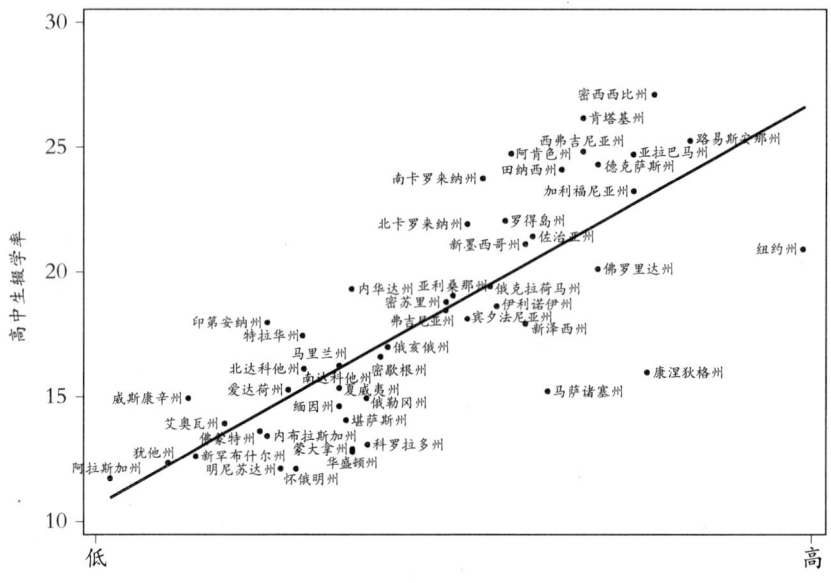

图表8.3：在较不平等的美国各州，高中生辍学率也较高。

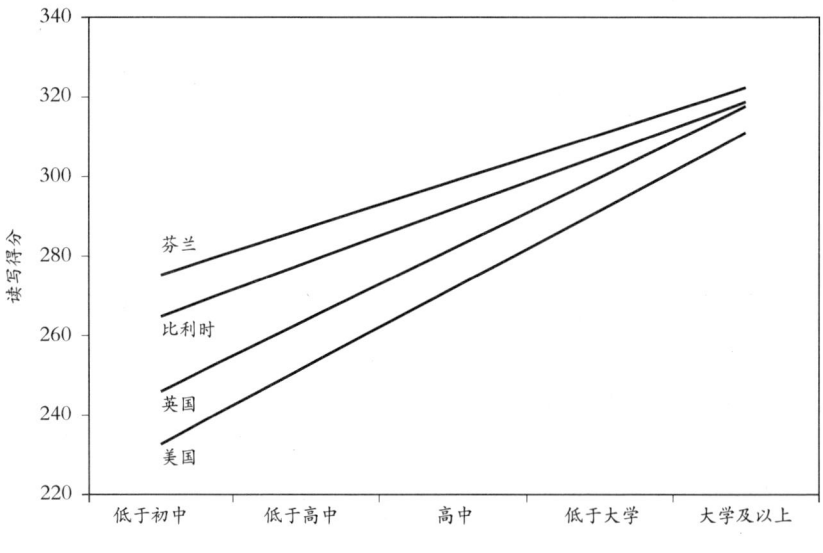

图表8.4：四个国家中读写得分与父母受教育水平的关系（数据来源：国际成年人读写能力调查）。

现水平，也许取决于能否减少教育表现的社会坡度。加拿大新不伦瑞克大学教育学教授道格拉斯·威尔姆斯（Douglas Willms）对此给出了惊人的证明。[150] 图表 8.4 展现的是"国际成年人读写能力调查"中成年人的读写得分与其父母受教育水平之间的关系，所考察的国家包括芬兰、比利时、英国和美国。

这张图表表明，即使父母受到过良好教育（由此想必具有较高的社会地位），所处国家的整体状况依然会影响到你在教育上是否会获得成功。对于那些社会地位较低、父母受教育水平也较低的人而言，所处国家的整体状况造成的影响就更大了。需要重点指出的是，在这四个国家当中，最为不平等的英国和美国，社会坡度也最为陡峭；更加平等的芬兰和比利时，社会坡度也更加平缓。显然，社会坡度的陡峭程度也会对各国的平均读写得分产生重大影响：美国和英国的平均得分普遍更低。

威尔姆斯还证明了图表 8.4 所揭示的现象在更广阔的范围内——无论是在 12 个发达国家之间，还是在加拿大各省和美国各州之间——同样存在。[151] 他认为，除了更为明显的分化趋势外——父母受教育水平越低，各地区间差距就越大——"在平均熟练程度与社会经济坡度的陡峭程度之间也存在着紧密的负相关关系"。

流行病学家阿尔朱曼德·西迪基（Arjumand Siddiqi）及其同事还使用"国际学生评估项目"2000 年的数据，考察了 15 岁学生阅读能力的社会坡度。[152] 他们发现，国家提供福利的历史越悠久，教育表现就越好。和威尔姆斯一样，他们同样发现，平均得分越高的国家，不同阶层在阅读能力上的差距也越小。芬兰和瑞典的阅读能力平均得分很高，阅读得分的不平等程度则很低；希腊和葡萄牙的平均得分很低，阅读能力的不平等程度则很高。不过，西迪基及同事也注意到了这一一般趋势中的某些例外。新西兰和英国的阅读能力平均得分很高，但阅读得分的不平等程度也很高；另一方面，挪威的平均得分相当平庸，但阅读能力的不平等程度也相当低。研究者提出的解释是，新西兰和英国本应有更多学生参与测验，但由于辍学或逃学等原因并未参与。

教育福利

西迪基和同事们强调，"以高福利著称的国家"阅读得分很高，而且阅读能力的不平等程度很低。我们在第12章考察用于教育的公共支出与收入不平等之间的关系时，将再次探讨这一话题。

收入不平等对教育表现还会造成哪些影响呢？不平等会影响到家庭生活及家庭成员间关系的质量。早在正式教育开始之前，幼儿时期经历的社会不平等就已经在人们心中打下了深刻的烙印。如今我们已经相当了解幼年经历对于日后成长的重要性了：人们在出生之时就已经开始了学习，生命的最初几年对于大脑发育至关重要。孩子成长的环境既可能促进也可能阻碍幼年时期的学习过程。英国进行的一项全国性调查发现，就3岁儿童的受教育水平而言，出身于社会地位较低家庭者已经比家庭条件更优越者落后了一年之多。[153]

对于幼年时期的学习过程而言，能够激发儿童学习兴趣的社会环境是至关重要的。婴幼儿需要身处体贴、热情的环境中；他们需要与成人说话、互动，并感受到爱意；他们还需要玩耍、交流和探索世界的机会；在安全范围之内，他们的行动需要受到鼓励，而非限制或是惩罚。如果父母或是照顾孩子的其他人受制于贫穷、压力或是孤立无援，他们就难以为婴幼儿提供这样的环境。

在第4章中，我们揭示了在较不平等的社会中，社会关系的质量普遍较低；在第5章和第6章中，我们揭示了不平等与穷人的身心健康状况及吸毒等问题之间的关联。接下来再思考等级制更为严重、信任程度更低等问题会对亲密的家庭关系和家庭生活产生何种影响，就算不上太大的跳跃了。家庭冲突与暴力、父母患有心理疾病、缺乏时间和资源，这些因素都会影响到孩子的成长。康奈尔大学经济学家罗伯特·弗兰克和亚当·莱文（Adam Levine）进行的一项分析展现了此类压力会导致的结果。他们的研究表明，收入不平等加剧最为迅速的美国各县，离婚率上升幅度也最大。[154]生活在低收入家庭的孩子会经历更多次家庭冲突和波动，更有可能亲历家暴行为，并且更有可能生活在拥挤、嘈杂、质量不达标的住房里；[155]也就是说，家庭环境的质量与收入水平直接相关。[156]父母看待贫穷的态度也会对孩子产生影响。有证据表明，有些家庭在面对这些问题时表现得更为坚韧，有些父母则变得更为苛刻和冷漠，甚至对孩子疏忽大意或是拳脚相向。[157][158]我们需要再一次着重指出，这些家庭关系和养育子女方面的困难并不限于穷人。社会学家安妮特·拉罗（Annette Lareau）描述了美国中产阶级、工人阶级和穷困家庭在养育子女方面的差异：关键的差异体现在家庭生活的安排、语言的使用，以及家庭与社会关系的紧密程度等方面。[159]"英国千禧一代研究"是一项针对出生于 2000 和 2001 年的儿童进行的大规模调查。我们发现，与社会地位最高家庭的母亲相比，即使是社会地位第二高家庭的母亲也感到自己能力不足，与子女关系较差。

　　社会可以采取多种措施，缓解家庭承受的压力，并为孩子幼年时期的成长提供支持。从人生的初期开始，有些国家便通过带薪产假等方式，更好地帮助母亲陪伴在婴儿身边。哥伦比亚大学"国际青少年成长及家庭政策交流中心"关于带薪产假长度的数据显示，更为平等的社会提供的带薪产假时间也更长。

　　瑞典在产假（可以由父亲和母亲分享）期间会发放相当于 80% 工资的补贴，直到孩子年满 18 个月为止；随后的三个月将发放一笔固定金额的补贴；再往后的三个月则是无薪产假。挪威的方案则是，产假（父母可以分享）长度为一年，补贴额相当于工资的 80%；或是产假长度为 42 周，补贴额相当于全额工资。相较之下，美国和澳大利亚的产假均不含有法定福利：在澳大利亚，父母可以休为期一年的无薪产假，在美国则是 12 周。

八、教育表现　　99

除了产假外，能够改善幼儿生活质量的方式还包括：提供家庭津贴、赋税优惠、福利住房、医疗保障、改善工作／生活平衡的项目，监督儿童抚养费的支付，以及最为重要的，提供高质量的幼年教育。幼年教育项目有助于促进身体、认知、社交以及情绪等方面能力的开发，[160][161][162]可以改变日后生活的轨迹；成本—收益分析也显示，这些项目能够带来高额回报。试验表明，出身于社会地位较低家庭的孩子，如果接受了高质量的幼年教育，日后接受补救教育和误入犯罪歧途的可能性都较低，成年后的收入也会更高。[160]这些收益意味着政府的投入将获得可观的回报。

学习机会的不平等

我们已经展示了不平等是如何影响家庭生活和家庭关系，进而不利于儿童成长的。此外，有证据足以表明，不平等会直接影响儿童的认知和学习能力。

世界银行经济学家卡拉·霍夫（Karla Hoff）和普里扬卡·潘迪（Priyanka Pandey）于2004年发布了一项引人注目的试验结果。[163]他们从遍布印度全国的各个农村选出了一批11至12岁的儿童，其中高种姓和低种姓的各有321名，并为他们布置了解开迷宫问题的任务。一开始，这些男孩在解谜时并没有在意彼此的种姓，结果低种姓的孩子表现要稍好于高种姓的孩子。

接下来研究人员重复了这项试验，但这一次每名男孩都被要求公开表明自己的姓名、来自于哪个村庄、父亲及祖父的姓名，以及自己的种姓。随后，男孩们开始解谜。这一次的结果体现出了高低种姓之间的巨大差距，低种姓男孩的表现大幅下滑（见图表8.5）。

这一结果惊人地证明了，我们如何看待别人评判自己的眼光，将显著地影响我们在一项教育任务中的表现和行为。当我们感到自卑时，我

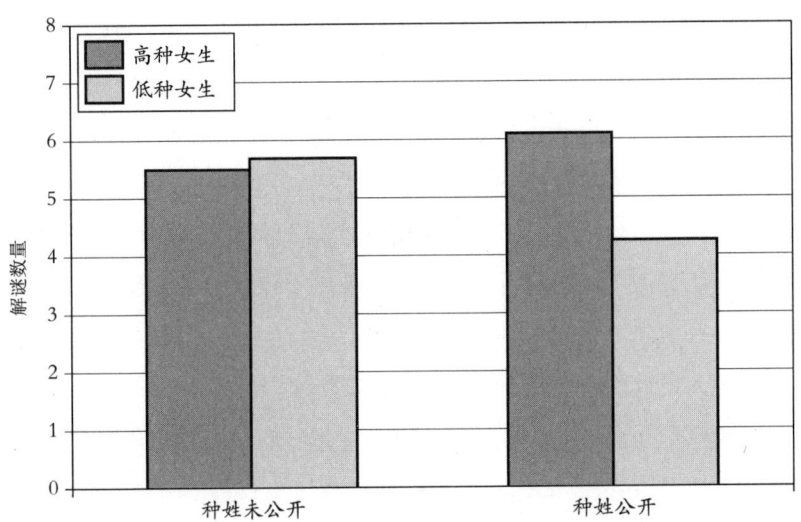

图表 8.5：种姓身份对于印度学生表现的影响。

们的能力也会减弱。

对美国的黑人与白人高中生进行的试验证明了同样的结果，其中最令人信服的是斯坦福大学心理学家克劳德·斯蒂尔（Claude Steele）和纽约大学心理学家乔舒亚·阿伦森（Joshua Aronson）进行的试验。[164] 他们用研究生入选考试的标准化试卷来考察试验参与者。在第一种情况下，学生们被告知这项测试旨在考察他们的能力；在第二种情况下，学生们被告知这项测试并非要考察他们的能力。两种情况下白人学生的表现是相同的，但黑人学生在第一种情况下的表现要糟糕得多。斯蒂尔和阿伦森将这一现象称为"脸谱化造成的威胁"。如今人们已经意识到这种现象是普遍存在的，既可以体现为性别差异，也可以体现为种族差异。[165]

尽管我们在第 3 章中就曾探讨过社会焦虑情绪以及负面评判造成的影响，但即使在人为条件下，脸谱化依然如此易于造成威胁，这一点还是会令我们感到惊讶。一位名叫简·埃利奥特（Jane Elliott）的美国教师于1968年和学生们一起进行了一项试验，目的在于教育他们不平等与不公正的种族问题。[166]她向学生们表示，科学家发现，蓝色眼睛的人比棕色眼睛的人更加聪明，更容易取得成功，后者则是愚蠢、懒惰的。然后她将班级分为蓝眼睛和棕眼睛两个小组，并给予蓝眼睛小组特殊优待。蓝眼睛小组很快展现出了对于棕眼睛小组的优越感和轻蔑态度，自己的成绩也提高了。棕眼睛小组很快表现出了顺从的胆怯心态，成绩也下滑了。几天之后，埃利奥特告诉同学们，自己把信息记错了，实际上棕眼睛的人更具优越性。班级里的情况很快便发生了逆转。

神经科学的最新进展对我们的感觉是如何影响学习效果的作出了生物学解释。[167]在鼓励的环境中我们的学习效果最好，因为我们确信自己能够成功。当我们感到愉悦或是自信时，多巴胺的释放会令我们的大脑获益，这有助于提高记忆力、注意力和解决问题的能力。血清胺和肾上腺素也能令我们获益，前者有助于改善心情，后者能够增强我们的表现。当我们感到威胁、无助和压力时，我们身体中皮质醇的含量会上升，这会阻碍我们的思维能力和记忆力。因此，我们在本章中所描述的社会与学校中的不平等显然会直接影响我们的大脑，并进而影响我们的学习效果和教育表现。

人各有志

不平等还会通过影响社会地位较低者的志向、规范和价值观的方式，对其教育表现产生直接影响。中产阶级、教师和决策者都将教育视为穷人和工人阶级向上流动的渠道，但穷人和工人阶级自己却并不总是持有相同的看法。

人类学家吉莉恩·埃文斯（Gillian Evans）在出版于2006年的《教育失败以及英国白人工人阶级家庭的儿童》（*Educational Failure and Working Class White Children in Britain*）一书中描述了伦敦东部伯蒙德西

地区的工人阶级文化。[168] 她发现人们期待中的孩子在校行为与中产阶级家长期待中的孩子在家行为是一致的，但与工人阶级家长教育孩子的方式却存在矛盾。在某种程度上，工人阶级家长甚至会对教育和中产阶级价值观产生抵触情绪，因为让孩子接受教育就意味着必须放弃他们自己的价值观。一位女性向埃文斯表示，"身为普通人"就意味着"知道该如何开怀大笑"，"因为你可不是个自负的人"。埃文斯书中提到的女性都热衷于谈论自己的家庭、健康状况、工作、如何赚钱、家务活、人际关系、购物、性以及流言蜚语，谈论抽象概念、书籍和文化被认为是矫揉造作。这些工人阶级家庭的孩子在家中受到的约束很少，埃文斯表示孩子们可以尽情吃喝，可以在家抽烟，只要自己开心，还可以不做作业。"如果他们想要学习，他们会学的；如果他们不想学，他们就不学。就是这样。"这些家庭当然也望子成龙，但"成龙"的途径并不总是"教育、教育、教育"。

穷人和工人阶级的孩子抵制常规教育和中产阶级价值观，但这当然并不意味着他们不怀有雄心壮志。事实上，当我们首次查看联合国儿童基金会童年福祉报告中关于儿童志向的数据时，[110] 儿童志向与收入不平等之间的关联令我们感到十分吃惊（见图表8.6）。在更加平等的国家，表示自己志向并不远大的孩子数量更多；在不平等的国家，孩子们更有可能怀有雄心壮志。造成这种现象的部分原因也许在于，在更加平等的社会里，低技术工种并不那么被人轻视；而在更加不平等的社会里，赚大钱以及获得光鲜外表的愿望主宰着人们的职业选择。

我们发现，在更加不平等的国家，志向与实际机遇之间的差距更大。将关于各国数学与阅读得分的图表8.1与图表8.6进行比较，我们发现，在教育表现更差的国家，孩子们的志向显然更为远大。渴望获得高社会地位工作的孩子数量更多，但实际上能够获得此类工作的人数更少。如果说不平等导致了不切实际的愿望，那么不平等必然也会导致失望。

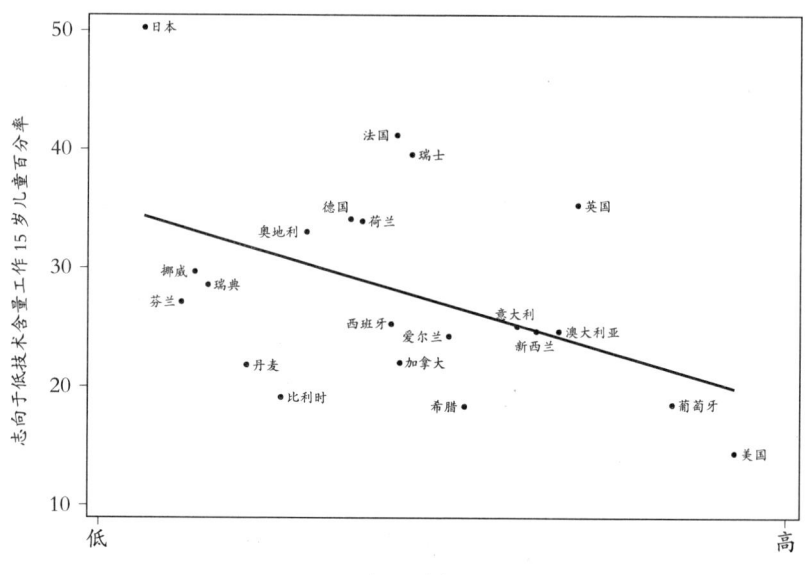

图表 8.6：富裕国家的不平等状况与 15 岁儿童的志向。

埃文斯引用的一位内城区小学教师的话，总结了不平等对孩子造成的腐蚀作用：

> 这些孩子不知道自己来自工人阶级家庭；直到离开学校，他们才会意识到这一点。这时他们才会明白自己从童年起就怀有的梦想是无法实现的。[168]

在接下来的两章中我们将展示在更加不平等的社会里，年轻的男性和女性会对自己的低社会地位作出何种回应；在第 12 章中我们将考察不平等对社会流动性的影响，并再次讨论教育与机遇这一主题。

九、青少年生育：循环往复的贫困

说"不"对于防止青少年怀孕的效果，就如同说"祝你愉快"对于治疗慢性抑郁症的效果。

——费伊·沃特尔顿（Faye Wattleton），
1988年在西雅图大会上发表的讲话

2005年夏天，姐妹三人登上了英国各小报的头条：三人都是青少年母亲。三人中最年轻的少女产子时年仅12岁。"我们睡在妈妈家的床上，抱在一起，就那么发生了性关系。"她说道，"我没有告诉任何人，因为我感到太害怕了，我不知道该怎么办……我真希望这事不是发生在我的身上。"[169]不久之后，她的二姐在14岁时也产下一子。"这就是那种事情。我还以为永远不会发生在我头上，"她说道，"起初我想要堕胎，因为我不想和妹妹一样。但我实在做不到。"大姐是三人中最后怀孕的，产子时年仅16岁。和妹妹们不同，她似乎很期待成为母亲："我退学了……因为我实在不感兴趣。"她承认，"我的朋友都已经有孩子了，我也想成为母亲。"在她们的故事流传开来时，三人都和母亲生活在一起，和自己的孩子们睡在同一间卧室，年纪较轻的两位学业十分挣扎，三人都依靠社会保障金过活。没有学历、没有孩子父亲的支持，她们的未来十分黯淡。媒体评论员和公众立刻对三姐妹和她们的母亲表示了谴责，将她们视作不负责任的乞讨者。"见识一下产子三姐妹吧……她们可拿到了一大笔福利金""她们的孩子才是真正的受害者"，报纸大声疾呼道。[170][171]她们的母亲则将这一切归咎于学校里性教育的缺失。

这一问题为何重要

媒体的激愤之情令社会对于青少年母亲这一问题的担忧成为了人们关注的焦点。人们常常称青少年母亲是"生了孩子的孩子"，认为这种情况既不利于母亲、孩子，也不利于社会。

无疑，青少年母亲生下的孩子出生时体重往往较轻，更容易早产，婴儿时期的死亡率更高，而且在成长过程中更容易面临教育失败、青少年犯罪等问题，他们也更有可能同样成为青少年父母。[172][173]成为了青少年母亲的女孩往往是贫穷、未受过教育的。然而，青少年生育导致的种种恶果真的是由于母亲的年纪造成的吗？或者说，这其实是青少年母亲身处的文化坏境所导致的结果？

人们围绕这一问题进行了激烈的争论。一方面，青少年生育并非一项健康问题，因为低龄本身并不会导致种种恶果。[174]事实上，对于非洲裔美国人而言，长期贫困和压力极大地损害了他们的健康，以至于在年轻时产子反而更有利于孩子的成长。[175][176]这种被称为"经受磨难"（weathering）的观点认为，对于贫穷、社会地位低的女性而言，推迟怀孕的时间并不意味着孩子的健康状况会变好。其他人则表示青少年母亲的孩子更有可能被排除在主流社会之外，身心健康状况都较差，更加贫困。即使将阶级地位、教育程度、父母是否成婚、父母的性格等问题都考虑在内，这一结论依然成立。[177]然而，尽管有时我们在研究中能够将年龄与经济背景的影响分离开来，在实际生活中这二者往往是密不可分的。青少年母亲这一现象往往意味着贫困一代又一代地循环往复。[178]

然而，女孩身处的社会对她们的个人经历与个人选择——是否与男友发生性关系，是否采取避孕措施，是否选择堕胎，是否追求学历和职业生涯——又有何种影响？与此前各章讨论过的问题一样，青少年生育率与相对贫困及不平等程度之间同样存在着密切的关联。

生来不平等

青少年怀孕率和生育率均呈现出社会阶级差异，不过生育率的差异要大于怀孕率，因为中产阶级家庭的女孩更有可能选择堕胎。青少年生育率更高的社区离婚率也更高，信任程度和社会凝聚度低，失业率高，更加贫穷，犯罪率也更高。[173] 有人认为，当女孩感到自己无法通过建立稳定的亲密关系或是获得有偿工作等方式来确立自己的成年人地位时，就会选择成为青少年母亲。[179] 社会学家克丽斯廷·卢克（Kristin Luker）认为，成为青少年母亲的是那些"感到灰心丧气的、出身于社会地位较低家庭的"女孩。[180]

然而，需要记住的是，青少年母亲并非全是贫穷女孩。与我们考察过的所有问题一样，不平等会影响到各个社会阶层的青少年生育率。我们在图表9.1中展示了英国青少年母亲所占比例与家庭收入之间的关系。按照收入情况将青少年分为四挡，在最贫穷的一档中，每年几乎都有5%的女孩会首次产子，是最富有一档每年首次产子的女孩比例的四倍。不过，即使是第二富有的一档，其每年首次产子的女孩比例也是最富有一档的两倍（分别为2.4%和1.2%）。美国的情况也类似。尽管多数青少年生育时年纪较长，为18至19岁，但对于15至17岁的青少年而言，上述规律十分明显，而且更为强有力。

图表9.2表明，联合国儿童基金会提供的国际青少年生育率[182]与收入不平等之间存在关联。图表9.3表明，在美国的五十个州存在着同样的关联；此处使用的是来自美国国家生命统计系统[183]和阿兰·古特

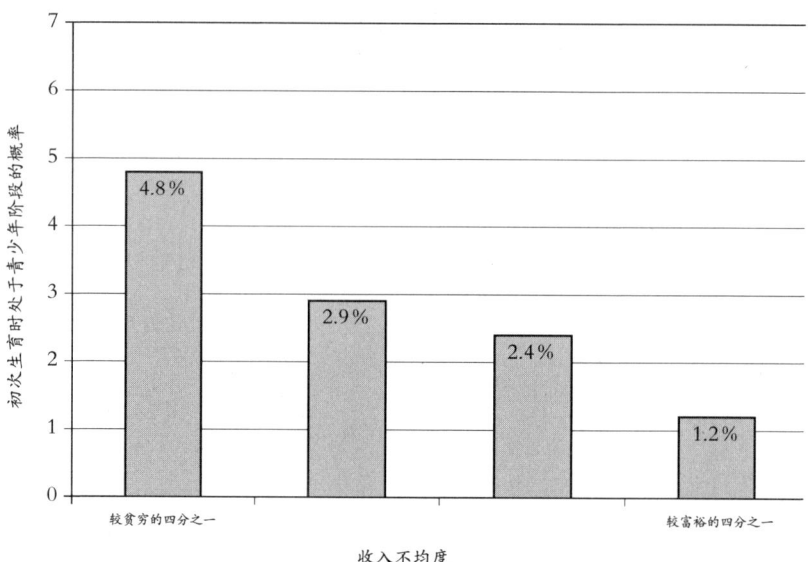

图表9.1：按照家庭收入从低到高排列，青少年生育率呈现出了坡度。[181]

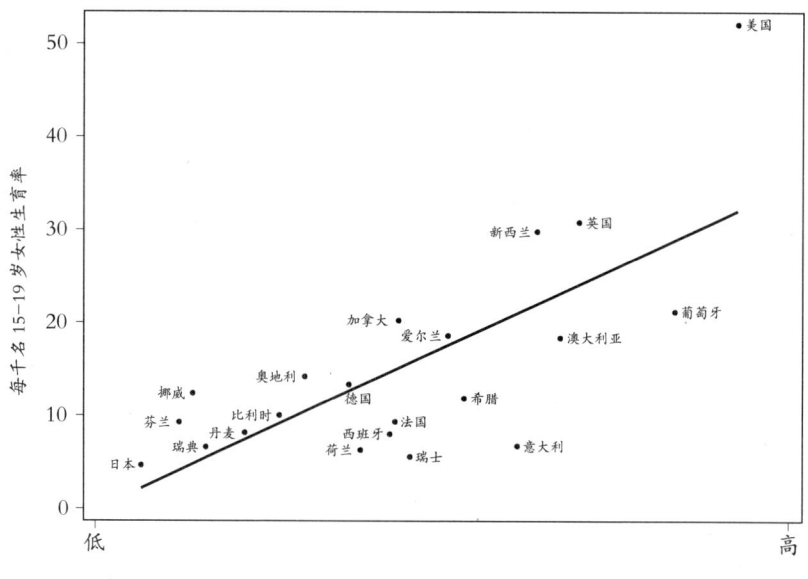

图表9.2：在更加不平等的国家，青少年生育率更高。[185]

马赫研究所的青少年怀孕率数据。[184] 有明显的迹象表明,在更加不平等的国家和美国各州,青少年生育率也更高。这种现象不能归结为偶然。联合国儿童基金会关于青少年生育率的报告表明,在富裕的经济合作与发展组织成员国,每年至少有 125 万青少年怀孕,其中约有 75 万人会成为青少年母亲。[182] 国与国之间在青少年生育率上的差别是巨大的。美国和英国高居榜首:美国 15 至 19 岁的女性青少年生育率高达 52.1‰,是欧盟国家平均水平的四倍多,是日本青少年生育率(4.6‰)的十倍多。

蕾切尔·戈尔德(Rachel Gold)及其同事研究了美国的收入不平等状况与青少年生育率之间的关系,并且发现,在更加不平等、相对更加贫困的各县,青少年生育率也更高。她还指出,对于最年轻的青少年母亲(15 至 17 岁)而言,不平等造成的后果最为严重。[186] 在考察美国各州的情况时,我们将生育与堕胎的数据结合了起来。美国各州之间在青

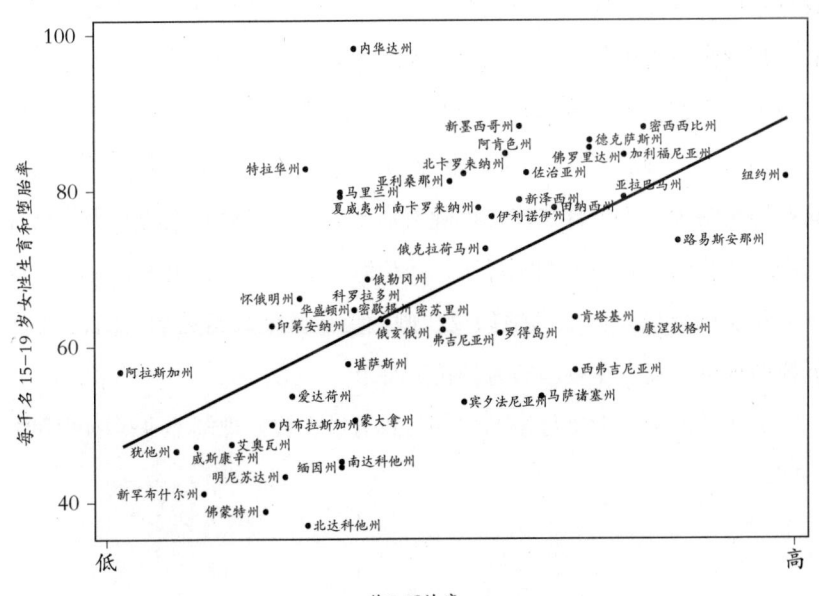

图表 9.3:在更加不平等的美国各州,青少年生育率更高。

九、青少年生育:循环往复的贫困

少年怀孕率上的差别很大，密西西比州的青少年怀孕率几乎是犹他州的两倍。

我们也许会认为，宗教与种族等因素会对怀孕、堕胎和生育等行为产生影响。我们原本以为天主教国家的青少年生育率会较高，因为这些国家的堕胎率很低。葡萄牙和爱尔兰等天主教国家的高青少年生育率的确可以作此解释，但是同为天主教国家的意大利和西班牙的青少年生育率却出人意料地低。在各个国家内部，关于性、避孕、堕胎、早婚以及女性在社会中的地位等问题，不同族裔可能有着不同的文化和价值观。例如在美国，拉美裔和非洲裔美国女孩成为青少年母亲的可能性几乎是白人的两倍。同样的，英国孟加拉裔和加勒比裔女孩的青少年生育率也相对较高。[182]然而，由于这些族裔只占总人口的少数，因此对于各国或是各州总体的青少年怀孕率和生育率排名并不会造成太大影响，也不会影响我们对这些现象与不平等之间关系的解读。

在图表9.2和9.3所揭示的简单关系背后，隐藏着在不同国家成为青少年母亲意味着什么这一复杂的现实问题。例如在日本、希腊和意大利，超过半数青少年母亲都已婚（事实上在日本，86%的青少年母亲都已婚），而在美国、英国和新西兰，只有不到四分之一的青少年母亲已经结婚。[182]因此，美国、英国和新西兰不仅总体青少年生育率较高，这些国家的青少年生育往往还伴随着众多通常与早育有关的健康与社会问题，这些问题既会影响到母亲，还会影响到孩子。在美国，拉美裔青少年母亲的已婚率高于其他族裔，她们也比其他族裔更加贫困；[187][188]同样的现象也发生在英国的孟加拉裔身上。

那么，关于青少年母亲的何种信息有助于我们理解不平等的特别影响呢？

通往成年的快车道

有意思的是,在富裕国家,青少年生育率与各个年龄段女性的生育率之间并不存在关联。美国、英国、新西兰和葡萄牙这几个最不平等的国家,青少年生育率远高于更年长女性的生育率,而在日本、瑞典、挪威和芬兰等更加平等的国家,青少年生育率要低于更年长女性的生育率。[182] 因此,导致更加不平等的国家青少年生育率更高的因素,与导致总体生育率提高的因素并无关联。不平等尤其会对青少年生育率产生影响。

朗特里基金会发布的一份名为《年轻人通往独立之路的变化》的报告对生于 1958 年和生于 1970 年者的成长轨迹进行了比较,结果发现"通往成年的快车道与慢车道之间差距越来越大"。[189] 位于慢车道的是出生于较高社会阶级家庭的年轻人,他们花费更长的时间接受教育和职业培训,直到事业有成后才考虑结婚和养育子女。位于快车道上的人接受教育的时间往往较短,这通常会导致他们走上失业、低薪工作和培训的混乱道路,而不是飞黄腾达的职业坦途。

社会学家希拉里·格雷厄姆(Hilary Graham)和伊丽莎白·麦克德莫特(Elizabeth McDermott)指出,成为青少年母亲的女性会被隔离在广阔的社会之外,会导致几代人都受困于不平等。[190] 除了相对贫困会导致这些年轻人的机遇受限之外,还有其他因素使得青少年母亲容易受到不平等状况的影响。

早熟与缺席的父亲

我们在第 8 章探讨不平等对家庭关系及幼年时期所承受压力的影响时,曾提及其中的一个原因。对于青少年母亲而言,幼年经历与教育及经济机遇同样重要。伦敦大学心理学家杰·贝尔斯基(Jay Belsky)及其同事于1991年提出了一项基于进化心理学的理论,他们指出,幼年时期所承受压力的大小,将决定个人日后会采取"数量优先"还是"质量优先"的生育策略。[191] 他们认为,在成长过程中学会"将他人视作不可信任的,将人际关系视作投机和为自己的利益服务的,将资源视作稀缺和/或不可预测的"这些人,生理成熟会更早,性成熟会更早,会更倾向于建立短期的人际关系,并对养育孩子投入较少的精力。相较之下,在成长过程中学会"将他人视作值得信任的,将人际关系视作持久和互惠的,将资源视作随时可以获得的"这些人会成熟得更晚,性成熟得也更晚,更善于建立长期的人际关系,并且对于孩子的成长投入更多精力。

对于人类的进化而言,这些不同的策略是有意义的。如果你既无法依靠同伴或是其他人,也无法依靠资源,那么尽早成年和多生孩子也许就是有价值的——至少其中有几个孩子能够活下来。然而,如果你可以信任自己的伙伴与家庭,那么就应当少生孩子,并为每个孩子投入更多注意力和资源。

戈尔德及其同事发现,在美国,不平等对社会资本(我们在第4章中讨论过这个概念)的影响,也许是导致其与青少年生育率有关联的原因。[192] 也就是说,在社会凝聚力、公民参与和互信程度越低的州——这正是适合于"数量优先"生育策略的环境——青少年生育率也会更高。

有些研究还表明,早年经历的冲突以及父亲的缺席会导致早熟:在这种环境中长大的女孩比成长阶段无忧无虑的女孩在生理上成熟得更早,月经来得也更早。[193][194] 更早步入青春期往往意味着性成熟得更早,也更有可能成为青少年母亲。[195]

对于青少年怀孕而言,父亲的缺席可能是一项格外重要的因素。心理学家布鲁斯·埃利斯(Bruce Ellis)及其同事对美国与新西兰的许多女孩进行了从幼年直至成年的跟踪研究。[196] 结果表明,父亲离开家庭的时间越长,他的女儿在年少时便与人发生性关系并成为青少年母亲的可能性就越大。而且,女孩的行为问题、家庭承受的压力、父母养育子女的风格、家庭所处的社会 - 经济地位、女孩成长环境的差异等因素都不足以解释这种现象。因此，也许是某种深层次的适应过程，导致了压力更大、更不平等的社会（也许尤其是低社会地位）与高青少年生育率之间的关联。不幸的是，尽管我们能够获得国际上关于单亲家庭的数据，但在不同的国家，单亲家庭的处境是截然不同的。此外，我们也无法获得国际上关于父亲缺席状况的数据。

爸爸怎么了？

在本章中，我们一直在从母亲的角度讨论青少年生育这一问题。然而，父亲的情况如何？让我们回到三姐妹的故事。12岁女孩孩子的父亲在孩子出生不久就离开了她；被二姐指认为自己女儿父亲的男孩否认曾与她发生过性关系，并要求进行亲子鉴定；大姐孩子的父亲已38岁，至少还育有四个孩子。

研究人员将这三姐妹的经历详细地告知了年轻女性，社会学家格雷厄姆和麦克德莫特探讨了从与这些年轻女性的谈话中吸取的经验。她们发现，三姐妹孩子的父亲们的表现非常典型。[190] 贫困的年轻女性在成为母亲之后往往会进入成年人的社交网络，这一网络中通常会包括她们的母亲及其他亲戚，这些支持网络有助于她们克服成为青少年母亲导致的社会污名。据格雷厄姆和麦克德莫特表示，年轻女性重视自己与孩子的关系胜过与孩子父亲的复杂关系，因为她们认为"相比曾体验过的异性恋关系"，与孩子的关系是"亲密感的更可靠来源"。

生活在高失业率、低工资环境中的年轻男性很难提供太多安定感或是支持。在青少年生育率很高的社群里，年轻男性自己也需要应对不平等导致的许多困难，身为人父更是令他们的处境雪上加霜。

十、暴力：为了获得尊重

> 在人们无法获得正义的地方，在人们被迫忍受贫穷的地方，在弥漫着无知的地方，在无论哪个阶级都感到社会是在有组织、有预谋地压迫、劫掠和侮辱自己的地方，人身与财产都不可能感到安全。
>
> ——弗雷德里克·道格拉斯（Frederick Douglas），
> 美国奴隶解放 24 周年时的讲话，华盛顿特区，1886 年

当我们开始着手这一章的写作时，暴力事件登上了大西洋两岸的报纸头条。在美国，一名 18 岁的男子持枪进入了犹他州盐湖城的一座购物广场，随机射杀了五人，射伤四人，随后被警方击毙。在英国，南伦敦地区发生了一系列杀人事件，其中在不到两周时间内，共有三名男孩遇害。不过，也许最能说明本章主旨的事件发生在 2006 年 3 月，在美国俄亥俄州辛辛那提市一个安静的郊区，66 岁的查尔斯·马丁（Charles Martin）打电话呼叫了紧急服务："我刚刚杀死了一个小孩。我用一支该死的 410 火枪朝他开了两枪。"[197] 马丁杀死了一名 15 岁的邻居。孩子犯下了什么过错？他横穿了马丁家的草坪。"这个孩子让我烦死了，他让其他孩子骚扰我和我家。"

许多人在生活中都切实地对暴力感到担忧。在最近一次英国犯罪调

查中，35%的受访者表示自己非常或者相当担心遭到抢劫，33%的受访者担心遭到袭击，24%的受访者担心遭到强奸，13%的受访者担心遭遇种族因素激发的暴力，超过四分之一的受访者表示担心在公共场合遭到辱骂或是骚扰。[198]在美国和澳大利亚进行的调查也得出了类似的结果。事实上，与实际的暴力行为一样，对暴力和犯罪的恐惧也是一个重大的问题。暴力犯罪的受害者人数很少，但对于暴力的恐惧却会影响到许多人的生活质量，弱势群体（穷人、女性、少数族裔）尤其对暴力行为感到恐惧。[199]在许多地方，女性都不敢在夜里外出，或是过晚回家；老人会给房门上两道锁，不会为陌生人开门。由此可见，基本的人身自由遭到了侵犯。

人们对犯罪、暴力和反社会行为的恐惧并非总是对应于犯罪与暴力行为的严重程度及其趋势。近来美国的犯罪率下降了（如今这一趋势已经结束），但人们对于暴力行为的恐惧并未相应减弱。稍后我们会再度探讨近来犯罪与暴力行为的趋势，现在让我们先关注不同社会实际犯罪率的差异，并考察这些社会的相似与不同之处。

在某种程度上，不同时间、不同地方暴力行为的模式呈现出了惊人的一致性。不同时间、不同地方的暴力行为绝大多数都是由男性犯下的，这些男性大多是十几二十岁的青少年。哲学家、进化心理学家海伦娜·克罗宁（Helena Cronin）在《蚂蚁与孔雀》（*The Ant and the Peacock*）一书中展现了不同地方谋杀犯的年龄与性别特征有着多么密切的联系。[200]我们重新绘制了她的图表，将芝加哥与英格兰及威尔士的情况进行了对比（见图表10.1）。图表下方显示的是施暴者的年龄，上方是谋杀率，分别用不同的线展现男性与女性的情况。一目了然的是，十几二十岁男性犯下的谋杀率最高，所有年龄段女性的施暴率都要比男性低许多。无论是在芝加哥，还是在英格兰及威尔士，施暴者的年龄与性别分布都惊人地一致。不过，较不显而易见的是，图表左右两端的刻度截然不同。图表左端的刻度是英格兰及威尔士每百万人的凶杀案犯罪率，范围从0

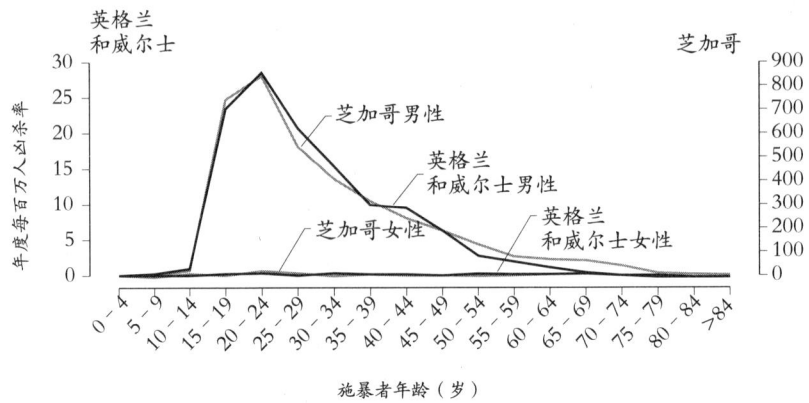

图表 10.1：施暴者的年龄及性别分布；将芝加哥与英格兰及威尔士的情况进行比较。[200]

到 30 不等。图表右端的刻度是芝加哥每百万人的凶杀案犯罪率，范围从 0 到 900 不等。尽管施暴者的年龄与性别分布呈现出惊人的一致性，但芝加哥与英格兰及威尔士的情况存在着某些根本性的不同：芝加哥的谋杀率是英格兰及威尔士的 30 倍。可见，除了生理上的相似性之外，还存在着巨大的环境差异。

在有些社会几乎不存在暴力犯罪，而在美国，每三小时就有一名儿童遭到枪杀。英国的谋杀率尽管远低于美国，但与其他国家相比仍十分严重：2005 至 2006 年间共有超过 100 万起暴力犯罪案件记录在案。此外，尽管任何一个国家的施暴者都多为年轻男性，但大多数年轻男性并不暴力。正如青少年母亲大多都是沮丧、弱势的年轻女性一样，最有可能成为施暴者和暴力行为受害者的也是贫穷、出身于社会地位较低环境的年轻男性。导致这种现象的原因是什么？

"如果你没有尊严，你就一无所有"[201]（第 29 页）

哈佛大学医学院精神病学家、暴力行为研究中心主任詹姆斯·吉利根（James Gilligan）从事暴力行为预防工作已有超过 30 年时间。多年来，他一直负责马萨诸塞州监狱系统的心理健康服务工作，在作为临床精神病医生的多数时间里，他都要和监狱及监狱心理医院中最残暴的罪犯打交道。在《暴力行为》（*Violence*）[202]和《预防暴力行为》（*Preventing Violence*）[201]这两本书中，他指出暴力是一种"试图避免或是消除羞耻感（这种感觉是痛苦的，甚至是无法忍受和无法抵抗的）、并用与之截然相反的自尊感取而代之的行为"。当与犯下残暴罪行的男性对话时，吉利根一再发现触发暴力行为的动机包括对尊严的威胁（或是想象中的威胁）以及激发羞耻感的举动。有时候，引发暴力行为的偶然事件看上去是极其微不足道的，但这些事件均会引发羞耻感。年轻的邻居无礼地穿越你家整洁的草坪；在学校里遭到受欢迎的孩子骚扰和辱骂；被炒鱿鱼；女伴为了另一个男人而抛弃你；有人奇怪地盯着你看，等等。

吉利根甚至表示，自己"还从未发现任何一起不是由羞耻感引发的、目的不是为了'找回面子'的严重暴力事件"。[202]（第110页）我们都能够体会这种感觉，尽管我们也许永远不会因此而施暴。我们能够体会令人心如刀绞的耻辱和难堪感，当我们在别人面前出丑时，会感到无地自容。我们也知道感到受人喜爱、尊重和重视有多么重要。[203]然而，如果我们都能够体会这种感觉，为何因此而施暴的绝大多数都是年轻男性呢？

进化心理学家马戈·威尔逊和马丁·戴利的研究有助于我们理解暴力行为的这一模式。在出版于 1988 年的《凶杀》（*Homicide*）一书以及此后写下的许多文字中，他们使用统计学、人类学以及历史数据表明，年轻男性有更强烈的动机取得并维持尽可能高的社会地位，因为社会地位的高低决定了他们在争夺异性时能否成功。[77][205][206][207][208]就女性而言，外貌和身材对于争夺异性更加重要；但就男性而言，最重要的是社会地位。心理学家戴维·巴斯（David Buss）发现，女性对于潜在配偶经济状况的重视程度几乎是男性的两倍。[209]因此，女性往往通过穿衣和化装来增加自己的吸引力，而男性则是通过追逐社会地位的方式。这一发现不仅能够解释为何人们在感到挫败、不受尊重和羞耻时最容易犯下暴行，还能够解释为何大多数暴力行为都发生在男性之间：因为对于男性而言，社会地位的高低更为重要。鲁莽乃至暴力的行为常常来自于社会底层的年轻男性，他们被夺走了代表社会地位的所有标记，只能挣扎着保存住自己的脸面和仅有的些许地位；当尊严受到威胁时，常常作出激烈的反应。

不过，尽管年轻男性的暴力倾向似乎部分地源于与争夺异性相关的心理进化过程，但大多数男性并不暴力。那么，为何有些社会比其他社会能够更好地预防或控制暴力冲动呢？

不平等是一种"结构性"暴力

简单的答案是，不平等状况的加剧导致对于社会地位的争夺变得更趋激烈：社会地位变得更加重要了。与本书讨论的不平等会导致的其他后果相比，人们更加清晰地意识到并接受了不平等对于暴力行为的影响。[203] 在本章中，我们将展现暴力行为与不平等之间的关系，所考察的国家与时间段与此前各章相同。关于不同的国家或是不同的时间段，其他研究者发布了许多类似的图表，例如世界银行的研究者就绘制了一幅囊括 1970 至 1994 年间五十多个国家情况的图表。[207][210] 大量证据清晰地表明，更严重的不平等状况意味着更高的凶杀案犯罪率。早在 1993 年时，犯罪学家谢（Hsieh）和皮尤（Pugh）就撰写了一篇书评文章，用 35 起案例对收入不平等与暴力犯罪之间的关系进行了分析。[211] 除了一起案例之外，其他案例均表明二者之间呈正相关关系：当不平等加剧时，暴力犯罪率也会上升。凶杀与袭击事件与收入不平等的关联最为密切，抢劫与强奸与收入不平等的关联稍弱。在考察新近发表的研究时，我们也发现了同样的关联。[10] 从曼哈顿到里约热内卢，在城市中更加不平等的区域，凶杀案也更经常发生；在更加不平等的美国各州、城市和加拿大各省，情况同样如此。

图表10.2使用的是来自联合国"犯罪趋势及刑事司法体系行动调查"的数据，[212] 表明各国的凶杀案犯罪率和收入不平等之间均存在关联；图表10.3使用的是来自美国联邦调查局的数据，[213] 表明在美国国内也存在同样的关联。图表10.2中各个国家之间的差异十分巨大。美国再一次位居榜首，其谋杀率为每百万人64起，是英国（每百万人15起）的四倍多，日本（仅为每百万人5.2起）的12倍多。与其他章节的图表相比，有两个国家在这张图表上的位置有些异常。新加坡的凶杀案犯罪率要远低于预期，芬兰则要高于预期。有趣的是，尽管国际上枪支持有状况与暴力犯罪之间的关系十分复杂（例如，枪支持有状况与受害者为女性的谋杀案之间存在关联，与受害者为男性的谋杀案之间则不存在关联），[214] 但联合国关于枪支管制的国际研究显示，芬兰的人均持枪率最高，新加坡则最低。[215] 尽管存在两个例外，但我们依然可以确认不平等与凶杀

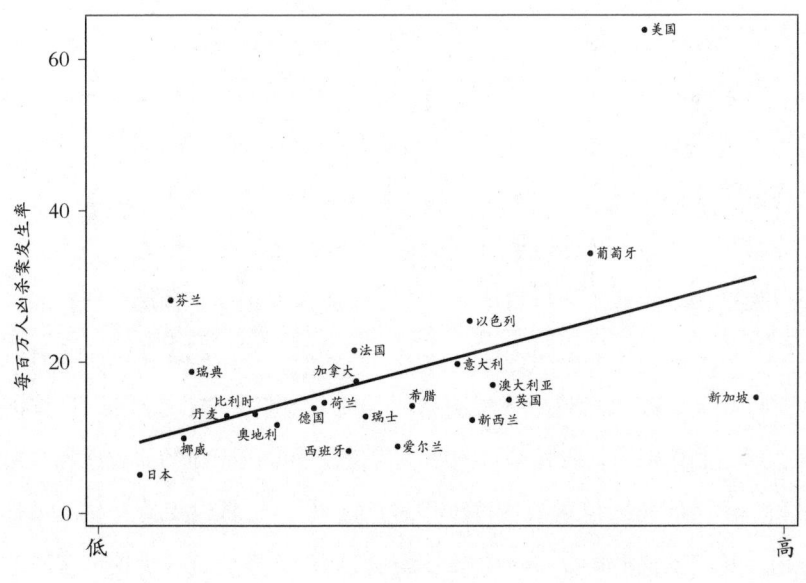

图表10.2：在更加不平等的国家，凶杀案更经常发生。

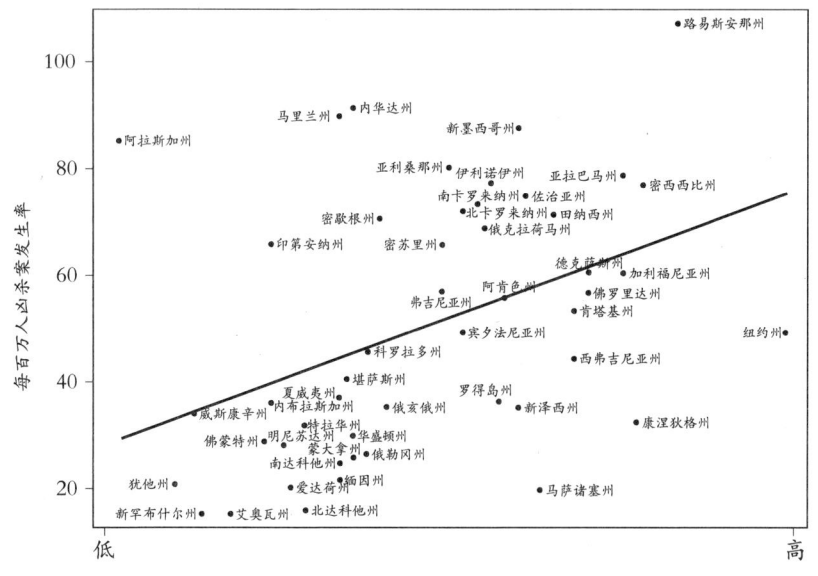

图表10.3：在更加不平等的美国各州，凶杀案更经常发生。

案犯罪率之间存在关联。

就美国的情况而言，尽管我们无法获得怀俄明州的数据，但不平等与凶杀案犯罪率之间的关联依然十分显著，而且各州之间的差异与各国之间的差异一样巨大。路易斯安那州的谋杀率为每百万人107起，是谋杀率最低（每百万人15起）的新罕布什尔州和艾奥瓦州的七倍多。不平等程度相对较低的阿拉斯加州，凶杀案犯罪率远高于预期；纽约州、康涅狄格州和马萨诸塞州则低于预期。在美国，每三起谋杀案中就有两起是枪杀案，在人均持枪率更高的州，凶杀案犯罪率也更高。[216] 在图表上列出的各州中，阿拉斯加州的人均持枪率最高，纽约州、康涅狄格州和马萨诸塞州则位居人均持枪率最低之列。[217] 将枪支持有状况考虑在内，我们发现不平等与凶杀案犯罪率之间的关联会进一步稍稍增强。

无情世界里的避难所

我们已经认识到了更加不平等社会的某些特征会催生暴力行为：家庭生活会产生影响，学校和邻里环境是重要因素，对于社会地位的争夺更是至关重要。

在第 8 章中我们曾提到，有研究显示更加不平等的美国各县离婚率也更高。社会学家戴维·波普诺（David Popenoe）在《没有父亲的人生》（*Life Without Father*）一书中指出，美国 60% 的强奸犯、72% 的青少年谋杀犯、70% 的长刑期囚犯都成长于没有父亲的家庭。[218] 没有父亲的家庭往往更加贫穷，但这只是催生青少年犯罪和暴力行为的部分原因。那么，为何父亲的角色如此重要？

有研究人员表示，成长于没有父亲的家庭的青少年往往表现得"过度具有雄性气质"，经常做出"具有过度补偿性质的雄性行为"，[219]（第1至2页）例如危害财产和人身的犯罪，具有侵略性和利用他人的行为，以及对异性的短期征服。我们在第 9 章探讨青少年母亲这一问题时曾提及"质量优先"和"数量优先"两种策略，上述行为可以被视作这两种策略的男性版本。父亲的缺席也许会促使某些男孩采取不同的生育策略：将重心从维持长期关系转移到争夺社会地位上来。

当然，父亲可以成为孩子的榜样。父亲的存在就足以让孩子们体会到积极的男性气概：如何与异性相处，如何成为一个负责任的成年人，如何在独立进取的同时包容他人、与他人建立良好的关系。尤其重要的是，对于男孩而言，父亲代表着权威与纪律，没有了父亲的保护，年轻人就更容易受到同龄人的影响，更有可能做出一群年轻人聚在一起时常见的反社会行为。然而，父亲同样可能成为反面教材，有研究显示，尽管与父亲相处时间越少的孩子行为上的问题也越多，但当父亲自己的行为有问题时，情况就不是这样了。[220] 如果父亲经常做出反社会行为，那么孩子们与父亲相处的时间越多，风险就越大。

最重要的因素也许在于，父亲爱自己孩子的方式是继父做不到的。这当然并不意味着许多继父不会充满爱意地抚养并非亲生的孩子，但一般而言，与亲生父亲一同生活的孩子遭到虐待、误入犯罪歧途、辍学、在情感上遭到忽视的可能性都较小。精神病学家吉利根谈到曾接触过的残暴男性时这样表示：[201]（第36页）

> 他们在小时候受虐待的程度是我此前根本无法想象的。许多人几乎被殴打至死，被多次强奸或是被迫卖淫，或是遭到身有残疾的父母忽视，以致于生命受到了威胁。至于那些没有经历过如此极端的虐待与忽视的人，我与同事们发现他们都经历了同样严重的情感伤害……只要父母受到了羞辱，就会把孩子当作替罪羊，将羞耻感转嫁到孩子身上，不断地嘲笑与奚落他们。

在更加不平等的社会里，家庭破碎的事例更为常见，家庭内部压力也更大，这导致暴力行为一代一代地反复出现，这种情况与循环往复的青少年生育问题十分类似。

当然，家庭环境并非催生羞耻感和暴力行为的唯一因素。当社会地位受到威胁时是否会施暴，还取决于孩子在学校和邻里环境中的经历。美国的高中枪击案充分表明了霸凌是触发暴力行为的重要因素。[221][222]

2007年时联合国儿童基金会发布了一份关于富裕国家儿童福祉状况的报告，衡量了不同国家年轻人卷入肢体冲突、成为霸凌受害者、感到同龄人"不友善"的频率。[110] 我们将这三项数据综合起来，构成了一项衡量儿童冲突经历的指数。我们发现，这一指数与收入不平等之间有着密切关联（见图表10.4）。在更加不平等的社会，儿童会更多经历霸凌、打斗和冲突，而且童年的暴力行为是预测日后暴力行为的最佳指标。

长期以来，人们已经认识到了环境因素对于暴力犯罪率的影响。1940年代时，芝加哥学派社会学家就探讨了多年以来一直被暴力阴霾笼

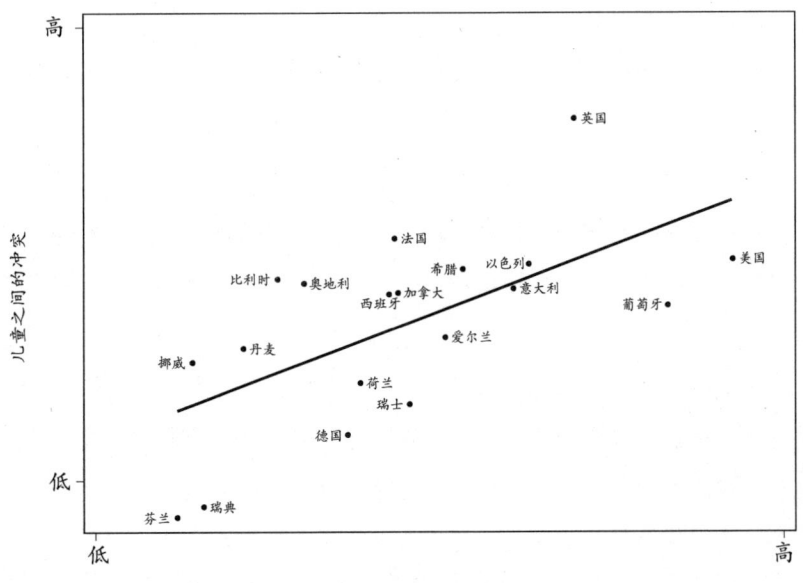

图表10.4：在更加不平等的国家，儿童之间的冲突也更多（数据基于卷入冲突、遭受霸凌、感到同龄人不友善等事件的举报率）。

罩的街区：不同的居民搬进搬出，但无论谁住在这里，贫穷的街区危险依旧。[223] 芝加哥的各个街区往往与特定族群联系在一起，因此，某个街区最初也许曾被爱尔兰移民所占据，后来又变成了波兰人社群，再往后又成为了拉丁裔集中之地。促使芝加哥学派社会学家产生关注的是，无论谁生活在这些街区里，贫困的影响总是挥之不去。在这样的环境里，人们无法信任彼此，而且深深地感到恐惧，许多年轻人在街角厮混，居民们也不愿促进公共利益：面对着遍布骚乱、贩毒、卖淫、涂鸦和垃圾的现状，他们往往感到无能为力。哈佛大学社会学家罗伯特·桑普森（Robert Sampson）及其同事发现，即使将贫穷、暴力前科、移民的集中程度以及居民的稳定性等因素都考虑在内，凝聚力更强的街区暴力犯罪率也更低；那里的居民彼此之间往往更加亲密，也更愿意促进公共利益。[224] 在美国，贫穷的街区沦为了贫民窟，迁离此地的有钱人与其隔离开来，无视其存在。[225]

相互信任程度较低（见第 4 章）地区的居民不愿意促进公共利益，而且他们似乎更容易发生争执。在《独自打保龄》一书中，社会学家罗伯特·帕特南考察了美国各州社会资本水平与当地居民好斗程度之间的关联。在调查中，受访者被询问是否赞同以下表述："打起架来我的表现要好于平均水平。"帕特南指出，社会资本较低各州的公民"对打斗的准备更加充分（或许因为他们的确需要做好准备），他们也更容易卷入骚乱"。[25]（第 310 页）我们对美国各州不平等程度与当地居民好斗性之间的关联进行了分析，结果发现这两者之间的关联就如同社会资本水平与当地居民好斗程度之间的关联一样强有力（见图表 10.5）。

暴力行为通常是对不敬、羞辱和丢脸作出的回应，往往来自男性。即使在暴力行为最为严重的社会里，多数人也不会作出过激反应，因为

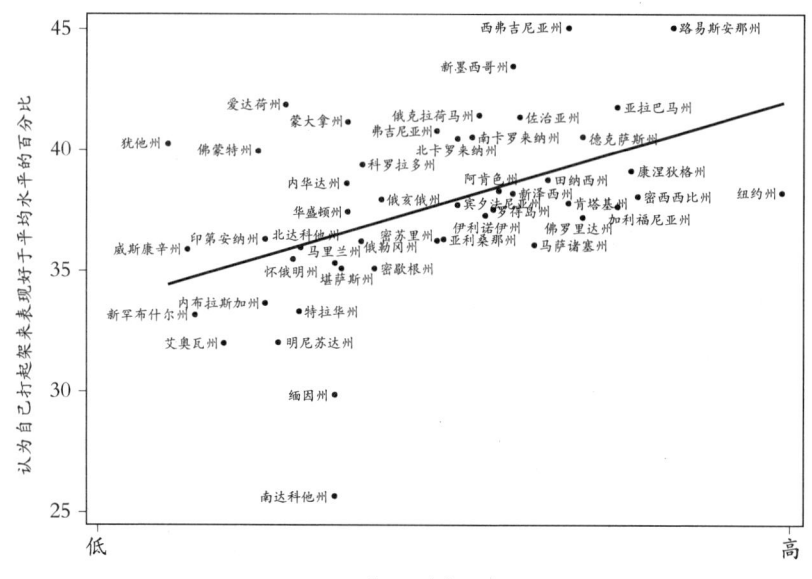

图表 10.5：在更加不平等的美国各州，
认为自己打起架来表现好于平均水平的人也更多。

他们能够通过其他方式获得或维持自尊和社会地位。他们也许拥有更多能够表明社会地位的标志物：良好的教育、住房、汽车、工作以及服饰，等等；他们也许有着尊重自己的家人、朋友和同事；他们也许拥有自己引以为傲的学历，或是有价值的技能，又或是意味着社会地位与远大前程的教育背景。因此，尽管所有人都有感到羞辱与不被人尊重的时候，但他们并不会总是以暴力来还击；我们有时难免会感到丢脸，但不会因此就射杀某人。在更加不平等的社会，缺乏保护与缓冲的人也更多。在等级更加森严的社会，羞辱也成为了更加敏感的问题，因为社会地位变得愈发重要，对社会地位的争夺变得愈发激烈，无法在争夺中胜出的人也变得更多。如果你们家整洁的草坪代表着你的尊严，那么当它遭到践踏时，你的反应也许就不会仅仅是感到恼怒而已。

高峰与低谷

在美国，凶杀案犯罪率经历了数十年的上升后，于 1990 年代初达到了最高值，然后于 2000 年代初下降到了最低点。凶杀案犯罪率于 2005 年开始再度上升。[226] 类似的，青少年怀孕率与生育率于 1990 年代初达到了最高值，随后开始下降，其中非洲裔美国青少年怀孕率与生育率的下降幅度最大。[227] 然而在 2006 年时，青少年生育率同样开始再度上升，上升幅度最大的还是非洲裔美国人。[228]

有些人试图将暴力犯罪率下降的原因归结于治安、缉毒或是枪支管理等方面的进步，有人甚至认为原因在于堕胎数量的增加导致年轻人的数量减少了。人们在解释青少年生育率下降这一现象时，关注的则是性活跃青少年人数的减少和避孕措施的普及。然而，什么因素会对年轻人是否吸毒、购买枪支、发生性行为、采取避孕措施产生影响呢？如今凶杀案犯罪率和青少年生育率为何开始再度上升？这样的趋势与不平等状况的变化之间有何关联？凶杀案犯罪率和青少年生育率为何同步上升？

为了更加仔细地审视这一问题,我们需要获得关于美国收入不平等状况短期波动的数据。来自美国、中国和英国的研究者组成的合作团队为我们提供了最详实的数据,他们进行了一系列年度估算。[229]数据显示,从1980年代起,美国的不平等问题愈发严重,于1990年代初达到最高值。在接下来的十年里,总体而言不平等程度开始减弱,直到2000年开始再度回升。可见,近年来凶杀案犯罪率及青少年生育率的变化趋势与不平等程度的变化趋势是相匹配的:直到1990年代初一直上升,在接下来的十来年时间里开始下降,近来开始再度上升。

尽管暴力行为和青少年生育等问题十分复杂,其变化也受到了其他因素的影响,但自1990年代起的下降趋势是与同一时间段收入最低者相对收入有所改善这一趋势相一致的。一个社会中某些阶层之间的收入差距可能会大于其他阶层之间的差距:社会变得更加不平等,原因可能在于穷人与中等收入者之间的差距扩大了,或者在于富人变得更加富有。不同社会之间,受困于低社会地位的群体也各不相同。对于不平等程度大致相同的各个社会而言,有的社会中最贫困的群体可能是老年人,有的社会中则可能是少数族裔。

自1990年代初开始,美国社会底层青年的相对贫困率和失业率开始大幅下降。尽管富人继续变得更加富有,但最贫穷美国人的相对地位却有所改善。[230][231]由于暴力行为及青少年生育率与相对贫困程度密切相关,且集中出现在最为贫穷的地区,因此社会最底层情况的改善是最为关键的,暴力行为和青少年生育率也随之开始下降。[232]

1990年代的趋势与此前形成了鲜明对比。在1990年代前的数十年,美国和英国社会底层年轻人的社会地位和机遇一直在不断恶化。在美国,大约从1970年直到1990年代初,年轻男性的收入水平下降,高中辍学青年或是高中毕业但未上大学者的就业前景变得黯淡,[233]暴力行为和青少年生育率则上升。人口统计学家辛西娅·科伦(Cynthia Colen)及其同事在最近的一项研究中发现,1990年代失业率的下降对18至19岁非洲裔美国人初次生育率下降这一现象的解释力度高达 85%。[234] 这正是青少年生育率下降幅度最大的群体。相较之下，堕胎变得更加容易以及福利制度改革不具有太强的解释力。

在英国，1980 年代的经济衰退和收入差距扩大也对凶杀案犯罪率上升产生了影响。卫生地理学家丹尼·多林（Danny Dorling）在谈及这些趋势时指出：[235]（第 36 至 37 页）

> 不存在"正常的"谋杀率水平……某地谋杀率的上升，意味着那里的人们感到生活毫无价值。于是出现了越来越多的打斗、斗殴、冲突和械斗，越来越多的年轻人死去……这些年轻人眼睁睁看着自己的同龄人在更好的环境里成长，得到良好的工作，或是接受大学教育，并且成为了英国历史上最富有的一批年轻人。

总而言之，我们发现不平等与暴力行为之间的关联是强有力且一以贯之的。在不同时间段和不同环境中，这一点都得到了证实。近来关于不平等与暴力行为变化趋势相互关联的证据表明，当不平等程度降低时，暴力行为也会减少。此外，差耻感对于进化的重要作用也许能够解释为何更加不平等的社会面临着更严重的暴力问题。

十一、监禁与惩罚

> 可以通过造访其监狱,来判断一个社会的文明程度。
> ——费奥多尔·陀思妥耶夫斯基(Fyodor Dostoevsky),
> 《死屋手记》(*The House of the Dead*)

自从 1970 年代初以来,美国监狱的在押人数便持续增加。1978 年时在押人数为 45 万人,截至 2005 年,这一数字已增加了三倍多,达到超过 200 万。自 1990 年以来,英国监狱的在押人数也翻了一番,从约 46000 人增加到了 2007 年时的 80000 人。事实上,截至 2007 年 2 月,英国的监狱已经人满为患,以至于内政大臣要向法官写信,请求他们仅将最严重的罪犯投入监狱。

这与另外一些富裕国家的情况形成了鲜明对比。在 1990 年代,瑞典的监狱在押人数一直保持稳定,芬兰的监狱在押人数则有所减少;丹麦的监狱在押人数仅仅增加了 8%,日本则增加了 9%。[236] 近来,爱尔兰、奥地利、法国和德国等地的监狱在押人数也减少了。[237]

原因在于犯罪,还是在于惩罚?

监狱在押人数受到三大因素影响:实际犯罪率、定罪者的收监率,以及刑期长度。任何一项因素的变化都会导致在押人数变化。我们在第10章中已经指出,在更加不平等的社会中,暴力犯罪率也更高。那么,当美国和英国的监狱在押人数猛增之时,其犯罪率有何变化?

犯罪学家阿尔弗雷德·布卢姆斯坦(Alfred Blumstein)和艾伦·贝克(Allen Beck)对美国监狱在押人数增多这一现象进行了考察。[238]他们发现,1980年至1996年间,犯罪率上升(大多数是与毒品相关的犯罪)对各州监狱在押人数增长的解释效力仅有12%,定罪者收监率(而不是处以非监禁的刑罚)上升以及刑期增长的解释效力则高达88%。对联邦监狱而言,刑期增长是导致在押人数增多的主要原因。"三振出局法"、关于最短强制刑期和"判决即真理"(也就是不得减刑)的法律意味着有些罪行较轻的定罪者将被处以更长的刑期。2004年时,加利福尼亚州共有360人因店铺盗窃罪被处以终身监禁。[239]

英国监狱在押人数增多的原因同样在于刑期增长和收监率上升,几年前只会被处以罚金或是社区刑罚的罪行,现在则会被处以监禁。[240]每天都会有约四十起店铺盗窃罪的罪犯被判处监禁。当英国的在押人数不断增加时,犯罪率却在稳步降低。

伦敦政治经济学院社会管理荣休教授、犯罪学家戴维·唐斯(David Downes)对荷兰的监狱制度进行了研究。[241]他发现,监禁刑罚使用率和刑期长度的差异(而非犯罪率的差异),对于荷兰与英国在押人数比例差异的解释效力达三分之二。

"判决计划"[242]的研究人员马克·莫尔(Marc Mauer)对不同国家的情况进行了比较,他发现,在美国人们因财产性犯罪和毒品相关犯罪入狱的可能性要比在加拿大、联邦德国、英格兰以及威尔士大。例如,在美国入室盗窃罪的平均刑期为十六个月,在加拿大则仅为五个月。研究者考察了澳大利亚、新西兰和欧洲许多国家的情况后发现，犯罪率的差异也不足以解释监禁率的差异。既然如此，那么不平等程度的解释效力是否要强一些？

监禁与不平等

我们使用了联合国"犯罪趋势及刑事司法体系行动调查"中关于各国在押人数比例的数据。[212] 图表11.1（取对数刻度）表明，更加不平等的国家在押人数比例也更高。

在美国，每10万人中就有576人在监狱中，这是英国在押人数比例（每10万人中有124人）的4.5倍，是日本（每10万人中有40人）的14倍多。即使把美国和新加坡当作离群点，将其排除在外，不平等与在押人数比例之间的关系对于其他国家依然成立。

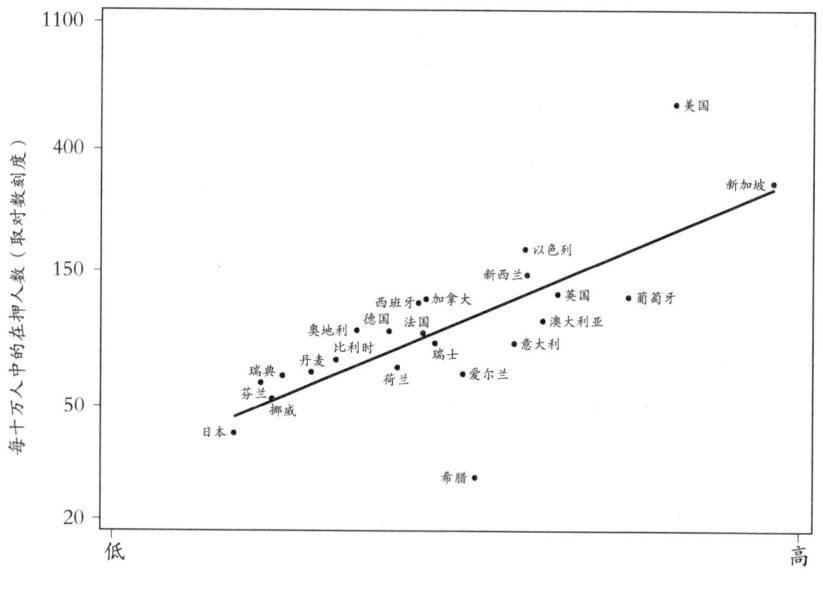

图表11.1：更加不平等的国家在押人数比例也更高。[149]

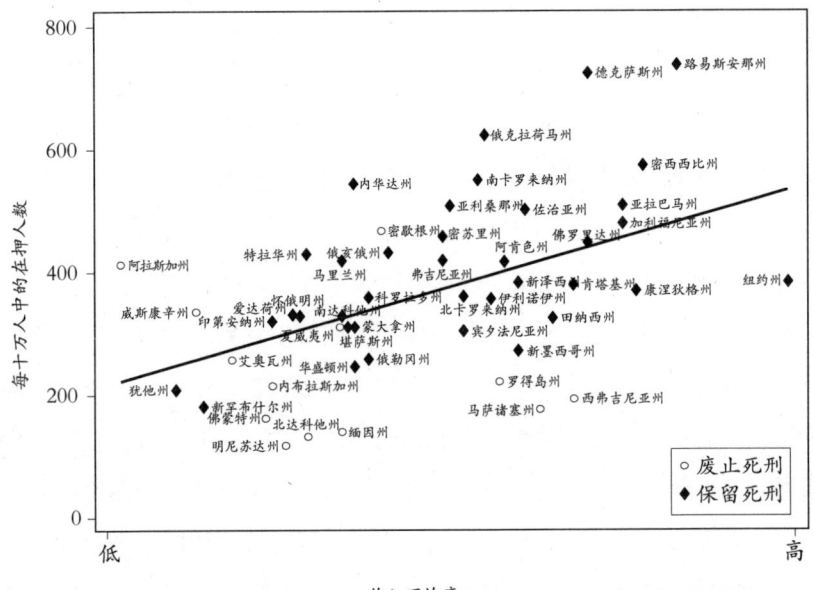

图表 11.2：更加不平等的美国各州在押人数比例也更高。[149]

就美国五十个州的情况而言，1997 至 1998 年间在押人数的数据来自美国司法部的司法统计局。[243] 正如图表 11.2 所表明的，不平等与在押人数比例之间再度呈现出了强有力的关联，各州之间也呈现出了巨大的差异——路易斯安那州的在押人数比例是明尼苏达州的六倍多。

需要指出的是，图表 11.2 用两种不同的符号来标记各州。圆形代表的是废除了死刑的各州，菱形代表的是依旧保留死刑的各州。

正如我们在第 2 章中曾指出的，这些与不平等存在关联的问题具有陡峭的社会坡度。监禁这一问题正是如此。与社会地位更高者相比，阶级地位、收入和教育程度较低者被投入监狱的可能性要大得多。加利福利亚州立理工大学的两名社会学家认为发布关于一名中产阶级囚犯如何适应狱中生活的研究报告是有价值的。[244] 这种态度突显了中产阶级人士很少遭到监禁的事实。

监禁率的种族差异说明不同种族所面临的监禁风险也是不平等的。可以通过美国白人与黑人监禁率之比来衡量种族差异。[245]夏威夷是唯一一个不同种族面临的监禁风险大致相当的州：黑人面临的监禁风险是白人的1.34倍。在其他任何一个州，黑人与白人监禁率之比都要大于2。美国全国的黑人与白人监禁率之比为6.04，新泽西州则高达13.15。英国的情况也与之类似，少数族裔被投入监狱的可能性要大得多。[246]不同种族间监禁率的差异是不同种族间犯罪率的差异导致的吗？对美国年轻人的研究显示并非如此。[247]17岁的白人青年中，有暴力违法前科者占25%，对于非洲裔美国人而言这一比例则是36%；关于财产性犯罪的数据同样如此，非洲裔美国青年的毒品相关犯罪率还要低于白人青年。然而，非洲裔美国青年遭到逮捕、拘留、起诉、被当作成年人起诉，以及被判入狱的可能性比白人青年高得多。对于非洲裔美国成年人和拉丁裔成年人而言，情况同样如此：在司法程序的每一个阶段，他们都遭到了比白人更严苛的待遇。[248]当被控以同样的罪名时，白人被告得以减轻罪名，或是参加"分流"项目（"分流"项目指的是，如果被告同意某些条件，例如完成戒毒治疗，就可以延缓或暂停起诉程序）的机会都要多得多。

文明程度

关于监禁人数的数据表明，越是不平等的社会，惩罚就越严厉。不同刑罚体系对待违法者的不同态度也能体现这一点。首先，正如图表11.2所显示的，更加不平等的美国各州往往也是仍旧保留死刑的各州。其次，各州之间囚犯的待遇也不尽相同。

唐斯在探讨荷兰的情况时讲述了刑事律师、犯罪学家和精神病学家是如何共同影响监狱制度的。他们相信：

> 违法者必须被当作有思想、有感情的人。在治疗人员的帮助下，他们能够对对话所传达的见解作出回应。[241]（第147页）

唐斯表示，这种哲学促使监狱制度强调治疗与康复作用。囚犯被允许请假回家、中断刑期，还可以慷慨地获得假释和赦免。囚犯居住在单人狱室内，囚犯彼此之间、囚犯与监狱工作人员之间的关系良好，监狱里的教育、培训和娱乐项目堪称典范。尽管自1980年代以来，为了应对逐渐增高的犯罪率（主要原因在于贩毒活动日益猖獗，以及荷兰被国际犯罪集团当作了基地），监狱制度也有所收紧，但依然是人道、得体的。

日本的监禁率同样很低。该国的监狱环境被认为是"宁静的避难所"。[249]日本的司法体系在刑事诉讼过程中表现出了惊人的灵活性。违法者只要对罪行表示忏悔和懊恼，并愿意改过自新，通常就会重新获得警察、法官和公众的信任。一名犯罪学家写道：

> 大多数（被告）……都表达了忏悔和懊恼之情，请求获得受害者的原谅和当局的宽恕。作为回报，他们常常能够获得宽大处理。[250]（第495页）

许多监禁刑罚都被暂缓，甚至连那些在其他国家会被处以长期强制性刑期的严重罪行也不例外。大多数囚犯都认为自己的刑期是适当的。囚犯居住在八人一间的卧室里，分成小组用餐；每周工作40小时，能够参与培训和娱乐活动。纪律十分严格，规则严明，但其目的在于保持平静的氛围，而非激发过激的反应。监狱工作人员既是警卫，同时还是德育工作者和非专业顾问。

美国监狱的情况就要恶劣许多。美国联邦、州、县各级监狱制度十分严酷，屡屡受到大赦国际[251][252]、人权观察[253][254]、联合国禁止酷刑委员会[255]等组织的谴责。令这些组织感到担忧的行为包括：将儿童关

十一、监禁与惩罚　133

押在成年人监狱内；对患有精神疾病和学习障碍者治疗不当；监狱内弥漫着性侵犯行为；在女性囚徒分娩期间依然给其带上镣铐；使用电击设备控制囚犯；延长单独囚禁的时间；警察和狱卒会不时地虐待囚徒，尤其是针对少数族裔、移民和同性恋。

美国著名犯罪学家约翰·欧文（John Irwin）对高安全级别监狱、县监狱和加利福尼亚索拉诺州立监狱（索拉诺州立监狱的安全级别为中级，在押囚犯约为6000人。在监狱中，囚犯都挤在一起，参与娱乐、教育、培训或是戒毒项目的机会非常有限[256]）进行了研究。他发现无论监狱的安全级别和类型如何，囚犯均遭受了严重的心理创伤，获释后也难以融入新生活。

在某些监狱里，囚犯无法进行任何娱乐活动，包括看电视和体育运动。在另外一些监狱里，囚犯必须为医疗、住宿和用餐付费。有的监狱里囚犯还重新穿上了条纹囚服，被成群地用锁链束缚在一起。乔·阿尔帕约（Joe Arpaio）被称为"美国最严厉的警长"，他在位于亚利桑那州沙漠里的县监狱工作。这座被称为"帐篷城"的监狱臭名昭著，在最高气温高于54摄氏度的环境中，囚犯生活在帐篷里，能够吃到的食物极为廉价，平均每人还不足20美分。[257][258]

美国大力发展的超高安全级别监狱[201]受到了联合国禁止酷刑委员会的谴责，[255]这种设施的目的在于将囚犯与社会永久性地隔离开来。此类监狱有的独立存在，有的则是"监狱中的监狱"，囚犯每天会被单独监禁达23个小时，只有在单独放风和淋浴时才能离开狱室。医疗人类学家洛娜·罗德斯（Lorna Rhodes）曾在超高安全级别监狱中工作过，她表示囚犯生活的特征是"缺乏放风、激励和社交"。[259]囚犯常常患有精神疾病，对最终获释也毫无准备：他们没有有意义的工作，也无法接受培训或是教育。对超高安全级别监狱中在押人数的估算各异，最多可达40000人，而且新的超高安全级别监狱还在不断建设之中。

当然，美国国内的监狱状况也千差万别。近来，"关于美国监狱安全与虐待状况"委员会发布了一份报告,全面地揭露了监狱制度存在的问题,并且详述了那些更为人道的制度与做法。[260] 马萨诸塞州提出了一项医疗动议,不间断地为囚犯提供狱中和获释后的医疗服务;马里兰州为囚犯设立的精神疾病筛查项目堪称典范;佛蒙特州保证囚犯能够拨打廉价电话,以保持与外部世界的联系;明尼苏达州有座高安全级别监狱强调人与人的接触、自然的光线与感官刺激,定期放风,以及与囚犯打交道时要带着尊重。回顾图表11.2就会发现,这些事例大多出自更加平等的各州。

在更加不平等的社会,监禁率也更高;除此之外,这些地方严酷的监狱制度以及保留死刑的事实,所体现的都是更加严厉的惩罚措施,而不是更高的犯罪率。

监狱有效吗?

如果监狱真能威慑犯罪、保护公众,那么将更多人关入监狱、用严酷的手段打击罪犯,也许是值得的。① 然而,全世界专家的普遍共识似乎是,监狱并不太有效。[261][262][263][264] 监狱精神病学家吉利根认为,"将一个平和之人转变为暴力分子的最佳方式就是把他投入监狱"。[201](第117页) 事实上,如今在美国监禁已经不像过去那么有效了:违反假释条例和多次犯罪越来越多地导致了监禁率的上升。在1980至1996年间,因违反假释条例入狱者占囚犯总数的比例从18%增加到了35%。[238] 漫长刑期的威慑作用似乎要弱于高定罪率,而且一个人被监禁的时间越久,重新融入正常生活的难度就越大。吉利根说道:

---

① 欧文写道,人们普遍认为监禁的"官方"目的有四项:对犯罪的惩罚、威慑、令危险的罪犯失去作案能力,以及改造罪犯;但事实上,决定美国的监禁率和监禁状况的是另外三项目的。这三项"非官方"目的是:阶级控制(保护诚实的中产阶级公民免受危险的下等阶级罪犯威胁);找替罪羊(将人们的注意力从更加严重的社会问题上——例如愈发严重的财富与收入不平等——转移开来);以及利用来自危险阶级的威胁来赚取政治收益。[256]

> 刑事司法体系和刑罚体系的指导原则是，相信惩罚能够威慑或阻止暴力行为的发生，但这一原则是个巨大的错误。事实上，惩罚恰恰是我们所知的最易于激发暴力行为的因素。[201]第（116页）

用刑罚体系来威慑犯罪的努力并未奏效，反而导致了犯罪的增加。在英国，针对青少年犯罪的《反社会行为法令》的通过十分有争议，部分原因在于根据该法令，某些合法的行为可能会被视为非法，还有部分原因则在于，有些年轻人将触犯该法令视为成年礼和荣耀。[265][266]

尽管监狱无效似乎正在成为专家们的共识，但收集有关各国再犯罪率的详实数据仍然十分困难。与更加严厉的国家相比，监禁率较低的国家关押的更有可能是惯犯，因此我们的预期是，监禁率较低的国家再犯罪率较高。但事实上，在惩罚措施更加严厉的国家，再犯罪率似乎更高（美国和英国的再犯罪率在60%至65%之间）；在惩罚措施较为宽松的国家，再犯罪率似乎更低（瑞典和日本的再犯罪率在35%至40%之间）。

态度变得强硬

我们已经看到，决定监禁率高低的不在于犯罪率，而在于官方对待犯罪的态度是倾向于惩罚，还是倾向于改造。在更加不平等的社会，人与人之间的社会地位差距更大，"我们与他们"之分更加根深蒂固，彼此之间普遍缺乏信任且对犯罪感到恐惧。此时，公众和决策者都更加愿意将违法者投入监狱，用惩罚性的态度对待社会中的"犯罪元素"。更加不平等的社会同时也是更加严酷的社会。由于监狱既不能有效地威慑犯罪，又不能有效地改造罪犯，因此这些社会之所以还维持很高的监禁率（并且承担很高的成本），必然是出于与有效性无关的其他原因。

监禁率更高的社会，用于福利的支出也更少，对于美国各州和经济合作与发展组织各国而言都是如此。[267][268] 犯罪学家唐斯和克尔斯廷·汉森（Kirstine Hansen）发现，"惩罚措施扩张、福利收缩"的现象在过去数十年间变得愈发突出。社会学家埃利奥特·柯里（Elliott Currie）在出版于1998年的《美国的犯罪与惩罚》（*Crime and Punishment in America*）一书中指出，自从1984年以来，加利福尼亚州仅仅新修建了一所大学，却修建了21座监狱。[264] 在更加不平等的社会，用于福利、教育等积极用途的资金纷纷流入了刑事与司法体系。就富裕国家而言，在收入不平等程度与警察及国内安全人员占总人口的比例之间，存在着显著关联。[212] 瑞典每10万人中仅有181名警察，葡萄牙每十万人中则有450名警察。

我们的感受是，在更加平等的地区，法律与司法体系、诉讼与判决程序，以及刑罚体系，都是在咨询了专家（犯罪学家、律师、监狱精神病学家和心理学家，等等）的意见之后确立的，有关如何才能有效地威慑犯罪、改造罪犯的理论和经验成果在这些制度中都得到了体现。相较之下，在更加不平等的地区，法律框架和刑罚体系的确立似乎是为了回应媒体及政治压力，为了（显得是在）强硬地打击犯罪，而不是深思熟虑地判断哪些措施是有效的，哪些是无效的。英国经济与社会研究委员会成员约翰·西尔弗曼（John Silverman）曾表示，监狱的效用仅仅在于"用虚张声势来回应媒体的持续轰炸"。[269] 最后，唐斯与汉森的言论值得完整地引用：[268]（第4至5页）

> 人们愈发对犯罪感到恐惧，对刑事司法体系失去信心……这使得公众更加倾向于严酷的刑事司法政策。因此，在某些国家（尤其是美国，其次是英国），公共政策和竞选活动都回应了公众的要求，对犯罪处以更加严厉的判决和更加漫长的刑期；这样做的理由是，

刑罚政策要起到惩罚的作用。在其他一些国家，例如瑞典和芬兰，"面对道德恐慌和'宽容与不宽容的周期变化'激发的公众情绪"，[270] 政府"受到的影响较小"，公民较少主张和支持采取更加严酷的刑罚政策，政府也抵挡住了执行此类计划的压力。

十二、社会流动性：机会不平等

> 所有与我们相似的人，就是"我们"；其他任何人，都是"他们"。
>
> ——鲁德亚德·吉卜林（Rudyard Kilping），
>
> 《我们与他们》（We and They）

在某些过去及当代社会中，几乎不存在任何社会流动性。在印度教种姓制度、欧洲中世纪的封建制度，以及奴隶制度中，宗教或法律制度规定了每个人的社会地位，沿着社会阶梯向上或向下流动的可能性都非常小，甚至完全不存在。但在现代市场经济民主国家中，人们在有生之年可以向上或向下流动（一代人之内的流动性）；相对于父母而言，后代也可以向上或向下流动（代际间的流动性）。当谈论机会平等时，我们所指的实际上就是社会流动性：即凭借个人价值和辛勤努力，每个人都能够令自己以及家人获得更高的经济与社会地位。与实质平等不同，至少在理论上，持各种政治立场的人都珍视机会平等。即使他们并未积极推动社会流动性，也很少有政客会公然反对机会平等。那么，富裕市场经济民主国家的社会流动性究竟如何呢？

社会流动性并不容易衡量，这需要长时段的数据，对人们进行跟踪研究，考察他们的起点与终点。一项权宜之计是通过收入流动性这一指标来衡量社会流动性，考察人们一生之中的收入变化，或是将其收入与父母进行比较。要衡量代际的流动性，这些长时段研究的覆盖范围就必须长达三十年，此时才能确定下一代人的收入水平。当获得了父母及其后代的收入数据后，就可以利用二者的相关性来衡量社会流动性。如果父母与孩子收入的相关性很强，这就意味着若父母富有则孩子往往也富有，若父母贫穷则孩子往往也贫穷。如果二者之间的相关性很弱，这就意味着父母的收入状况对孩子的影响不大。（如今的平均收入比过去要高，但这一事实并不会影响比较的结果。）

有其父必有其子？

我们只能获得少数几个富裕国家有关代际社会流动性的数据，以此进行国际比较。我们使用的数据来自伦敦政治经济学院经济学家乔·布兰登（Jo Blanden）及其同事进行的研究。研究人员对八个国家进行了大范围、具有代表性的长时段研究，考察了孩子出生时父亲的收入水平以及孩子 30 岁时的收入水平，并且用二者之间的关联来衡量社会流动性。尽管数据仅来自八个国家，但代际社会流动性与收入不平等之间的关联仍非常强有力。图表 12.1 显示，收入差距越大的国家，社会流动性往往越低。事实上，与"美国梦"这一意识形态宣传的相反，美国的社会流动性在八国中位列最末。英国的社会流动性也很低，联邦德国位居中游，加拿大和斯堪的纳维亚国家的社会流动性明显更高。

由于数据来源国家有限，我们需要更加谨慎，尤其是考虑到我们无法获得美国国内的此类数据，来估算各州的社会流动性，并独立地检验社会流动性与不平等之间是否存在关联。但通过多年来对社会流动情况、公共教育开支、地缘隔离状况的变化、社会学家对品位的研究和心理学家对错位攻击行为的研究，以及所谓"群体密度"对健康状况的影响加以观察，我们有理由认为图表 12.1 揭示的现象是可信的。

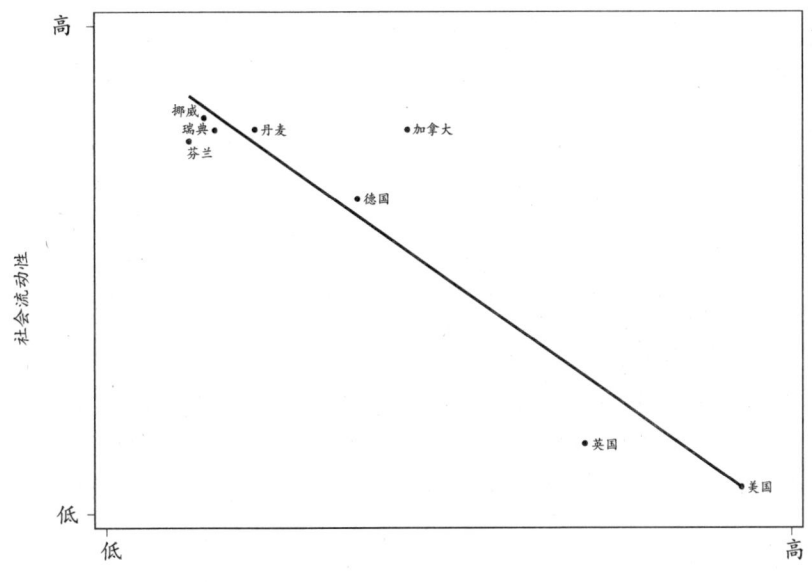

图表 12.1：更加不平等的国家，社会流动性也更低。[149]

我们首先注意到的是，美国的社会流动性在经历了 1950 至 1980 年间的缓慢提高后，开始迅速降低。与此同时，在二十世纪的后几十年，收入差距急剧扩大了。

图表 12.2 使用的数据来自"2006 至 2007 年度美国工作状况报告"。每一栏的高度代表的是父亲收入水平对于儿子收入水平的影响力，也就是说，每一栏越低，表明父亲收入水平对于儿子收入水平的影响越弱，也就意味着社会流动性越高。每一栏越高，就表明父亲富有往往意味着儿子也富有，父亲贫穷意味着儿子也贫穷，也就是说社会流动性越低。

1980 年代和 1990 年代的数据表明，对收入水平位列最低五分之一的父母而言，其子女一代有 36% 的人在成年后收入水平同样位列最低的五分之一；对收入水平位列最高五分之一的父母而言，其子女一代也有 36% 的人在成年后收入水平同样位列最高的五分之一。[272] 上层人士依

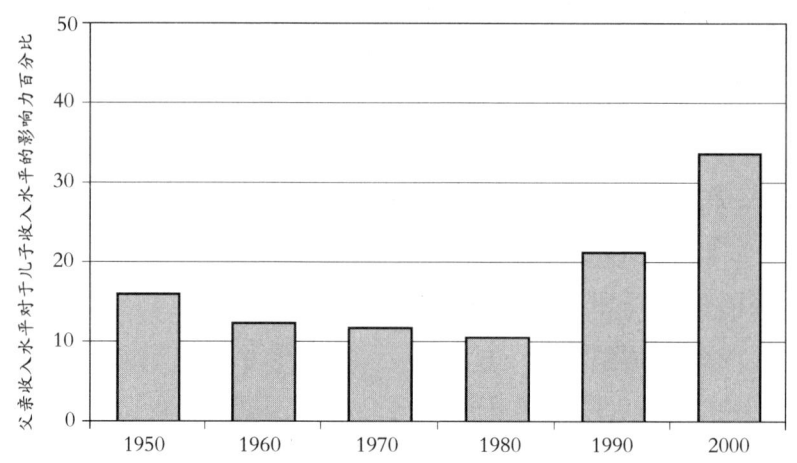

图表12.2：美国的社会流动性于1950至1980年间有所提高，随后开始降低。[272]

旧保持着自己的财富与地位，底层人士难以攀登收入阶梯，不过中间阶层具有较大的流动性。在收入差距扩大的那段时间内，英国的代际社会流动性同样降低了。[271]

其次，我们注意到，教育开支的变化也促使我们更加相信，收入不平等加剧会削弱社会流动性。教育被普遍视为现代民主国家中促进社会流动性的主要发动机：教育程度更高者，能够获得更高的收入和社会地位。我们在第8章中探讨了不平等对教育成就和志向的影响。值得指出的是，在我们能够获得社会流动性相关数据的八个国家中，公共教育（包括中小学阶段）开支水平与不平等程度之间存在强有力的关联。在八国中最为平等的挪威，几乎所有（97.8%）教育支出都是公共开支。[273] 相较之下，在八国中最不平等的美国，只有约三分之二（68.2%）的教育支出是公共开支。这对于不同阶层接受高等教育的机会将产生重大影响。

向上爬，向外爬

第三，我们注意到，社会地位差距越大，就越容易导致富人与穷人之间在地理位置上隔离开来。这一点也有助于确认收入不平等与社会流动性之间的关联。

在美国，自从 1970 年代以来，随着不平等愈发严重，富人与穷人之间的隔离也变得愈发严重。[274] 政治经济学家保罗·亚尔戈夫斯基（Paul Jargowsky）对 1970、1980 和 1990 年美国人口普查局的数据进行了分析，结果发现，在这段时间内，穷人的居住区域变得愈发集中了。[275][276] 贫困集中率衡量的是一个城市中有多大比例的穷人生活在高度贫困的区域。根据亚尔戈夫斯基的估算，1970 年时，大约每四名贫穷的黑人中就有一位居住在高度贫困的街区；到了 1990 年，这一比例已经上升到了三分之一。在这二十年间，白人的贫困集中率翻了一番，与此同时，收入差距也扩大了。当贫困集中率很高时，人们不仅需要克服自己的贫困，还需要应对邻里的贫困所导致的后果。亚尔戈夫斯基指出，人口普查数据表明，1990 至 2000 年间贫困集中率有所降低，对于生活在内城区的非洲裔美国人来说尤其如此。这一现象是与我们在第 10 章结尾处所讨论过的最贫穷美国人相对地位的改善相一致的。[277] 然而，尽管内城区的贫困集中率下降了，但城郊内环地区的贫困集中率却上升了。鉴于近年来美国经济在下滑，亚尔戈夫斯基警告称 1990 年代以来的进步趋势有可能被逆转。

在英国，当收入差距扩大时，富人与穷人之间的隔离同样变得更加严重。[278] 富人情愿花费更多钱，与穷人隔离开来。[279] 在 1980 年代和 1990 年代，经济地位不同者彼此隔离开来的现象愈发严重。[280] 正如美国贫民窟一样，英国贫困街区的景象同样将下层阶级的贫困状况暴露无遗。

大西洋两岸的研究者都明确地意识到，贫富隔离程度愈发严重，[281][282][283]

原因在于不平等加剧。穷人集中于贫困地区，会导致生活中的压力和困窘雪上加霜：对需要在其他地方工作的人来说，通勤时间大大增加了；此外他们还面临着更高的交通意外风险、更低的学校教育水平、更加劣质的服务、更容易被黑帮暴力事件波及、生活环境遭到污染等问题。社会学家威廉·朱利叶斯·威尔逊（William Julius Wilson）在对内城区贫困状况的经典研究中将生活在贫困街区的穷人称为"真正的弱势群体"。[225] 美国的两项研究表明，贫富隔离会导致人们的死亡风险上升；另外一项研究表明，更加不平等的城市贫富隔离程度也更加严重。[284][285] 这种状况自然会进一步削弱社会流动性。

品位问题，文化问题

可见，在更加不平等的社会里，社会流动性更低，贫富隔离更加严重。不平等似乎导致社会结构更加僵化，沿着社会阶梯上下流动更加困难。

法国社会学家皮埃尔·布尔迪厄（Pierre Bourdieu）的研究同样有助于我们理解为何在等级次序更加森严的社会里，社会流动性更受限制。[286] 布尔迪厄指出，在金钱与资源等差异的外部，还覆盖着文化差异，后者则是势利态度与偏见的来源。我们都会根据一个人的品位来判断其处于哪个社会阶级：口音、着装、语言、阅读偏好、收视偏好、食物、运动、音乐、是否欣赏艺术等都是我们评判他人的标准。

中产阶级和上层阶级人士口音纯正，知道在"文雅的社会"中如何举止得体，还知道教育能够扩大自己的优势。他们将这些见解都传递给了子女，于是下一代同样能够在学校里和工作中取得成功，缔结美好的婚姻，找到高收入工作，等等。正是通过这种方式，这些人成为了精英，并一直保持着自己的精英地位。

人们既可以利用"良好的品位"等社会阶级的标志来维持自己的地

位,还可以通过歧视和偏见等手段阻止社会地位较低者提升自己的地位。尽管现代社会主张机会平等这一意识形态,但品位及其反映的阶级问题依然导致人们不敢相信可以改善自己的地位。我们在第8章所提及的"脸谱化造成的威胁"这一试验揭示了他人的看法会对人们的表现产生多么严重的影响。布尔迪厄将精英为维持自己的独特地位而采取的行动称为"象征暴力",简单来说,我们也可以将之称为歧视和势利。尽管种族偏见受到了人们的普遍谴责,但与之类似的阶级偏见却很少被人提及。

社会中的品位体系决定了哪些品位是高雅的,哪些是低俗的。其具体内容处于不断变化之中,但品位体系本身一直存在。布尔迪厄于1960年收集的事例如今看上去已经过时,但仍然很能说明问题。他发现,不同的社会阶级喜爱不同种类的音乐:下等阶级喜爱《蓝色多瑙河》的悦耳曲调,上等阶级则喜爱更加复杂的《平均律键盘曲集》;上等阶级喜爱抽象艺术和实验性小说,下等阶级则喜爱具象绘画和情节清晰的小说。然而,要是所有人都开始欣赏巴赫、毕加索和乔伊斯,那么上等阶级又会改变品位,转而欣赏某种新鲜事物——维持精英地位的方式就是重新划定界限。布尔迪厄所描述的现象是一种"文化产品体系",这种体系中的不平等就如同收入不平等一样,能对人造成深远的影响。

人类学家凯特·福克斯(Kate Fox)在《观察英国人》(*Watching the English*)一书中描述了英国社会中代表社会阶级的标志物:例如对话、住所、汽车、服饰、食物,等等。[287]约瑟夫·爱泼斯坦(Joseph Epstein)在《美国版本的势利》(*Snobbery: The American Version*)一书中对美国进行了类似研究。[288]两本书都既有趣,又博学,对于我们自己的虚伪表现和他人的糟糕品位,很难不报以嘲笑。

例如,你可以通过某人对晚餐的称呼("tea""dinner"或者"supper")、对母亲的称呼("mam""mum"或者"mummy"),以及对外出聚会的称呼("do""function"或者"party")来判断此人是工人阶级、中产阶级,还是上等阶级。

爱泼斯坦认为,势利态度指的是"你坐在宝马740i里,怡然自得地觉得自己比红灯前停在自己车旁的艳俗的卡迪拉克车车主优越;当你得知刚认识的一位女性之子在亚利桑那州立大学主修图片新闻,而你自己的女儿却在哈佛大学学习艺术史时,体会到的那种平静的快感"。然而,势利态度和对品位的追逐只不过是一场零和游戏。爱泼斯坦继续指出,某一天,在另一个红灯前,一辆宾利将停在你那可怜的宝马车旁,或者你刚认识的一位女性之子正在牛津大学学习古典文化。

事实上,阶级、品位和势利态度正以无处不在、令人痛苦的方式制约人们的机遇,损害人们的福祉。歧视和社会排斥正是通过这些方式实现的。社会学家理查德·森尼特(Richard Sennett)和乔纳森·科布(Jonathan Cobb)在出版于1972年的《阶级的隐秘伤害》(*The Hidden Injuries of Class*)一书中描述了波士顿工人阶级所承受的心理创伤:他们将自己无法过上舒适生活的原因归咎于自己的无能,进而产生敌对、愤恨和羞耻的感觉。[289] 近来,社会学家西蒙·查尔斯沃思(Simon Charlesworth)对位于英格兰中部罗瑟勒姆市的一名工人阶级男子进行了访问,这名男子表示当遇到一名中产阶级女性时自己感到很羞耻。[290] 尽管两人并未说话,他还是立刻感到了自卑和羞愧,进而变得敌对和愤怒:

> 那天,我来到了社保办公室。这个势利的女人苗条、迷人,是个中产阶级,她旁有一个座位。我不愿意坐在她旁边,我觉得我做不到。我意识到我超重了,我开始汗流浃背,笨拙地踱来踱去。我只是想着"不,我不能坐在那儿,我不想把她撵走"。我不想感到她是被我撵走的,我不想打扰这些人……我知道自己会冒犯到她们的……她们总是一脸嫌弃地看着我,就像我是入侵者一样。我马上就感到自己不应该待在那儿,但我又没有办法离开。这也是一种暴力行为。就像有一座屏障似的,在告诫你:"听好了,下等人(声

音变高了，带着愤怒和痛苦的情绪），别靠近我！你在我的地盘想要干什么？我们付钱就是想远离你们这些人渣。"这种感觉无处不在，压得我喘不过气来。我看待她的表情就和她们看待我一样。我想："得了吧，我压根就没坐在你旁边。"否则她会感到不舒服，这也会令我感到难堪（声音再次变高，带着愤怒和痛苦的情绪）。你知道我想说的是什么吗？告诉你吧，似乎大家都知道这是怎么一回事，你知道她们的感受，你能感觉到她们的感受。他们没什么了不起，但是她们有好看的身材、衣服等等，她们自信，还有那种态度。我们什么都没有（声音变得低沉、悲伤），我们什么都得不到。我们来到这里，就好像被打败了一样，拖着脚步走进来，真想找个地方躲起来。

"骑自行车式反应"

物质财富差距越大，社会地位差距的影响就越大，在更加不平等的社会中，对地位较低者的偏见就更加严重，社会顶层的富人与底层的穷人之间差距也更大。实际上，不平等加剧会导致对地位较低者的偏见更加严重。我们通过表露出对于地位较低者的优越感，来维持自己的社会地位。被剥夺了社会地位的人，则通过拿更加弱势者出气，来试图重新确立自己的地位。有两句打油诗很好地总结了这一过程。英文俗语"船长踹服务生，服务生踹猫"反映的就是对地位较低者的攻击和憎恨；另一首著名的美国短诗则称，在波士顿"洛厄尔家只和卡伯特家攀谈，卡伯特家只和上帝攀谈"，这反映的是人们对于地位较高者的势利和攀附态度。

当人们被地位较高者激怒后，往往会把怒火发泄在地位较低者身上，心理学家将这种行为称为"错位攻击"。[291] 此类案例包括：遭到上司痛斥之后，回到家里冲着妻子和孩子发火；当主管对工人不公时，工作中的火药味会更浓；[292]贫困社区的人们对待新涌入的外国移民恶语相向；[293][294]遭到霸凌的囚犯（尤其是受到性侵犯者）转而朝着更弱小的人出气。[295]

彼得·厄利（Pete Earley）的《热屋》（*The Hot House*）一书描述了美国一座高安全级别监狱内部的生活状况。他讲述了一名因谋杀被判处终身监禁的囚犯的故事。[296]（第74至75页）鲍尔斯（Bowles）首次被监禁是在15岁那年，当时他被投入了一座少年犯管教所。他到达那里的第一天，一名年纪较长、块头较大的男孩就走到了他跟前：

"嘿，你穿多大的鞋？"男孩问道。

"不知道。"鲍尔斯说。

"让我看看你的鞋有多大，行吗？"男孩礼貌地问道。

鲍尔斯坐在地上，脱掉了一只鞋。男孩也脱掉了一只鞋，然后穿上了鲍尔斯的鞋。

"让我看看另一只吧？"

"我脱下了另一只鞋，递给了他。"鲍尔斯回忆道，"他穿上鞋，系好鞋带，走到桌子旁边。所有男孩都开始嘲笑我。这时我才意识到，我成了笑料。"

鲍尔斯抓起一支台球杆，攻击了那名男孩，为此他被处罚做了一周的苦力。第二周，又一名新人来到了少年犯管教所。"又有一名男孩要求新人把鞋子交出来，不过这一次，欺负新人的男孩变成了鲍尔斯。'这次轮到我了，这是我挣来的权利。'鲍尔斯回忆道。"

在这本书中，厄利讲述了另一个几乎如出一辙的故事，不同之处只是在于，这一次他所描述的是一名16岁的少年在进入县监狱的第一天晚上遭到性侵犯和鸡奸后的反应。六年之后，当这名少年在另外一座小镇上被捕后，被与一个"大概17岁左右的孩子"关在一起。他说道："你

知道我做了什么吗？我干了他。"[296]（第430至431页）

其他灵长类动物的错位攻击行为被称为"骑自行车式反应"。灵长类动物学家沃尔克·萨默（Volker Summer）解释称，这一术语源自自行车运动员的形象：对于领先者，呈现出鞠躬的姿势；对于落后者，则呈现出蹬踹的姿势。生活在等级森严的社会中的动物也会巴结强势动物，攻击弱势动物。心理学家吉姆·西达尼乌斯（Jim Sidanius）和费利西娅·普拉托（Felicia Pratto）认为，种族主义和性别主义等人类的群体冲突与压迫行为根源在于不平等导致的个体性与制度性歧视，取决于人们对居于主导地位的群体的态度是顺从还是反抗。[297]在更加不平等的社会，更多人倾向于支配他人；在更加平等的社会，更多人倾向于包容和同情他人。

有一项研究有助于解释，为何在更加不平等的社会中，遭到歧视的群体若被与那些看不起自己的人隔离开来，会感到更加自在。这项研究也能够证明收入不平等会导致社会流动性减弱。这项研究有力地揭示了歧视与偏见会严重地损害人们的福祉：与境况相似的人们生活在一起的少数族裔群体，其健康状况有时要比更加富有、但与占据主导地位的群体生活在一起的少数族裔群体更好。[298]人们起初发现这种被称为"群体密度"的效应会引发心理疾病。例如，在伦敦进行的多项研究表明，对于少数族裔群体而言，如果生活的街区中境况相似者较少，那么他们患上精神分裂症[299]、自杀[300]或是自残[301]的风险就更高。近来在美国进行的多项研究表明，类似的现象还会导致心脏病[302][303]和出生体重过轻[304][305][306][307][308]。一般而言，生活在较为贫穷地区的人健康状况也较差；对于少数族裔群体而言，如果生活的街区中境况相似者较少，那么他们往往比生活在少数族裔聚居区者更加富有，居住条件更好。然而，研究却出人意料地发现，散居的少数族裔健康状况有时要比聚居者更差。可能的解释是，在占据主导地位群体的压力之下，这些散居者更加在意本族裔低下的社会地位，也许还会更加频繁地遭遇偏见与歧视，并且更加孤立无援。歧视对于心理状况的负面影响有时会超出优越的物质条件对于健康状况的正面影响。这一事实让我们充分意识到不平等会导致严重的后果，令我们回想起了第 3 章曾探讨过的社会地位、社会支持与友谊的重要性，以及社会焦虑和歧视所造成的影响。

收入差距扩大会导致社会结构固化，减少向上流动的机会。结果的不平等越严重，机会平等就愈发遥不可及。

第三部分

更美好的社会

十三、功能失调的社会

> 没有人是一座孤岛，可以自全；每个人都是大陆的一片、整体的一部分。
>
> ——约翰·多恩（John Donne），
>
> 《沉思录·第十七章》（*Meditation XVII*）

此前九章表明，就各个发达国家以及美国而言，在更加不平等的社会中，最重大的健康与社会问题更加常见。就这两组考察对象而言，我们发现的关联都足够强有力，不能归结为偶然，而且其重要性决未被高估。首先，更加不平等的社会与更加平等的社会差距非常大，前者发生健康与社会问题的概率是后者的三至十倍。其次，这些差距并非仅仅体现在一小群人（或是穷人）身上，而是会影响到所有人。

功能失调的社会

在第4至12章中我们发现，某些国家几乎在所有方面都表现出色，而另一些国家则几乎在所有方面都表现糟糕。根据一国在某一方面的表现，你便可以预测出该国在其他方面的表现。例如，如果某国人民健康状况不佳，那么你就可以相当自信地预测出该国的监禁率、青少年怀孕率会较高，读写能力较差，肥胖人数较多，心理健康状况较差，等等。不平等似乎会导致这些国家出现全方位的功能失调。

在国际上，收入分配情况良好的国家是斯堪的纳维亚诸国和日本。与之相反，经受着最严重健康与社会问题的国家通常都是美国、葡萄牙和英国。对于美国的五十个州而言同样如此。新罕布什尔州、明尼苏达州、北达科他州和佛蒙特州在各方面都表现出色，密西西比州、路易斯安那州和亚拉巴马州则在各方面都表现糟糕。

图表 13.1 与图表 2.2 的内容相同，对这些发现进行了总结。这张图表再次揭示了不平等状况与"健康与社会问题指数"之间的关联。该图还表明，这种关联并不仅仅适用于某些特定国家（如最平等和最不平等的国家），而是对所有发达的市场经济民主国家都有效。尽管对于美国的五十个州而言，二者之间的关联有时并非如此强有力，但从国际上来

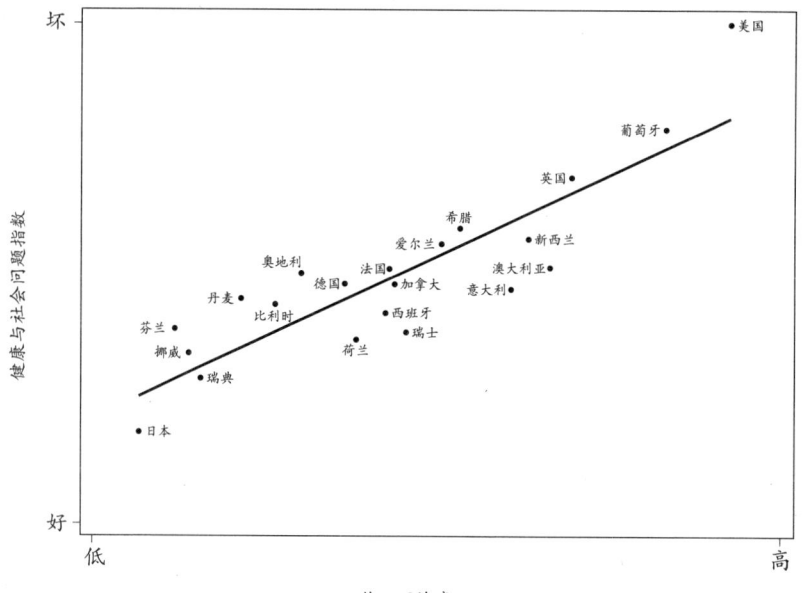

图表 13.1：在更加不平等的国家，健康与社会问题更加常见。

看，美国的总体情况依然符合我们的预期。

尽管各国的数据在精确性上可能会有差别，但重要的是不应挑选符合自己意愿的数据。因此，我们自始至终使用的都是联合国公布的关于不平等状况的数据。在对美国各州进行分析时，我们使用的是美国人口普查局公布的数据。不过，即使有人对某些个别的数据表示强烈反对，这也不会改变图表 13.1 所呈现的总体态势。关于健康与社会问题的数据同样如此，我们所使用的都是未加调整的原始数据。

出人意料的是，唯一一项在更加平等的国家更为常见（但对于更为平等的美国各州而言，差异并不显著）的社会问题是自杀。造成这种现象的原因可能有两点。首先，在某些国家，社会地位较低者的自杀率并不更高。例如在英国，只是在最近几十年里，自杀才呈现出明显的社会坡度。其次，自杀与他杀之间常常有着反向联系。心理学上一种老生常谈的说法告诉我们，人们要么向外发泄愤怒情绪，要么向内发泄；要么责怪他人，要么责怪自己。在第 3 章中我们注意到，人们愈发倾向于责怪外部世界（即防御性的自恋心态）；此外，美国人与日本人的态度形成了鲜明对比。值得注意的是，一篇研究纽约市哈勒姆区健康状况的论文显示，自杀是该地区唯一比美国其他地区发生率更低的致死原因。[80]

有益于所有人

人们常常会认为社会科学的研究成果都是显而易见的，也许还会讽刺地补充道，没有必要进行耗资巨大的工作，反正得出的结论我们早就知道了。然而，这种"早就知道"的感觉常常是在研究结果公布之后产生的"后见之明"。如果事前就要求人们作出预测，那么显然各种结果都是可能的。在此前数章考察了表明不平等与众多社会问题之间存在关联的种种证据后，我们希望大多数读者都感到这些结论是符合直觉的。的确，在更加不平等的社会里，与相对贫困相关的问题会更加常见，这一结论看上去是显而易见的。然而,如果你询问人们为何平等有助于减少此类问题,多数人的回答是,这一定是因为在更加平等的社会里穷人更少。这样的答案暗示了平等有利于底层人民。然而,这样的解释不仅仅非常不全面,而且还表明我们并不理解这一现象会影响到我们生活的方方面面。事实上,不平等损害了大多数人的利益。

出乎意料的一项发现促使我们意识到了这一点:就第 4 至 12 章所讨论的各种问题而言,各国之间的差距非常大。将最不平等的社会与最平等的社会进行对比,前者的心理疾病发病率和监禁率都是后者的五倍,肥胖率是六倍,谋杀率的差距则更大。各国之间差距如此巨大的原因在于,受到不平等影响的不仅仅是最贫穷的群体,而是大多数人。例如,美国人的平均预期寿命之所以要比日本人短 4.5 年,主要原因并非最贫穷的 10% 美国人预期寿命要比日本人短 45 年,而其他人的预期寿命与日本人相同。正如流行病学家迈克尔·马莫特(Michael Marmot)经常指出的,即使将穷人的健康问题排除在外,不平等造成的多数健康问题依然存在。换句话说,即使只考虑美国白人的死亡率,这也依然要比其他大多数发达国家更加糟糕。

对更加平等和更不平等的社会中不同群体的健康状况进行比较后,我们发现平等有利于大多数人。近来,《美国医学会期刊》(*Journal of the American Medical Association*)发表的一项研究对美国和英格兰中年男性的健康状况进行了比较。[315] 为了增强可比性,研究对象仅限于两国的非拉美裔白人。根据收入水平和受教育程度,研究对象被分成了不同的小组。图表 13.2 显示的是受教育程度为高、中、低者的糖尿病、高血压、癌症、肺病和心脏病发病率。前方的浅色条块代表英格兰,后方的深色条块代表美国。无论受教育程度是高是低,美国人的发病率总是高于英格兰。此外,就死亡率以及血压、胆固醇和压力程度等指标而言,美国的状况也都比英格兰糟糕。

这篇研究文章的作者表示,无论是按照收入水平还是受教育程度进

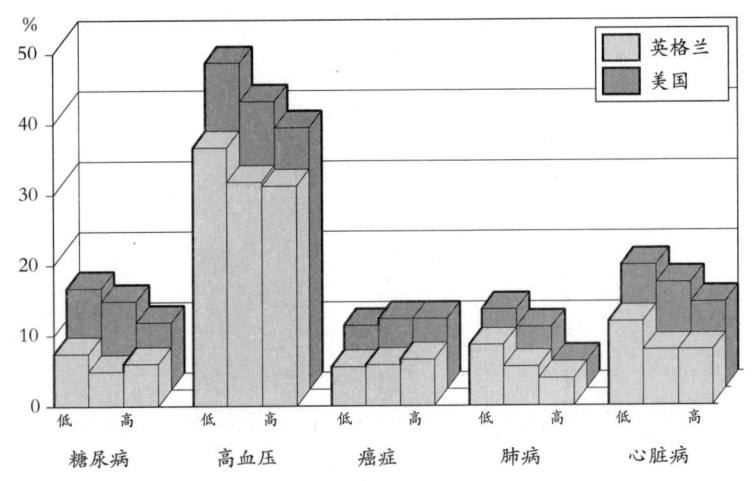

图表 13.2：无论受教育程度是高是低，美国人的发病率总是高于英格兰。[315]

行分组，美国人健康状况的阶级差异都要大于英格兰[316]——尽管这一现象并不特别明显。

  与美国相比，英格兰更加平等，也更加健康。然而，将瑞典与英格兰及威尔士的死亡率进行对比，情况就不同了。为了使比较更加精确，瑞典研究者按照英国的职业类别对瑞典的大量死亡案例进行了分类。在英国的职业类别中，位于底端的是被列为第五级的非技术体力性职业，位于顶端的是被列为第一级的专业性职业。图表 13.3 显示的是瑞典与英格兰及威尔士工作年龄男性死亡率的差异。[317] 与英格兰及威尔士相比，瑞典更加平等，各种职业劳动者的死亡率也更低。事实上，英格兰及威尔士最高级别职业的死亡率甚至要高于瑞典最低级别职业的死亡率。

  另外一项类似的研究将瑞典和英格兰及威尔士的婴儿死亡率进行了比较。[318] 研究者按照同一套分类标准，根据父亲的职业对婴儿死亡案例进行了分类。图表 13.4 显示了比较结果。由于无法按照父亲的职业进行分类，单身妈妈的案例被单独列出。瑞典婴儿死亡率再次全面低于英格兰及威尔士。（需要指出的是，这些研究结果都是在一段时间之前发

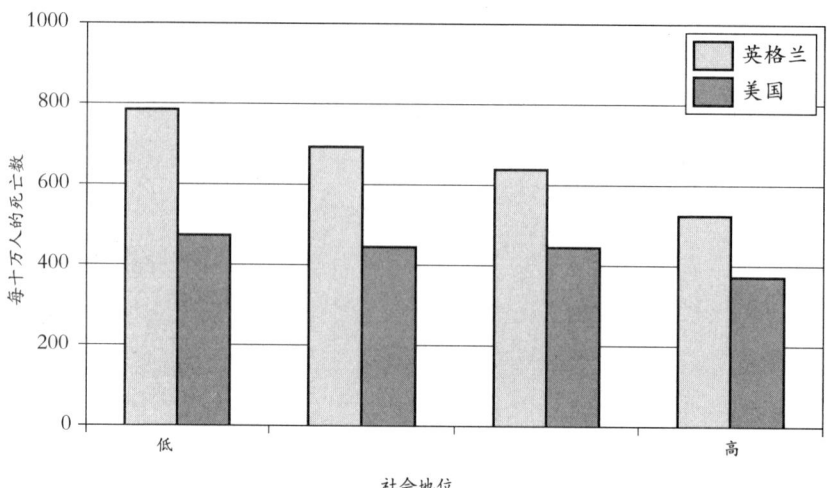

图表 13.3：与英格兰及威尔士相比，瑞典各种职业工作年龄男性的死亡率都更低。[317]

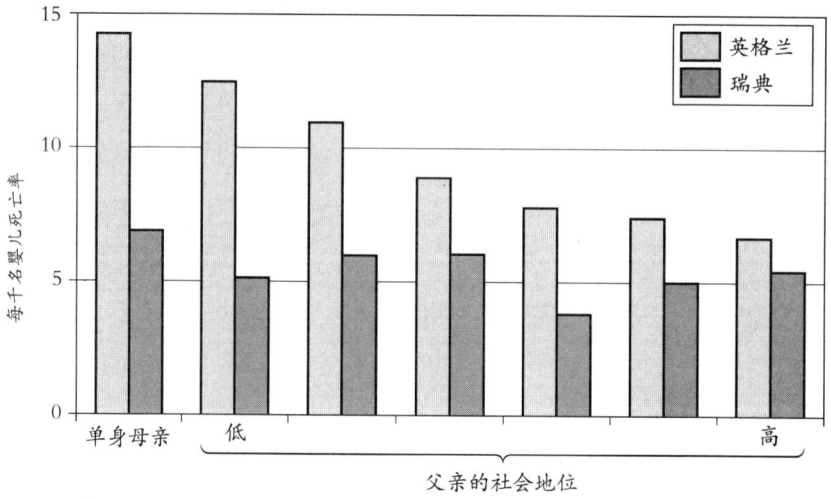

图表 13.4：瑞典婴儿死亡率全面低于英格兰及威尔士。[318]

表的,目前的死亡率要比当时低得多。)

研究人员还对美国五十个州的情况进行了比较。结果表明,收入差距较小同样对所有人都有益。一项研究总结称,无论是按照受教育程度、种族,还是按照收入水平分类,"收入不平等对所有群体都造成了影响";研究人员甚至将不平等比作波及全社会的污染物。[319] 我们将美国各县分为较平等的 25 个州以及较不平等的 25 个州这两组,考察了中位收入水平与死亡率之间的关联。[8] 图表 13.5 表明,正如预期的一样,无论是在较平等的州,还是在较不平等的州,较贫穷的县往往死亡率更高。然而,在相同的收入水平上,较平等各州的死亡率总是低于较不平等的各州。对不同收入水平的死亡率进行比较,我们发现较贫穷的县从平等中获益最大,不过即使最富裕的县也同样能从平等中获益。这几张图表所揭示的道理实质上是相同的:平等有益于美国各个收入水平的群体;类

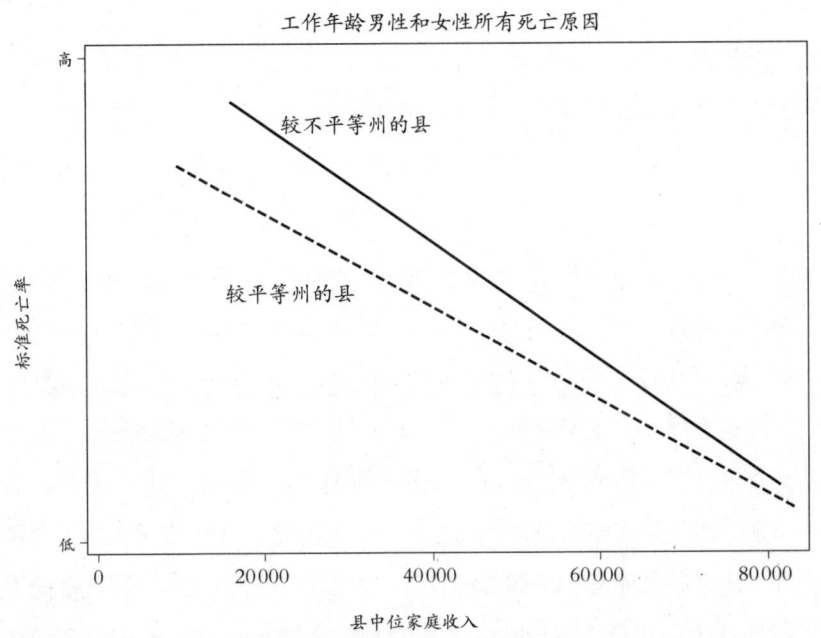

图表 13.5:将美国各县分为属于较平等的 25 个州以及属于较不平等的 25 个州这两组之后,考察县中位收入水平与死亡率之间的关联。

十三、功能失调的社会　159

似的，平等也有益于瑞典的所有阶级，对于下层阶级则最为有益。

第 8 章中的图表 8.4 同样表明平等有益于整个社会。该图表根据父母的受教育程度（也就是间接地根据家庭的社会地位），对各国年轻人的读写能力进行了比较。与更加不平等的英国和美国相比，在更加平等的芬兰和比利时，社会底层从平等中获得的益处更大。不过，即使对于父母受教育程度很高的群体而言，芬兰和比利时年轻人的读写能力也要优于英国和美国年轻人。

人们经常提出的疑问是，富人是否会从平等中获益。也许正如约翰·多恩所言，"没有人是一座孤岛"，可以免受不平等的影响。我们曾讨论过的研究通常会根据收入水平或受教育程度，把研究对象分为三到四个小组，有时还会根据职业类别分成六个小组（如图表 13.4）。这些研究似乎表明，即使最富有的群体也会从平等中获益。然而，如果所谓"富人"指的是百万富翁、名流、媒体大亨或大公司老板的话，那么我们只能猜测平等会对他们造成何种影响了。我们也许会觉得这个世界完全是被那些不停在媒体上出现的姓名和面孔主宰的，但实际上这些人占总人口的比例非常微小，无法单独加以考察。由于无法获得关于这极小一部分人的数据，我们只能猜测他们是否能够免于更加不平等的社会中更加严重的暴力、毒品或心理疾病问题。布兰妮·斯皮尔斯（Britney Spears）、约翰·列侬（John Lennon）、科特·柯本（Kurt Cobain）、玛丽莲·梦露（Marilyn Monroe）、肯尼迪兄弟、戴安娜王妃（Princess Diana）、玛格丽特公主（Princess Margaret）等名流的生活与死亡似乎表明，他们并不能够免于这些问题。不过，上述研究得出的明确结论是，平等甚至将令从事顶级职业、收入水平和受教育程度最高者也从中获益，这一小部分极其富有之人也被包括在内。总而言之，无论对于美国各州还是各个发达国家而言，平等都将有益于大多数人。正是因为如此多的人能够从平等中获益，不同社会之间各种问题严重程度的差距才会如此之大。

在过去几年间,当上述研究成果纷纷涌现时,平等能够令大部分人从中获益的结论受到了许多质疑。多个国际合作研究小组对不同国家健康不平等的状况进行了比较,结果发现各国健康不平等的状况并没有太大差别。这似乎与更加平等的国家健康状况更好这一结论相矛盾。如果平等无助于缩短贫富之间的健康差距,它又如何能够改善总体的健康状况呢?当时,这个问题构成了一大障碍。不过,如今我们已经明白了,这两种结论其实并不矛盾。收入差距缩小,有利于改善所有人的健康状况,但穷人健康状况的改善幅度要大于富人。如果收入差距缩小促使社会各阶层的死亡率均下降相同的百分比,那么贫富之间死亡率的相对差距将保持不变。假设社会最底层的死亡率为万分之六,最顶层的死亡率仅为万分之二。如果所有群体的死亡率均下降 50%,那么最底层的死亡率将降至万分之三,最顶层的死亡率将至万分之一。尽管从绝对数量上来看,穷人死亡案例减少的幅度更大,但贫富之间死亡率的相对差距依然是三倍。只要社会各阶层的死亡率均下降相同的百分比,那么穷人死亡案例减少的幅度会更大,但贫富之间的相对差距将保持不变。

这两项研究的结论曾经看似矛盾,但实际上揭示了平等的重大意义。既然在更加平等和更加不平等的社会中,贫富之间健康状况的相对差距大致相当,这就意味着每个人从平等中获益的幅度也是大致相当的。目前,有多项针对美国各州 [8][319][320]、至少有五项针对各国的研究均表明,平等不仅有益于穷人,还有益于社会中的大多数人。[152][315][317][318][321]

其他原因?

显然,某种原因导致某些社会面临各种严重的社会问题,但我们怎么能够确定原因在于不平等?在探讨不平等是否发挥了因果作用之前,让我们先考察一下是否还存在着其他原因。

尽管偶尔会有人指出,面临着严重社会问题的都是英语国家,但这种解释并没有太大的说服力。以心理健康状况为例，英语国家的表现的确最为糟糕：在第 5 章中我们曾指出，心理疾病发病率最高的国家是美国，紧随其后的分别是澳大利亚、英国、新西兰和加拿大。但即使对这几个国家而言，心理健康状况与不平等之间的关联也十分强有力。因此，不平等不仅能够解释为何英语国家的心理健康状况十分糟糕，还能够解释为何有些英语国家的心理健康状况优于其他英语国家。

此外，面临严重社会问题的也不仅仅是英国和美国这两个有着许多相似之处的国家，葡萄牙的表现同样非常糟糕，而且除了不平等之外，葡萄牙与美国也没有其他相似之处。更加能够说明原因不在于英语国家的某种共性的证据在于，即使从图表 13.1 中删除掉英语国家的数据，对于其他国家而言，在不平等状况与"健康与社会问题指数"之间依然存在着密切的关联。同样的，北欧国家的表现最为优异，它们也共同享有许多重要的文化特征。然而，如果从图表 13.1 中删除这些国家的数据，对于其他国家而言，在不平等状况与"健康与社会问题指数"之间也依然存在着密切的关联。

值得指出的是，在各国之间存在着许多有趣的对比，由此可见文化特征并非有说服力的解释因素。例如，尽管葡萄牙表现糟糕，但西班牙的表现至少能够达到平均水平。事实上，这两国有着共同边界，直到 1970 年代中期一直处于独裁统治之下，还共享许多其他的文化特征，但平等程度的差异导致了两国的社会状况如此不同。在我们考察过的发达国家中，日本的表现最为优异，但日本与仅次于自己的瑞典差异非常大。以家庭结构和女性地位为例，在这两个方面，日本和瑞典的情况截然不同：瑞典的婚姻外生育率非常高，在政界女性和男性的地位几乎是平等的，而日本恰恰与之相反；此外，这两国的女性工作率也差别极大；就连实现平等的路径也不尽相同。瑞典实现平等的方式是建立福利国家，采取以再分配为目的的税收与福利政策。相比之下，日本的公共开支占国民收入的比例在主要的发达国家中位居最低之列。日本实现平等的方式不是通过再分配，而是通过较为平等的税前收入。尽管存在这些差异，日本和瑞典两国的社会状况却均十分良好。除了收入差距小之外，两国几乎没有相近之处。

由此我们可以开始探讨另一个重要的问题：既可以通过税收和福利，对不平等的收入进行再分配，也可以通过更加平等的税前收入，来实现平等。因此，大政府并不一定是通往平等社会的必经之路。对于其他领域的政府开支而言，情况同样如此。我们发现，经济合作与发展组织各成员国公共社会开支占国民生产总值的比例与"健康与社会问题指数"之间完全不存在关联。与直觉相反的是，这一结论并不会影响到不平等状况与社会问题严重程度之间的关系。部分原因在于，政府支出既有可能是用于防止社会问题的，也有可能是用于事后应对社会问题的。

对美国五十个州进行考察后，我们同样发现了这样两条不同的实现平等的路径。尽管表现优异的各州福利条款也更为丰厚，但表现最佳的新罕布什尔州，其公共社会开支水平却位于最低之列。和日本一样，新罕布什尔州也是通过相近的税前收入实现平等的。研究人员试图考察更加优良的福利措施是否是促使更加平等的各州表现更加优异的原因，然而他们发现，尽管福利措施的确有所影响，但并非这些州表现更加优异的唯一原因。[309] 真正重要的结论其实在于，与通过哪种路径实现平等相比，是否实现了平等才是更为关键的问题。

种族与不平等

人们有时会好奇，种族间的隔阂是否足以解释不平等与健康及社会问题之间的关联。出于两种理由，人们可能认为种族问题与不平等之间有所联系。首先，某些族裔可能被认为天生能力较低，更容易引发问题。我们必须反对这种彻底的种族偏见。其次，有一种更加严肃的观点认为，少数族裔之所以表现较差，是因为他们被剥夺了受教育和工作的机会；

于是，对少数族裔的偏见可能导致族裔间收入差距扩大，进而导致少数族裔面临的健康与社会问题更加严重。然而，凡是不平等导致了更加严重的健康与社会问题的地方，都经历了这一过程。种族间的隔阂也许会加剧社会中的排斥和歧视现象，但无论属于哪个种族，更加贫困的人们都会面临更加严重的健康与社会问题。

处于社会底层的人们总是难免遭遇歧视和偏见。不存在种族隔阂的社会中的阶级偏见与存在种族隔阂的社会中的种族偏见，显然存在着重大差别。尽管阶级标记同样源自社会地位的分化，但此类印记终归不像肤色那样不可磨灭。不过，如果种族、宗教或语言上的差异成为了社会地位低下的标志，并引发了各种偏见，那么社会隔阂和歧视等现象就可能变得愈发严重。

在美国，各州的收入不平等状况与非洲裔美国人占人口比例之间存在着密切关联。收入差距较大的州，往往也是非洲裔美国人比例较大的州。对于黑人和白人居民而言，这些州的社会状况（例如健康状况）都要更加糟糕。种族隔阂导致偏见更加严重，从而使得收入差距进一步扩大，结果对黑人和白人都不利：黑人群体收入降低，并未使白人享受到更多特权，反而导致黑人和白人的预期寿命均降低了。

看似是不平等导致的后果，但实际上是种族间的隔阂造成的，这种说法是否成立？对于这一问题，恰当的答案应该是：不平等与种族隔阂往往涉及同一种过程，因此不应将这两种原因割裂开来。与种族隔阂相关的偏见也许会导致不平等加剧，令其后果更加严重。当种族差异与社会地位差异密切相关时，种族分隔的状况就如同不平等状况一样，能够准确地反映社会地位分化的严重程度。有人认为，从统计学角度来看，在这种情况下，美国种族差异的影响胜过了收入差异的影响。[310] 然而，其他论文并不同意这种观点。[311][312][313] 美国只是许多案例中的一个。我们曾审阅过168份研究不平等对健康状况影响的报告（如今，此类报告已经多达近200份[10]），许多案例（例如葡萄牙）都无法归因于种族隔阁。一项考虑了各国种族混杂程度的国际性研究表明，种族隔阂这一因素不足以解释为何更加不平等的社会健康状况更差。[314]

单亲家庭

正如我们在本章开篇指出的，在各种健康与社会问题上均有出色表现的往往是同一组国家，表现均很糟糕的往往也是同一组国家。许许多多各不相同的问题均呈现出相同的模式，这一事实表明，这些问题有着共同的潜在原因。问题就在于，这一共同原因是否是不平等。另外一种可能的解释是，这些问题的根源均在于双亲家庭的破裂。人们的确倾向于将许多社会问题（尤其是与日益增多的单亲家庭相关的社会问题）归咎于父母养育不当。

将成长于单亲家庭的孩子与成长于双亲家庭的孩子进行对比，前者的表现几乎总是更差。更具争议的问题在于，这种现象在多大程度上是母亲受教育程度低及其抑郁心态[397]导致的，在多大程度上是单亲家庭的贫困导致的，在多大程度上又是不融洽的家庭关系导致的。通常而言，这些因素都有着重大影响。

各国之间单亲家庭所占比例差异很大。在希腊，有孩子的家庭中只有约4%为单亲家庭；而在美国、英国、新西兰等国，这一比例高达约30%。这种差异足以解释为何有些国家的儿童表现较差吗？问题的关键不在于不平等，而在于单亲家庭？为了得出答案，我们需要考察联合国儿童基金会儿童福祉指数与各国单亲家庭所占比例之间是否存在关联。图表13.6所揭示的结果出人意料：在单亲家庭所占比例与儿童福祉水平之间并不存在关联。这和收入不平等与儿童福祉水平之间的强有力关联形成了鲜明对比（见图表2.6）。

单亲家庭比例与儿童福祉水平之间毫无关联，这表明某些国家的福利制度有助于避免单亲家庭陷入贫困的境地。经济合作与发展组织近来

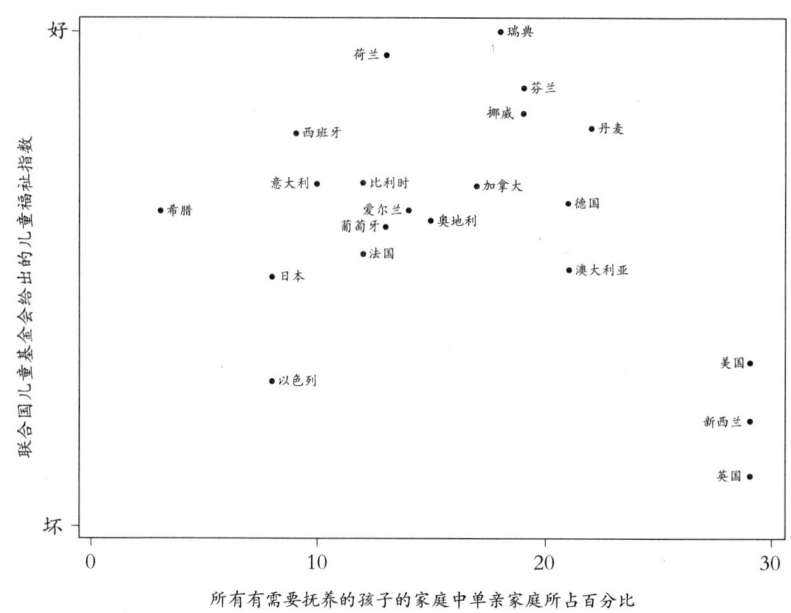

图表 13.6：儿童福祉水平与单亲家庭比重之间不存在关联。[398]

的数据表明，瑞典仅有 6% 的有工作单亲家庭及 18% 的无业单亲家庭处于相对贫困的境地；在美国，这一数字分别为 36% 和 92%；[399] 在英国，这一数字分别为 7% 和 39%。儿童托管服务使得单身父母可以放心工作，这一因素对于儿童的福祉水平同样至关重要。

考虑到国家支持单身父母的福利措施引发的政治争议，这里需要指出两点。首先，这些福利措施有助于保护孩子免受常见于单亲家庭的负面因素影响。其次，取消这些福利措施也无助于降低单亲家庭比例。

不同的历史

也许还有人认为，收入不平等与健康及社会问题之间之所以存在关联，关键不在于不平等本身，而在于最初导致社会变得不平等的那些历史因素——仿佛不平等仅仅是记录了那段历史的一系列数据。在论及美国时人们往往提出这一观点,他们指出,更加不平等的州通常是(但不总是)属于"美利坚联盟国"的南方各州;历史上,这些地方的种植园经济依赖于奴隶劳动。事实上,各地平等或不平等的程度都是由独特的历史因素塑造的。如果考察瑞典是如何实现平等的,或是考察近些年来英国和其他许多国家是如何变得愈发不平等的,又或是考察俄罗斯和中国的许多地区为何在平等程度上出现了巨大差异,我们将发现许多各不相同的故事。当然,这些各不相同的背景是重要的:毫无疑问的是,某些国家、州或地区之所以变得更加平等,或是更加不平等,背后都有着特殊的历史原因。但更加不平等的国家都面临着严重的健康和社会问题,这却不是特殊的历史经历造成的,而是这些历史经历导致的不平等造成的。因此,重要的不在于是哪些历史因素导致这些社会变得平等或是不平等,而在于这些社会如今的不平等程度有多严重。

  这并不意味着不平等的后果是无法改变的。一个社会所达到的经济发展阶段不同,情况也会随之不同。在本书中我们关注的是富裕的发达国家,不过较不发达国家的许多健康与暴力问题无疑也与不平等密切相关。在经济发展过程中,有些问题的社会坡度会发生逆转,这些问题与不平等之间的关系也会随之改变。在较为贫穷的社会中,肥胖症和心脏病在富人中更为常见,但随着社会变得更加富裕,这些疾病的分布状况也会发生逆转,变得在穷人中更为常见。结果,我们发现,对更加贫穷的各国而言,那些更加不平等的国家中体重不足者的人数也更多,这与第 7 章中所揭示的富裕国家的状况恰恰相反。随着经济的发展,月经初潮年龄的分布状况也会发生改变。营养不良的贫穷家庭女孩性成熟的时间起初晚于富裕家庭的女孩。随着生活水平的提高,这一情况也发生了逆转,原因也许在于第 9 章所描述的青少年怀孕率的社会坡度。总而言之,经济增长和社会地位差异才是决定我们生活方方面面的最有力因素。

因果关系

不平等与健康及社会问题之间的关联十分强有力,不能归结为偶然,我们独立进行的两组测试中都存在这种关联;而且,在不同的环境下,使用不同来源的数据,不平等与健康问题及暴力行为之间的关联都得到了一再证明。然而,这种关联并不一定就是因果关系;而且,即使的确是因果关系,也尚无法确认何为因,何为果。

本书中的图表均是截面型图表。也就是说,这些图表展现的是在某个特定时间点上的情况,而不是在一段时间之内的情况。然而,只有当二者同步发生变化时,二者之间的截面型关联才能够一再出现。如果健康和不平等状况之间毫无关联,像在夜间行使的轮船一样只会偶然擦肩而过,那么我们将无法观察到表明它们曾多次相伴而行的证据。国际上的数据通常无法让我们追踪一段时间之内的情况,但足以令我们考察健康与不平等状况的变化。有一项研究发现,在1975至1985年间,当时欧盟12个成员国中,收入不足该国平均收入一半者比例的变化与预期寿命的变化之间有着显著关联。[81] 类似的,在1989年后的六年间,收入差距幅度扩张最快的东欧国家,恰好也是预期寿命下降最快的国家。美国和日本在发达国家预期寿命排行榜上交换座次的过程,为我们提供了一则关于较长时间内收入分配与健康状况变化趋势的惊人案例。在1950年代,美国的健康状况仅次于少数几个国家,日本的健康状况则非常糟糕。但到了1980年代,日本的预期寿命在所有发达国家中位居第一,美国的状况则开始恶化,并一路下滑到了如今的第30位。至关重要的是,在战后的四十年时间里,日本的收入差距缩小了;其健康状况迅速改善,超越了其他国家;犯罪率也下降了(在发达国家中,这几乎是独一无二的)。与此同时,自1970年代以来,美国的收入差距却扩大了。

对于我们为何对不平等感到敏感这一问题,我们在第3章中作出了一般解释,并在第4至12这八章中指出,不平等与特定的健康及社会问题之间存在因果关系。在本章中，我们已经表明文化因素不足以取代不平等，成为替代性的解释因素。那么，如果人们仍然不接受不平等与健康及社会问题之间的因果关系的话，还存在那些解释因素呢？难道是某种未知的因素导致了不平等及各类社会问题？

如果两种现象之间的关联较弱，这常常表明还存在某种具有影响力的潜在因素。但这种情况在此并不适用，因为不平等与健康及社会问题之间的关联非常强有力。我们发现，无论是就各发达国家而言，还是就美国各州而言，健康及社会问题与平均收入水平之间均不存在显著关联。这一事实基本上排除了存在某种与物质生活水平直接相关的潜在因素的可能性。我们在本章中的分析同样表明，政府的社会开支并不构成可能的解释因素。此外，能够决定不平等状况、并且导致各种社会问题（从健康状况不佳和肥胖，到监狱人满为患）的重要因素，似乎也不可能一直隐藏不见，未被我们察觉。

接下来，还需要解决何为因、何为果的问题。人们偶尔会认为，不是不平等导致了各种健康及社会问题，而是各种健康及社会问题导致了收入差距扩大。当然，现实中这些现象不是一目了然、按部就班地发生的，对于一段时间之内变化趋势的研究仅仅能够告诉我们二者之间的变化是同步的。那么，实际情况是否有可能是这样：人们由于遭遇了各种健康及社会问题，从而导致收入降低，进而导致不平等加剧？也许生病或超重者难以找到工作，或是难以获得晋升？这能够解释为何健康及社会问题更加严重的国家也更加不平等吗？

简单的答案是，不能；或者至少说，解释力很有限。首先，这并未解释为何在某种健康或社会问题上表现糟糕的社会，往往在所有问题上表现都很糟糕。如果不是同一个原因（至少部分地）导致了所有问题，那么肥胖人数众多的国家，没有理由同时也面临着监狱人满为患的问题。其次，某些健康及社会问题不大可能导致收入降低。通过研究联合国儿童基金会的儿童福祉指数，我们发现在更加不平等的国家，儿童的生活状况也更加糟糕。然而,儿童的福祉水平不会对成年人的收入水平造成太大影响。此外,凶杀案犯罪率也不会被视为导致不平等的主要原因。监狱里囚犯数量增多也不会导致收入差距扩大。实际情况恰恰相反,因为在计算家庭收入时,常常会把在押人口排除在外。尽管有人会认为,青少年生育率提高会导致不平等加剧,因为青少年父母往往单身而且贫穷。然而我们发现,甚至在某些更加平等的国家同样有着为数不少的单身父母,而这一点并未对该国儿童的福祉水平造成影响。其原因就在于,慷慨的福利制度保证了这些国家单身父母的贫困率大大低于更加不平等的国家。

对于是社会问题导致了不平等这一看法,还存在一条更为根本的反驳论据。在本章中我们已经揭示了,在更加不平等的社会里,任何收入水平者的状况都更加糟糕,而不仅限于穷人。即使将收入水平相同者进行比较,也会发现那些生活在更加不平等社会里的人状况要糟于生活在更加平等社会里的人。尽管某些更加不平等的社会中穷人人数更多,但这并不足以解释不平等与人们生活状况之间的关联:不平等影响的范围要更加广泛。因此,即使人们的确会因为生病或是受困于某些社会问题而失去一部分收入,这仍然无法解释为何更加不平等的社会中那些收入未受影响者的状况依然要比生活在更加平等社会里的人糟糕。

还有人认为,造成这些社会问题的真正原因不在于收入不平等,而在于意识形态的改变:人们转而青睐更加宣扬个人主义的经济哲学或社会观,例如所谓的"新自由主义"思维。当然,不同的意识形态不仅会对政府政策产生影响,还会影响到整个社会里的各种经济机构所作出的决定。这是诸多会对收入差距程度产生影响的因素之一。然而,认为意识形态的变化会对收入分配产生影响,与认为无论收入分配有何种变化、意识形态的改变都会引发我们所讨论的各种健康及社会问题,决不是同一回事。尽管新自由主义政策似乎的确导致了收入差距扩大(见第16章),但政府肯定并不愿意削弱社会的凝聚力,提高暴力犯罪率、青少年生育率、肥胖率、吸毒率，等等。因此，政府意识形态的改变有时的确可能导致收入分配状况发生变化，但政府政策的目的肯定不在于使得社会问题变得更加严重。事实上，社会问题之所以变得更加严重，是收入分配状况变化导致的意料之外的副作用。如果政府意识到了收入差距会导致何种后果，就会尽力阻止这些后果发生，而不是对不平等是导致健康及社会问题加剧的原因这一观点表示质疑。

经济学家从未认为严重的健康及社会问题是导致不平等的决定性因素。相反，他们专注于讨论税收与福利、国际竞争、技术变革等因素的影响。然而，这些因素与健康及社会问题的严重程度之间都不存在明显的关联。在第 16 章中我们将对不同国家中导致不平等状况发生改变的因素进行讨论。

要证明因果关系，还存在一大难点：我们无法降低半数样本的不平等程度，并保持另一半样本不变，然后进行对比。然而，就像天文学一样，纯粹的观察性研究也能得出有力的结论。而且，某些试验的确证明了我们所提出的这种因果关系。在此前各章中，我们已经提及了其中的部分试验。在第 8 章讨论教育问题时，我们提及的试验表明了自卑感会对人们的表现产生何种影响：低种姓的印度儿童与高种姓儿童在解谜时的表现同样出色；但当低种姓被公之于众后，他们的表现就变差了。在美国进行的试验表明，当被告知某项测试的目的在于考察其能力时，非洲裔美国学生的表现也要比未收到此类通知时更差。此外，著名的"蓝眼试验"也得出了相同结论。

有时候，我们在人类社会中观察到的关联，在动物试验中可被证明是一种因果关系。例如，研究显示，级别越低的公务员患上心血管疾病的可能性越大。然而，我们如何能够分辨损害健康的原因是级别低，还是较差的物质条件？对猕猴进行的试验得出了明确的结论。猕猴社会有着等级高下之分，而且可以让它们生活在同样的物质条件下。此外，还可以通过改变分组的方式，操控猕猴所处的社会地位：如果将地位较低的猕猴关在一起，有些猕猴的地位必然会提升；如果将地位较高的猕猴关在一起，有些猕猴的地位必然会降低。研究发现，地位降低的猕猴动脉迅速硬化了。[322] 类似的试验还证明了低社会地位和腹部脂肪累积之间存在因果关系。[323] 我们在第 5 章中提及的动物试验表明，如果为猴子提供可卡因，那么社会地位较低的猴子吸食的可卡因也更多，这似乎是为了弥补多巴胺活动的不足。[59] 最后，研究者运用统计学方法，检验了不平等与学校中的信任程度及霸凌行为之间的因果关系，结果确认了不平等的重大影响。[27][400][402]

尽管没有试验能够确认不平等与暴力行为之间的因果关系，然而，任何人都可以亲自前往某个贫穷的地区，随机地冒犯当地居民，看看会发生些什么。

我们从各种角度探讨了认为这种关联是因果关系的原因。但正如卡尔·波普尔（Karl Popper）等科学哲学家所强调的，评判某项理论成立与否的关键因素在于这项理论是否能够作出正确的预测。能够预测某种此前未知的现象或关联，并对其加以检验的理论才是成功的理论。国际上的一系列数据促使人们提出了"更加平等的社会也更加健康"这一理论。如今，研究者在不同环境下对这一理论进行了约 200 次检验。除了考察范围很小的试验之外，大多数试验都肯定了这一理论。其次，如果这种关联的确是因果关系，那么必然有某种机制在发挥作用。在探寻这种机制的过程中，人们发现在更加平等的社会里，社会关系（用社会凝聚力、信任程度、对社群生活的参与程度和暴力犯罪率等指标加以衡量）也更出色。与此同时，人们也愈发认识到了社会关系质量的高低对于健康状况的优劣有着重大影响。第三，我们在第 4 至 12 章中提及的两种不同环境下的研究均检验（起初检验的是特定原因导致的死亡率）并确认了这一理论：健康状况较差等具有社会坡度的问题与不平等之间存在关联。第四，此前人们不认为不平等会对社会心理状况产生影响。然而，不平等与健康状况之间的关联表明，不平等是通过社会分化这一机制来影响社会心理状况、进而影响健康状况的。不平等程度与社会关系的质量及多种社会问题的严重程度之间存在关联（我们在此前数章中提及过这一点），这足以证明不平等会对社会心理状况产生影响。

如果不承认不平等是造成各种严重后果的共同原因，就很难解释为何那些与低社会地位相关的问题在有些地方十分严重，在另外一些地方却并不严重。

承认不平等是造成各种严重后果的共同原因，并非理论上的一次大跃进。在此我们应该牢记两点。首先，种种证据仅仅确认了人们通常的直觉：不平等会分化并腐蚀社会。其次，所有人都知道，健康与社会问题的严重程度与社会地位的高低有关，这些问题在最为贫困的地区也最为常见。有人也许会认为，之所以会出现这种现象，只不过是因为弱势群体往往会沦落到社会的底层。然而，如今显而易见的是，这种说法不足以解释为何在更加不平等的社会里，此类问题会严重得多。本书只不过说明了，如果收入与社会地位差距进一步扩大，那么这些问题只会变得更加严重。

十四、我们的社会遗产

> 礼物让人们交到朋友，朋友们彼此交换礼物。
>
> ——马歇尔·萨林斯，《石器时代经济学》

三思而后行

尽管政治上的左右两派对于不平等一直持有不同的态度，但很少有人会不愿意生活在一个更加友善、暴力事件更少发生、心理健康状况更佳、社群生活参与度更高的社会里。关键问题就在于，在证明了减少不平等有助于建立更加美好的社会后，人们是否相信平等这一目标是可以实现的。当然，我们在分析中没有将现实社会与不可能实现的、想象中的、完全平等的社会进行比较，我们要探讨的既不是乌托邦，也不是完美的人性。我们的结论均来自对于各个现实中存在的、并非异常的社会的比较。我们尤其关注的是世界上最富裕的各个国家之间的差异，这些国家都享有民主制度和言论自由。毫无疑问，人们可以在不平等程度极低的社会里（例如日本和北欧国家）安居乐业。和有些人（他们可能来自政治光谱的任意一端）所认为的不同，我们的研究成果绝非不切实际，而是与市场经济民主国家的制度结构相一致的。

也许有些人仍然不愿意接受我们的结论。在更加不平等的国家看来，的确很难理解为何某些国家在如此平等的情况下依然能良好地运转。似乎到处都有证据证明物质自利是主宰人类生活的法则。富有效率的市场经济似乎证明了，正如经济学理论所假设的一样，贪婪才是主导人类行为的动机。就连犯罪这一负担都是由于无法阻止人们不顾一切地满足自私的欲望所导致的，人性闪烁出关爱与共享光芒的时刻少之又少。

更加深刻地认识到不平等对我们造成的严重伤害，以及我们所拥有的追求不一样社会的潜力，有助于我们打消上述疑虑。我们需要认识到，不必重建我们的基因，平等就足以塑造一种更加友善的人性。

同一枚硬币的两面

在我们为本书进行的研究中，社会地位和友谊总是像对立的两极一样结伴出现。首先，二者都是决定个人健康状况的因素。我们在第6章中发现，友谊及参与社交生活十分有利于健康，社会地位低、地位差距大、不平等程度严重则有害于健康。其次，二者在社会中的变化也是同步的。我们在第4章中发现，当不平等加剧时，社交程度（用社群生活的活力、人们互相信任的程度和暴力事件的发生频率来衡量）也会随之下降。第三，人们通常愿意与和自己地位相近者交朋友：地位或财富差距越大，人们之间的距离也越远。

什么因素使得社会地位和友谊之间的联系如此紧密？答案很简单，二者代表的是令人们汇聚到一起的两种截然相反的方式。如同动物世界里的强弱排序一样，社会地位分化实质上也是一种凭借强制力和特权来进行排序的方式，不顾及其他人的需求。最为赤裸裸和野蛮的形式就体现为"强权即真理"和"弱肉强食"这种态度。

友谊与之截然不同。这是一种基于互惠、互助、共享、义务、合作与顾及他人需求的关系。礼物是友谊的象征，因为这表明了赠送与接受礼物的双方不是在为生活必需品展开竞争，而是认识到并满足了对方的需求。社会人类学家萨林斯的话一语中的："礼物让人们交到朋友，朋友们彼此交换礼物。"[324]分享食物和聚餐具有同样的象征意义，这两种行为格外有力，因为食物是最基本的生活必需品。在物资稀缺的年代，争夺食物有可能对社会构成严重的破坏。

是敌是友？

对我们来说，社会地位和友谊至关重要，因为二者代表了处理社会组织和政治生活中最根本问题的两种不同方式。由于同一物种的成员有着相同的需求，因此它们有可能成为彼此最大的对手，争夺食物、庇护所、性伴侣、一片绿荫、一处适宜筑巢的场所等必需品和舒适品。结果就是，尽管存在着来自掠食者的威胁，但冲突往往并非发生在不同物种的成员之间，而是发生在某个物种内部。社会地位较低的狒狒用于躲避强势狒狒的时间比用于躲避狮子的时间还多，地位较低的动物身上的疤痕和伤口大多来自本物种的强势动物。在我们的生活中同样到处都是物种内部争斗的迹象，只需要观察花园里争夺食物的鸟儿、打斗的小狗，或是想象一下遭到禁止的斗鸡运动，就能意识到这一点：这些都是物种内部的冲突。

人类也面临同样的问题。早在17世纪时，托马斯·霍布斯（Thomas Hobbes）就曾将资源稀缺引发冲突的危险作为其政治哲学的基础。[325]由于我们有着相同的需求，争夺稀缺的必需品会导致我们陷入"所有人对所有人"的持续冲突。霍布斯相信，由于这种危险的存在，政府的首要职责就是维护和平。他认为，没有政府掌控大局，"自然状态下的"生活将会是"孤寂、贫穷、肮脏、残酷和短暂的"。

然而，霍布斯或许忽略了一项重要的因素。除了爆发冲突的可能性之外，人类还具有相互合作、学习、友爱、协作这一独特的潜力。鸵鸟或水獭固然不会帮助受伤的同伴，但人类会。我们不单单能够关心和保护他人，由于多数能力都是习得的，所以我们还得依靠他人才能掌握生存技能。类似的，人类实现专业化和劳动分工的独特能力意味着我们具有从合作中获益这一独一无二的潜力。因此，我们不仅有可能成为彼此最大的对手，还有可能为彼此带来慰藉和安全。

我们之所以关注友谊与社会地位，是因为社会关系的质量事关人们的福祉，决定了他人究竟是令人望而生畏的对手，还是安全感、合作与支持的来源。社会生活的这些维度是如此关键，以至于缺少朋友和社会地位低下成为了当下富裕国家的人们长期压力的最主要来源。

尽管霍布斯正确地指出了同一物种成员之间的竞争会导致危险这一潜在问题，但他对于在有能力维持和平的政府出现之前社会所处状态的观点却错得离谱。如今我们更加了解狩猎与采集社会的情况，显然我们的祖先并非生活在持续的冲突之中。相反，正如萨林斯指出的，他们可以通过其他方式来维持和平。[324] 为了避免"所有人对所有人的战争"，他们建立起了以礼物交换和食物共享为基础的、高度平等的社会与经济生活，这有助于最大程度地减轻敌意，保持人际关系的和睦。购买、售卖和以物易物等与私利直接相关的交换方式一般都被认为是不可接受和不合法的。

这些模式证明了一条基本真理：物质与经济关系实际上是社会关系。

经济学试验

传统经济学理论基于这样的假设：将物质私利最大化这一内在倾向在很大程度上可以解释人类行为。然而，一系列经济试验证明，事实远非如此。

在"最后通牒游戏"中，志愿者被随机配对成"建议人"和"回应者"，但并不知道彼此的名字，也不会碰面。"建议人"得到了一定数目的金钱,并且可以按照自己的意愿分给"回应者"一部分。"回应者"可以表示接受或是拒绝。如果"回应者"表示拒绝,那么两人将一无所获;如果"回应者"表示接受,那么两人就按照这一方案分走这笔钱。

每一组只进行一次游戏,因此没有理由为了迫使"建议人"提出更加慷慨的报价而拒绝金额较少的报价。因此,从私利出发,"回应者"应当接受任何报价,而"建议人"应当提出尽可能少的报价。

试验表明,黑猩猩的行为果真如此,[326] 但人类的行为并不是这样。实际上,在发达社会中,"建议人"提出的报价一般在43%至48%之间,最常见的报价则是50%。[327] 我们倾向于牺牲自己的利益,与此前从未谋面、此后也不再有交集的陌生人平等地分享一笔财富。

"回应者"往往会拒绝低于20%的报价。"回应者"不惜损失这笔钱,也要惩罚贪婪的"建议人"。这种不惜牺牲自己的利益也要惩罚他人的欲望,被称为"利他性质的惩罚"。这种惩罚对于强化合作行为、防止他人占小便宜起到了至关重要的作用。

尽管"最后通牒游戏"这项研究与各个社会的不平等状况无关,但其考察的仍是人们与他人分享财富的行为平等与否,考察的是人们愿意以何种方式对待他人(即使与这些人素昧平生,甚至会牺牲自己的利益)。"最后通牒游戏"的结果表明,人们更加愿意平等地对待他人,这对现实中存在的不平等状况构成了极大挑战。

黑猩猩与倭黑猩猩

有些灵长类动物社会等级更加森严。对这些灵长类动物社会制度的差异进行考察,我们往往会感到,冲突的严重程度、社会关系的质量和两性之间的关系都会受到其等级制森严程度的影响。人类当然不会拘泥于某一种社会制度。我们有着良好的适应性,既可以生活在非常平等的社会里,也可以生活在等级森严的社会里。然而,等级制对于人类社会的方方面面也产生了类似的影响,虽然决定人类行为的因素主要是文化,而非本能。我们在第4章中发现,等级较不森严的社会受男性支配的程度也较低,女性的地位更高。类似的,在更加平等的社会中,社会关系也较为平和;人们彼此之间信任程度更高,社群生活更加活跃(第4章);暴力事件更少(第10章);惩罚措施更为宽大(第11章)。

大约在600万至700万年前,进化树发生了一次分裂,由此出现了两种类人猿:黑猩猩与倭黑猩猩。从基因上看,二者与人类的亲缘关系同样接近,但它们的社会行为却有着惊人差异,代表着解决争夺稀缺资源这一霍布斯式问题的两种截然不同的方式。

一群黑猩猩受到一只居于支配地位雄性黑猩猩的统领,它在体型、力量和组建联盟(常常需要获得雌性的支持)的能力上都占据优势。对于任何物种而言,等级高低决定着获取稀缺资源的机会是大还是小。对雄性而言,与雌性交配也属于稀缺资源。等级次序是通过频繁的竞争和展示武力得以确定和维持的。灵长类动物学家弗兰斯·德瓦尔(Frans de Waal)和弗兰斯·兰廷(Frans Lanting)写道:

> 黑猩猩通过精致的仪式向他者表明自己的地位。尤其对于雄性而言,一只黑猩猩会匍匐在地上,喘着粗气;另一只黑猩猩则站在一旁,作出温和的恐吓状,清晰地表明二者之间的等级关系。[328](第30页)

另一方面,倭黑猩猩的行为截然不同。与黑猩猩相比,倭黑猩猩的各个群体之间不仅更少发生冲突,而且在两性地位上也要更加平等。雌性倭黑猩猩和雄性同等重要,等级制则没那么森严。尽管雄性的体型稍大于雌性,但雌性通常可以优先进食。倭黑猩猩常被称为"友爱、共享"的类人猿,它们常常进行不论性别和年龄的性行为,包括互相自慰。对倭黑猩猩而言,性行为的目的并不仅仅在于繁衍后代,还在于缓解压力,避免冲突。正如德瓦尔所言:"性是倭黑猩猩社会的粘合剂。"[329](第99页)

性行为可以缓解冲突，彰显友谊，放松压力。倭黑猩猩通过性行为来避免争夺稀缺资源会导致的冲突。喂食时间显然也是性行为的高峰时段，早在饲养员投入食物之前，雄性倭黑猩猩就已经勃起，雄性和雌性纷纷邀请同性和异性性伴侣来发生性行为。它们还通过同样的方式避免稀缺资源可能引发的其他冲突。

尽管对于人类而言，性行为并非进食的前奏，但用餐依然是最重要的社交行为，无论是家庭聚餐、与朋友聚餐、盛宴，或是圣餐时分享面包与酒的宗教仪式。

德瓦尔和兰廷对黑猩猩与倭黑猩猩的行为差异作出了总结："如果说，就性与权力这如影随形的两个概念而言，黑猩猩青睐的是后者，那么倭黑猩猩显然更加青睐前者。黑猩猩通过强权来解决与性相关的争议，倭黑猩猩则通过性来解决关于权力的问题。"[328]（第32页）研究发现，也许正是由于这一差异，在完成合作任务时，倭黑猩猩的表现要优于黑猩猩。

那么为何会出现如此不同的结果？有意思的是，研究人员发现，黑猩猩与倭黑猩猩在一段控制着社交、养育后代及性行为的DNA上存在着差异。[329] 也许令人感到安慰的是，就这段DNA而言，与人类更加相似的是倭黑猩猩，而不是黑猩猩。这表明人类共同的祖先也许偏爱性行为胜于战争。

善于社交的大脑

我们既可以对萨特（Jean-Paul Sartre）的"他人即地狱"这一论断表示赞同，也能够认识到他人也可以成为天堂；这一事实表明了我们在社会生活中是多么的纠结。人们对影响心血管健康的最大压力来自何处进行了研究，结果发现"与他人交往过程中的冲突与紧张关系是日常生活中给人带来最大压力的因素，对情绪会产生即时的和持久的影响"，这种压力比工作、金钱或其他困境导致的压力更加严重。[330]社会互动对于人脑的进化有着重大影响，因为与他人关系的好坏不仅仅事关我们的福祉，还会影响到我们能否幸存和繁衍后代。

灵长类动物学家罗宾·邓巴（Robin Dunbar）最先指出，各种灵长类动物群体规模的大小（是否独居、结伴生活，或是过着或大或小的群体生活）与其大脑中新皮质所占比重之间存在密切关联，这一点充分证明了上述结论。[331]群体规模越大，我们就需要更多新皮质来应对社会生活。旧石器时代的人类祖先所处的社群通常要大于其他灵长类，它们大脑中新皮质所占比重也要比其他灵长类高。由于新皮质对于人脑的发育至关重要，因此，我们之所以变得比其他灵长类更加聪明，原因可能就在于我们过着更加复杂的社会生活。

人类十分在意社会互动，在意他人说了些什么，在意他们可能的想法，在意他们是友善、随性，还是粗鲁，在意他们行为的动机，在意我们应该如何回应。所有社会过程都有赖于某些基本的社会技能，例如辨识并区分不同的面孔，使用语言，从肢体语言揣测他人的想法与感受，注意到他人的独特之处，理解并留心社会能够接受哪些行为、不能接受哪些行为，察觉并塑造他人对自己的印象，以及交朋友和应对冲突。然而，我们的大脑之所以进化成了进行互动的社会性器官，原因并不在于为了让他人感到愉悦，而是由于对我们而言，建立起良好的社会关系是至关重要的。正因此我们才如此在意社会关系。其他人之所以会成为我们的地狱或是天堂，原因就在于他们既有可能成为我们最大的对手，也有可能成为合作、友爱和安全的最佳来源。

我们的双重遗产

不同形式的社会组织具有不同的选拔标准。在某种环境中可能通往成功的某些特质，在另一环境中有可能无法助你成功。因此，人类开发出了不同的心理工具，既能适用于等级森严的社会，也能适用于平等的社会。支配与亲和这一策略是我们深层心理结构的一部分。通过这一策略，我们既知道如何交友和维持友谊、如何争夺社会地位，也知道何时应该交友、何时应该竞争。

支配策略几乎肯定出现于前人类时代。在石器时代平等的狩猎与采集社会中，这种策略是不适用的。在前人类时代等级森严的社会中，我们不仅仅形成了某些有助于争夺高社会地位的特质，还形成了某些充分利用低社会地位的策略（如果我们不幸地落得低下的社会地位的话）。尤其对于某些物种的雄性成员而言，危险在于社会地位低下就意味着进化之路走到了终点，为了避免这种局面，采取某些冒险的机会主义策略是值得的。

要想在争夺社会地位时胜出，仅仅渴望高地位、憎恶低地位是不够的，还需要对地位差异高度敏感，并且能够准确地对实力和地位作出比较：至关重要的是准确地区分有胜算的冲突和没有胜算的冲突。对于许多物种而言，在面对居于支配地位的动物时，知道何时该退让，何时该挑战，是关系到生死存亡的事情。要想充分利用自己的社会地位，就需要在他者眼中居于更加优越的地位。正是这一心理结构，为偏见、歧视和势利心态的出现提供了肥沃的土壤。我们越是感到来自地位较高者的鄙视，越是没有资源可供依靠，我们就越是渴望表现出对更加弱势者的优越感，从而重拾自尊。我们在第12章中提及的"骑自行车式反应"（如同自行车手的姿态一样：对强势者鞠躬；对弱势者则蹬踹）可能就源于这种心理。

尽管人们常常认为，追逐社会地位是雄性的特质，但我们不应忘记的是，其原因可能在于雌性更加青睐社会地位更高的雄性。正如亨利·基辛格（Henry Kissinger）所言："权力是终极春药。"

尽管现代社会中似乎充满了不平等，但就人类历史和史前史而言，如今这种不平等社会占据主流的现象才是反常的。在人类历史的90%时间里，我们几乎都生活在高度平等的社会中。在过去的二百万年间，也就是我们"在解剖学上变得现代"（也就是说和如今的我们看上去十分相似了）的大多数时间里，人类都生活在非常平等的狩猎、采集或是放牧社会中。[332][333][334][335] 随着农业的发展，不平等的现象才蔓延开来。在更加平等的社会中能够通往成功的特质，与在等级森严的社会中有利于人们成功的特质，存在着巨大的差异。

对现代狩猎与采集社会的研究表明，这些社会并非得益于无私心态的大爆发，而是得益于交换食物和互赠礼物的制度，以及所谓的"反支配策略"。[331] 这些社会具有"警觉的"分享机制，意思是人们会警觉地关注自己得到的份额是否公平。根据"反支配战略"，所有人结成了一个联盟，反对那些对该群体的自治与平等构成威胁的人，由此维持了社会的平等。灵长类动物学家发现，两到三只动物常常会组成联盟，对抗并废黜居于统治地位的雄性首领。"反支配策略"可以被视为灵长类动物此类行为的升级版本。对现代放牧社会的观察研究表明，反支配行为既包括取笑与嘲讽，也包括排挤与暴力，这些行为会施加在任何试图成为支配者的人身上。这些社会证明了，个人追求财富与地位的私欲是可以被遏制的，从而减轻这种欲望对社会构成的伤害。

有些心理特质有助于我们在平等的社会中安居乐业，这其中就包括了对公平的重视。这一特质使得人们能够避免冲突，分享稀缺资源。早在幼年时期，我们就形成了强烈的公正感，以至于我们会好奇人们为何能够容忍那些不平等的社会制度。类似的，收到礼物之后的感恩之情（如今人们已经承认这是人类共有的情感）促使我们互利互惠，避免占便宜的行为发生，从而能够维持长期友谊。正如前述经济学试验表明的，我们会被不公激怒，进而不惜牺牲自己的利益，也要惩罚这种行为。

另一项重要的特质在于，那些与我们一同分享食物和其他资源的人，往往更容易令我们产生认同感和相互依赖感。这些人一同构成了被称为"我们"的能够产生共鸣的内部集团。在许多宗教机构和政治组织中，人们都通过分享的方式来建立兄弟姊妹之情。"分享群体"的规模大小(即远亲之间是否也共享资源)也决定了一个社会是由"大家庭"还是由"小家庭"构成。早在十九世纪中叶,托克维尔就表示,物质生活水平差距过大会阻碍人们产生同情心。[23] 我们在第 4 章中曾提到,托克维尔认为物质条件的差异导致法国贵族无法体会到农民承受的苦难,也导致美国奴隶主对于奴隶的处境无动于衷。他还认为,自己在 1830 年访问美国期间观察到的白人间活跃的社群生活正是"社会地位平等"的反映。

平等的社群中社会融合程度之所以很高,重要原因在于当我们满足了他人的需求时,会感到强烈的自我实现感。这种感觉经常被认为是神秘的、无法解释的。我们之所以会产生这种感觉,原因当然在于,我们需要感到别人重视自己,而当别人对我们的行为表示感激时,我们就会觉得受到了重视。确保我们被合作性的狩猎与采集社会接纳,避免遭到驱逐、排挤和攻击的最佳方式,就是做对他人有益之事。如今,无论是善于烹饪、讲笑话,还是以其他方式满足他人的需要,都有助于我们产生自我价值感。早在市场机制和雇佣劳动兴起之前,正是这种感受(如今在养育子女时体现得最为明显)使得人类得以建立相互依赖的合作性群体,并从劳动分工和专业化中获益。

可见,对于不同的社会组织,我们有着不同的策略。一方面,在等级森严的社会中,重要的是追逐私利和争夺地位,个人必须依靠自我,其他人主要是争夺食物和伴侣的对手。另一方面,在平等的社会中,重要的是相互依赖和合作,每个人的安全都依赖于与他人的良好关系,自我价值感来自于造福他人,而不是对社会地位的争夺。亲和策略所依靠的是互助、互惠、同情和情感上的联系,而不是对物质私利的赤裸裸追逐。

当然,在任何社会中都既存在着上帝,也存在着财神。谁能够占据上风,取决于生存环境、经济制度和个人差异。

早年经历

人类社会的差异如此之大，以至于我们从年幼时起就必须努力适应所面对的社会制度。成长于一个必须对他人投以怀疑眼光、小心谨慎、做好殊死搏斗准备的社会，你所需要的技能与成长于一个以同情、互助和合作为特征的社会时是截然不同的。心理学家总是告诉我们，孩子的早年经历会对他们成年后的性格产生影响。许多动物（甚至植物）都具备在早年便适应所处环境的特殊能力。对于人类而言，从胚胎时期直到幼年，应激反应都以一种微调的方式塑造着我们的情绪和心理特征。女性在孕期感受到的压力程度会对未出生的婴儿产生影响。压力荷尔蒙会穿过胎盘这一障碍，影响到胎儿的荷尔蒙水平和发育状况。

儿童在幼年亲身经历的压力也会对他们的成长产生重要影响。抚养的质量、与父母的亲密程度，以及成长环境中发生冲突的频率，都会对孩子的压力荷尔蒙水平及情绪与认知能力产生影响。尽管这一假说尚未得到证实，但幼年的敏感经历可能会产生某种"外生"作用，导致特定基因被开启或是被关闭，从而对长时段的成长模式产生影响。研究表明，母鼠养育行为的差异会对后代的基因表达产生影响，令其根据幼年的经历来适应环境。[336]

过去，人们往往仅认为压力非常大的幼年生活才是"有害的"。然而，人们愈发意识到，不同的早年经历会导致孩子适应于截然不同的社会现实。在不得不自食其力、小心谨慎、做好殊死搏斗准备的社会中生活，与在以同情、互助和合作为特征，安全依赖于与他人的良好关系的社会中生活，所需要的性格特征是截然不同的。在幼年时期曾感受到更大压力的孩子往往会更具侵略性，更少同情心，也更善于解决冲突。事实上，你会根据幼年经历来判断成年后需要应对何种社会关系。

这一过程是如此重要，因此，在养育孩子的过程中，父母也会将自己逆境中的经历传递给孩子。人们有时会提及某些父母缺乏养育孩子的技巧，事实上，父母对待孩子的方式会将自己逆境中的经历传递给孩子。这一过程往往是无意识的，父母只不过是感到了暴躁、抑郁或是不知所措。不过有时候这一过程也是有意识的。在近来的一起案件中，三名女性被认定鼓励自己的孩子相互扭打，蹬踹摔倒在地的兄弟姐妹。[337] 孩子的祖母对此并不感到懊悔，她坚称"这会让他们变得强硬"。显然，这些女性从自身经历出发，认为孩子们需要具备这样的性格。许多研究表明，成年人的行为会反映出其童年经历。例如，经历过暴力和虐待的孩子在成年后很有可能会对他人施暴。

早年经历的影响是持久的。幼年时期曾感受到压力的孩子，或是其母亲在孕期曾感受到压力的孩子，在中老年时期更有可能患上许多与压力有关的疾病，例如心脏病、糖尿病和中风。结果就是，收入差距扩大所导致的许多社会问题也会长期存在。不平等加剧意味着更多家庭只能凭借低收入生活，许多研究都证实了这会对孩子的成长产生负面影响。父母经历的逆境越多，家庭生活就越艰难，孩子在成长过程中受到的关爱就越少，就更有可能以对立的心态处理人际关系。

社会地位之争对成年人造成的影响，引发了许多与不平等有关的社会问题。然而，还有许多与不平等相关的问题，影响的对象是儿童。这些问题包括青少年冲突，糟糕的同学间关系和教育表现，儿童肥胖症，婴儿死亡及青少年生育。这些问题表明，不平等和社会地位低下导致的压力已经渗透到了家庭内部。不平等会导致人际关系恶化，从而引发各种社会问题。在联合国儿童基金会的儿童福祉指数排行榜上，瑞典、芬兰、挪威等国之所以表现出色，重要的原因就在于其福利制度有助于保持较低的家庭相对贫困率。

镜像神经元与同情心

认为追求平等无异于将社会强行塞入一双过于挤脚的鞋里，持这种观点的人并未意识到人类的潜能。如果充分了解社会的需求和敏感性，我们就会发现，减少不平等有助于为社会找到一双尺码更加合适的鞋，大幅缓解严重的健康与社会问题。

镜像神经元这一例子惊人地证明了，人类是社会化程度极高的动物。当我们观看某人做某事时，我们大脑中镜像神经元的反应就如同我们也在做同一件事一般。[338] 镜像神经元的作用似乎是让我们通过模仿来学习。观看某人完成一系列动作——某项研究使用的案例是行屈膝礼——并不能让你亲身掌握这一系列动作，但如果你的大脑活动就如同你在亲身行动一般，那么这将有助于你学会这套动作。要想学会某件事，就得在脑海中对它加以体会。

当然，通常而言我们无法观察到这一在脑海中亲身体会他人行动的内部过程。不过，我们可以在肌肉中检测到镜像神经元所触发的电子活动。有人认为，正是这一机制使得我们能够对他人心生同情，甚至在看到某人遭受痛苦时向后退缩。我们的反应就仿佛感同身受一般。

尽管具备同情他人的潜能，但这一潜能的开发和运用程度还是要取决于人们的幼年经历。

催产素与信任

名为"催产素"的一种荷尔蒙能够对我们信任他人的程度产生影响，这同样能够证明人的生物性与社会性是结合在一起的。在第4章中我们发现，生活在更加不平等社会的人们往往更不愿意信任他人。对于任何社会而言，信任当然都是一项重要的元素；但对于相互依赖程度极高的现代发达社会而言，信任变得更加至关重要了。

对于许多动物而言，催产素都会影响到母亲与孩子以及性伴侣之间的亲密程度。性交、生育和哺乳等行为会刺激催产素的分泌。对于包括人类在内的许多哺乳动物而言，催产素还会对社会交往中的接触与回避行为产生影响。

有一项"信任游戏"检验了催产素与信任程度之间的关系，[339] 结果表明，注射了催产素的人对伴侣的信任程度更高。类似的试验还证明了这种效应是双向的：不仅仅注射催产素有助于提升人们的信任程度，而且被人信任也有助于增加体内催产素的含量。即使人们使用电脑终端，仅仅通过数字来传达关于信任与否的信息，上述结论依然成立。[340]

合作令人愉悦，被排斥令人痛苦

其他试验考察了合作行为是如何刺激大脑的奖励中枢的。即使没有面对面的接触或是实实在在的沟通，合作行为依然会激活大脑的奖励中枢。研究人员认为，这一神经网络的作用在于鼓励互助互惠，避免自私行为。[341]

与合作令人受益不同，被社会排斥会让人感到痛苦。通过对大脑进行扫描，研究人员发现，大脑受到刺激的区域和感到肉体疼痛时受到刺激的区域是同一个。加州大学洛杉矶分校心理学家娜奥米·艾森伯格（Naomi Eisenberger）让志愿者与另外两名玩家一同玩一款电脑击球游戏。[342] 按照程序的设定，一段时间之后，这两名虚拟玩家只会给彼此传球，将参与试验的志愿者排斥在外。对大脑的扫描显示，在本次试验中大脑受到刺激的区域与感受到肉体疼痛时受到刺激的区域是同一个。对于许多种类的猴子而言，当孩子呼唤母亲、母亲提供保护时，大脑的这片区域均发挥着作用。

人们对这种联系早就有了直观感受，"受伤"和"心碎"等说法描述的就是亲密的社会关系破碎、遭到排斥时痛苦的感觉与肉体上的疼痛之间的联系。进化心理学家已经证明了，排挤拒绝合作者、将其驱逐出合作的共同进程之外，能够强有力地维持高水准的合作行为。[343] "最后通牒游戏"显示，人们情愿牺牲自己的利益，也要惩罚提出不公平报价的人；与之类似的是，我们也希望排挤那些不愿意合作的人。

被拒绝当然会令人感到痛苦，与之相反的是，受到他人的重视和感激、自我价值得到实现会令人感到愉悦。包容与排斥的强有力影响表明，融入社会是人类的根本需求，这也足以解释为何友谊和社会参与如此有益于健康（见第6章）。

阶级和社会地位的差异几乎肯定会令人感到痛苦。不公、不平等、被拒绝都是不同形式的排斥行为。将试验对象标记为弱势者（第8章中分别为低种姓的印度学生和非洲裔美国学生），然后考察其表现的试验证明了遭到排斥的确会令人感到痛苦。与之类似的是，遭受羞辱所引发的痛苦有时会触发暴力行为（见第10章）。

对于一个享受友谊、合作与信任，有着强烈的公正感，能够通过镜像神经元来学习生活方式的物种而言，不平等、恃强凌弱、排斥他人的社会结构显然会让人深感痛苦。由此，我们不仅可以认识到为何更加不平等的社会功能更加失调，也能够更加坚定地认为，更加人道的社会要比我们身处的如此不平等的社会更加可行。

十五、平等与可持续性

> 去世时拥有最多玩具的人是赢家。
>
> ——美国的汽车保险杠标语

对于下一代人而言,防止全球变暖失控——如果失败的话,则是应对其后果——将成为政治的主导话题。富裕国家的平均碳排放量是世界平均水平的二到五倍。但令其碳排放量降至世界平均水平还不够,世界碳排放总量已经过高,而且必须向贫穷的国家提供补贴,以刺激其经济增长。

追求平等和减少碳排放的政策如何能够并行?鉴于不平等对社会造成的负面影响,尤其是对竞争式消费的推波助澜,那么这两项政策不仅仅是互补的,而且前者似乎还是后者的前提条件。

可持续性与生活质量

自从《勃兰特报告》(Brandt Report)于1980年发布以来,人们便愈发认识到,社会与环境的可持续性是紧密相关的。幸运的是,在人类意识到环境无法容纳更多碳排放的同时,我们还意识到了发达国家的经济增长不再有助于人们的健康、幸福和其他福祉。除此之外,我们还发现不必进一步推动经济增长,依然有多种方式可以改善富裕国家人们的生活质量。

如果我们不必进行更多消费,更少的消费会导致何种结果?减少碳排放会意味着富裕国家的物质生活水平下降到人们不愿接受的程度吗?可持续性与保持生活质量是相容的吗?

以图表 15.1 为基础,我们可以对这些问题作出回答。图表 15.1 展现的是各个国家预期寿命与人均二氧化碳排放量之间的关联。由于国家越富裕,碳排放量往往也越大,因此这张图看上去与图表 1.1(预期寿命与人均国民收入之间的关联)十分相似。然而,我们发现有些国家预期寿命高达近 80 岁,但碳排放量只相当于富裕国家平均水平的一小部分。因此,即使仅仅凭借当下主要依靠不可再生能源的低效技术,富裕国家仍完全有可能在不降低民众健康和福祉水平的情况下,大幅减少碳

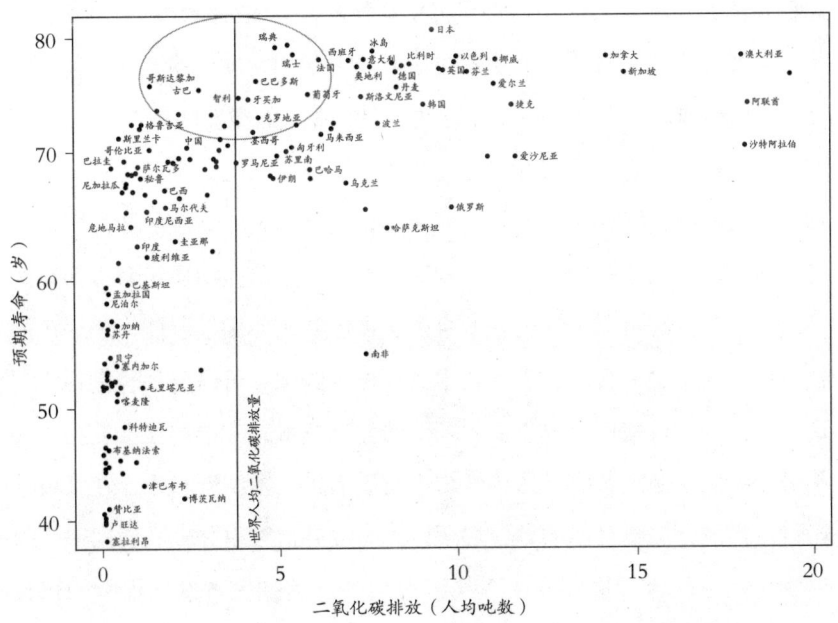

图表 15.1:在低碳排放的情况下,依然能够实现低婴儿死亡率。[344]

十五、平等与可持续性　191

排放量。

在当前的技术条件下,图表 15.1 左上角圆圈里的国家付出较小的环境代价,换得了良好的健康状况。穿过圆圈中心的那条直线代表的是全球二氧化碳平均排放量,这表明,世界上的所有国家都有潜力在不超过平均排放量的情况下,收获较高的预期寿命。

然而,由于目前的全球排放已经导致了全球迅速变暖,我们需要大幅降低碳排放水平。只有通过更加有效率地使用能源和开发可再生能源,才能实现这一目标。如果我们能够实现这样的转变,那么该圆圈(代表着用最小的环境代价能够实现的最高健康与福祉水平)将继续左移,乃至上移。

对于可持续性与维持高水平的生活质量是否相容这一问题,世界野生动物基金会同样给出了答案。该机构对各国生活质量与人均生态足迹大小之间的关联进行了分析,[345] 用于衡量生活质量的指标是联合国的人类发展指数,该指数综合考虑了预期寿命、教育水平和人均国民生产总值等因素。图表 15.2 使用世界野生动物基金会的分析数据,展现了各国人类发展指数得分与人均生态足迹大小之间的关联。除了古巴之外,几乎没有哪个国家同时具备高水平的生活质量(人类发展指数高于 0.8)和可持续的生态足迹。尽管古巴的收入水平较低,但其预期寿命和婴儿死亡率几乎与美国相当。

然而,古巴这一事例表明,同时拥有高水平的生活质量和可持续的经济这一目标是可能实现的。而且由于古巴并未使用最节能、最绿色的技术便实现了这一目标,因此技术更加先进的国家可以更加轻松地实现这一目标。通过使用可再生的、环保的发电技术,并推动社会变得更加平等,我们相信能够将可持续性与高质生活这二者结合起来。在结束这段讨论之前,需要指出的是,之所以人类发展指数得分较高的国家大多生物足迹也较大,原因在于人均国民生产总值是人类发展指数的组成部分。

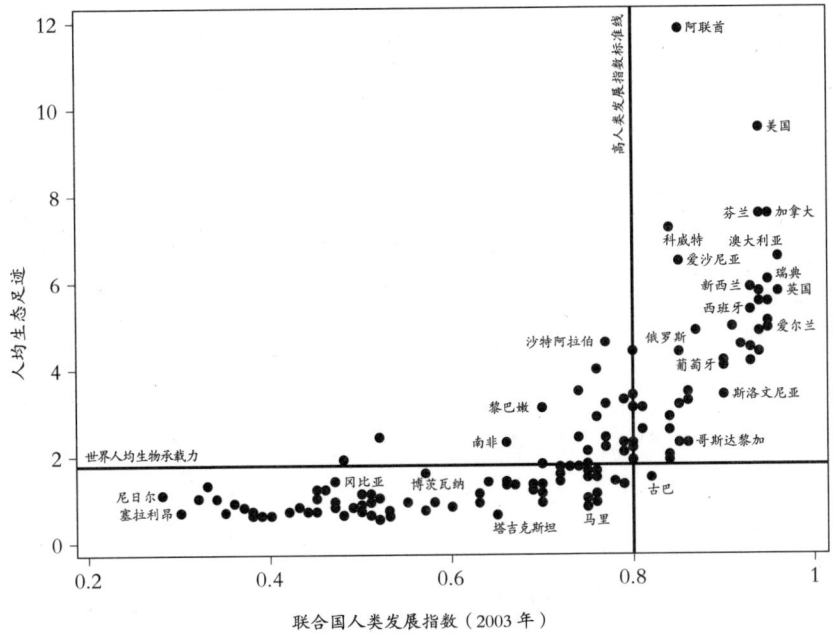

图表 15.2：人类福祉状况与可持续性。[345]

公平地减少碳排放

除了以较低的消费水平改善我们的实际生活质量之外，推动社会变得更加平等还可以从两方面对减少碳排放这一目标作出贡献。首先，要想公众支持减少碳排放的政策，这些政策就必须是公平的。越富有的人对全球变暖的责任越大。富人消费导致的碳排放量可以达到穷人的十倍之多。既然富人的责任最大，那么需要付出的代价也应当最大。压榨穷人、保护富人的政策是无法获得公众的广泛支持的。

有人提出通过个人碳排放配额这一制度来公平地减少碳排放。可以将允许排放的总额除以人口数量，得出人均可排放配额。这一制度与英国在二战期间采取的平等政策有着显而易见的相似之处：要使公众支持战备政策，其负担就必须被公平地分担。在理查德·蒂特马斯（Richard

Titmuss）看来，这是采取配额政策和累进税制、为生活必需品提供补贴、向奢侈品征税的合理理由。[346] 还有人提出，人们应该通过某种电子卡片支付燃料、电力和空中旅行的费用，花费少于配额者可以将未使用的配额出售给碳排放银行，希望使用更多燃料及电力的富人则可以购买这些配额。在这种"可交易的碳排放配额"制度下，高消费者将补偿低消费者，并且有助于实现富人向穷人的收入再分配。2006 年，时任英国环境大臣戴维·米利班德（David Miliband）提出将于 2007 年在曼彻斯特小范围试行这一制度。为了保护穷人，应当规定只有当期已被节省下的配额才被允许交易。

单凭新技术是不够的

也许我们会希望，新技术能够令我们避免采取严格的配额制度。然而，尽管能够减少燃料消费和碳排放的绿色技术创新是至关重要的，但单凭这些技术还不足以解决问题。想象一下，假如新一代的汽车发动机能够减少半数油耗，那么驾驶将变得便宜，我们因此也能够省下一笔钱。但我们几乎肯定会把这笔钱用于别处：我们也许更长时间地开车，也许会买更贵的车，或是购买更加耗能的电子设备，例如大型冰箱。无论我们如何使用这笔被更具效率的汽车发动机省下来的钱，额外的消费都很可能导致更多碳排放，反而更加破坏环境。这一逻辑几乎适用于各个领域，更具效率的洗衣机，或是保暖性能更好的住宅，对环境都是有利的；然而，如果我们将省下来的钱用在别处，就立刻会对环境造成破坏。当汽车变得更加省油，我们就会驾驶更长时间；当住宅变得更加保暖，我们对于室温的要求也会进一步提高；当我们装上节能灯泡后，也许就不会注意及时地关上灯。

节能创新就如同经济增长一般，能够刺激我们进行更多消费。尽管这些创新使得我们在相同的碳排放水平下，可以达到更高的物质生活水平，但生活水平的提高又会使得减排成果付诸东流。唯一的问题就在于，绿色科技带来的收益在多大程度上被进一步的消费抵消了。在推广了更加省油的小型汽车后，许多国家的碳排放水平往往继续上升，并未因油耗的减少而下降。

处于恒稳态的经济

显然，我们需要努力达成经济学家赫尔曼·戴利（Herman Daly）提出的"恒稳态经济"这一状态。[347] 然而，正如美国社会生态学家、自由意志主义哲学家默里·布克钦（Murray Bookchin）所言，"无法'说服'资本主义制度停止增长，正如同无法'说服'人类停止呼吸"。[348] 既然如此，我们又如何实现这一目标呢？在戴利提出"恒稳态经济"这一概念时，人们更加担忧的问题是地球上矿产与农业资源被耗尽，而非全球变暖。戴利提出，应该对每人开采矿产的数量施加配额，从而防止资源消耗进一步加剧。限制石油与煤炭生产也许会十分有助于限制全球变暖，届时，创新与变革的焦点将转变为如何更加有效率地使用有限的资源为人类谋利。

让我们以正在使用中的物品的存量，而非从消费到浪费的流动速度，来衡量物质生活水平。物品磨损的速度越快，变为废品的流动速度也越快。如果物质生活水平取决于使用中物品的数量，那么物品的破损就意味着物质生活水平的下降。我们应当做的不是通过消费来帮助企业不断卖出商品，而是制造和维护各种各样的耐用品。

显然，要想应对此类问题，必须给予富国和穷国不同的待遇。印度每年人均碳排放量为 1.6 吨，美国每年人均碳排放量则为 24 吨，两国不应获得同样的待遇。监管制度中还应包括有关"紧缩与趋同"和"上限与交易"的政策，目的在于逐年降低允许的碳排放量，最终实现全球人均碳排放水平的趋同。

恒稳态经济并不意味着停滞与缺乏变化,恰恰相反,向可持续的恒稳态经济转型的过程将激发大量的创新与变革。尽最大可能充分利用有限的资源,一直是创新与技术变革的主要驱动力之一。[349] 设定资源消耗与碳排放的上限,将对创新提出前所未有的高要求。我们在下一章中将谈到,数字化、电子通信和虚拟系统等不断取得进展的技术变革,创造出了许多"无重力的"经济部门,能够更加轻松地将高生活水平与低能源消耗及碳排放结合起来。

人们常常认为,创新与不平等是紧密相关的,并且需要以经济激励作为前提。然而,图表 15.3 表明,事实恰好与此相反:更加平等的社会往往具备更强的创造力,人均注册专利数要多于更加不平等的社会。原因可能在于,在更加不平等的社会中,更多才能未得到充分开发,或是森严的等级制度会迫使人们循规蹈矩。无论如何,这都表明不平等会削弱社会的变革能力。

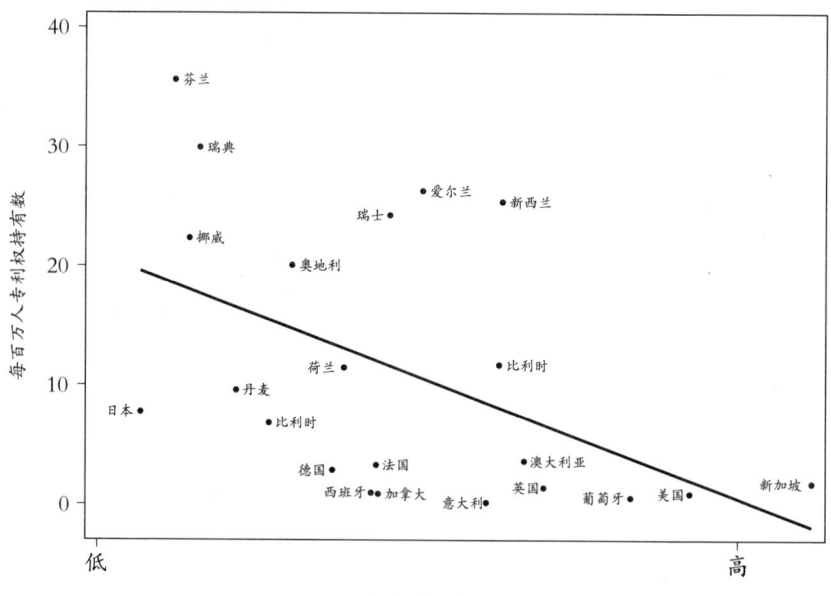

图表 15.3:更加平等的社会创造力也更强。[403]

不平等与消费主义

不平等与全球变暖之间的另一项关联在于消费主义。消费主义使得经济活动难以维持在可持续的水平上。对购物的痴迷使得许多人认为，我们已经输掉了阻止全球变暖的战役。消费主义生活方式不仅仅导致我们像鸵鸟一样拒绝承认其造成的各种后果，还使得政府陷入了瘫痪状态，不敢采取任何会造成实质性变革的政策。我们如何才能改变这种文化，减少对地球造成的威胁？

促进平等对于减少促使人们消费的文化压力有着至关重要的作用。在人们更加直言不讳的年代，前美联储理事、耶鲁大学经济学教授亨利·沃利克（Henry Wallich）曾指出："经济增长是收入平等的替代品。只要经济还在增长，人们就会抱有希望，也就会容忍巨大的收入差距。"[350] 然而这种关系也是双向的。不仅仅经济增长可以替代平等，而且平等也能够减少经济增长的必要性。这正是恒稳态经济的前提条件。

助长消费主义的一大因素在于对社会地位的争夺。在多数人看来，这更像是防御，而非竞争：如果不提高自己的生活品质，我们就会落伍，一切都会变得寒酸、陈旧、过时。康奈尔大学经济学家罗伯特·弗兰克指出，生活品质的高低总是相对的，取决于与他人的比较。他在《落伍：不平等加剧如何伤害中产阶级》（Falling Behind: How Rising Inequality Harms the Middle Class）一书中写道：[351]

> 没有人会否认，在1950年代令人感觉速度飞快的汽车，在今天只会令人感觉行动迟缓。类似的，对于相同面积的住宅而言，如果相邻的其他房屋都较小，那么它会显得更加宽敞一些；身着比其他面试者更加好看的正装，才是最合适的。简而言之，物品的价值总是取决于所处的环境。（前言第 viii 至 ix 页。）

问题在于，二流的商品会让我们看上去像是二流人物。与富人和名人相比，我们难免相形见绌；而且差距越大就越容易被人察觉，越令人感到在意。由于不平等导致对于社会地位的争夺更加激烈，我们不得不拼命努力才能保住自己的地位。富人也许认为，自己之所以愿意为手表、汽车或其他奢侈品花费巨资，是因为自己"专注于细节和精致的工艺"；但奢侈品消费的真正意义在于，这表明了他们与我们之间的地位差距。所有广告商都明白这个道理：需要令人们感到自己是出类拔萃之人；只有最优秀的人，才能拥有最优质的商品。

同一枚硬币的另一面在于，富人的消费降低了其他人的满足感，令他们感到低人一等。伦敦政治经济学院经济表现中心创始人莱亚德在《幸福》（*Happiness*）一书中指出，其他人的不满足感这一成本应该归咎于富人。[3] 就如同工厂排放的废气一样，他认为富人也应为此项成本买单。然而，他并未意识到不平等与健康及社会问题之间的关联，而仅仅是根据其他人所损失的幸福感来估算这一成本。他认为，为了弥补这一成本，应该向富人征收60%的税（前提是这一数字高于其他人支付的税率）。

有证据表明，不平等的确增加了人们的竞争压力，进而促进了消费。在美国与英国不平等状况加剧的这段时间里，储蓄率下降、负债增多了。弗兰克指出，尽管美国经济在1998年时空前繁荣，但每68个家庭中就有一个申请破产，这一数字是不平等尚未迅速加剧之前的1980年代初的四倍。[351] 截至2002年，平均每位持卡人背负的未偿付信用卡债务高达9000美元。弗兰克考察了十年内的变化，发现在不平等加剧速度最快的美国各州，破产率的增速也最快。[154][351] 不平等加剧使得人们难以维持相对生活水平。消费压力的增加使得人们储蓄更少，借贷更多，以至于消费需求的增加成为了长期经济繁荣与金融投机的一大推动力，而这种繁荣与投机最终演变成了一场经济危机。随着不平等加剧，广告支出也会上升，这一事实也能够佐证我们的结论。在更加不平等的国家，广告支出占国内生产总值的比重也更高：美国和新西兰的广告支出比重高达挪威和丹麦的两倍。

各国工作时长的变化与不平等的关系同样能够证明不平等加剧了消费压力。马萨诸塞大学经济学荣誉博士萨姆·鲍尔斯（Sam Bowles）对经济合作与发展组织成员国的工作时长进行了研究。他发现，不仅仅更加不平等的国家工作时间往往更长，而且工作时间的变化是与不平等状况的变化同步的。[352] 图表 15.3 表明，更长的工作时间是与更严重的不平等状况相伴的。生活在更加不平等国家的人们相当于每年要多工作两至三个月，不平等导致人们付出了每年少度假八至十二周的巨大代价。

另一项对美国国内状况的研究发现，如果姐妹的丈夫比自己的丈夫挣得多，那么已婚女性外出工作的可能性会更大。[353] 另一项类似的研究指出，如果生活在较不平等的环境中，那么已婚女性外出工作的可能性也会更大：当夫妻生活在男性收入不平等程度严重的地区时，妻子外出工作的可能性更大。[354]

关于储蓄、债务、破产率、广告支出和工作时间的许多数据都足以证明，不平等的确加剧了人们的消费压力。在很大程度上，效仿他人、追逐社会地位、跟随潮流等因素导致了消费主义盛行，其实质在于社会表象和社会地位。正因此，尽管经济增长并不能令我们获益，但我们依然会将之作为追逐的目标。人们之所以希望获得更多金钱，是因为这有助于改善自己的相对地位。因此，每个人对富裕的渴望，并不能汇总成全社会对经济增长的渴望。一项简单的试验足以证明，人们之所以渴望获得更多收入，实际上是因为渴望获得更高的社会地位。受访者面临这样的选择：是愿意成为富裕社会里的穷人，还是愿意成为贫穷社会里的富人。50%的受访者表示，即使需要放弃半数实际收入，也愿意成为贫穷社会里的富人。[355] 这项试验证明了我们是多么重视社会地位，并且解释了各富裕国家内部收入差距之所以比这些国家之间收入差距更加重要的原因。一旦我们拥有了足够多的生活必需品，相对地位的重要性就更加突出了。

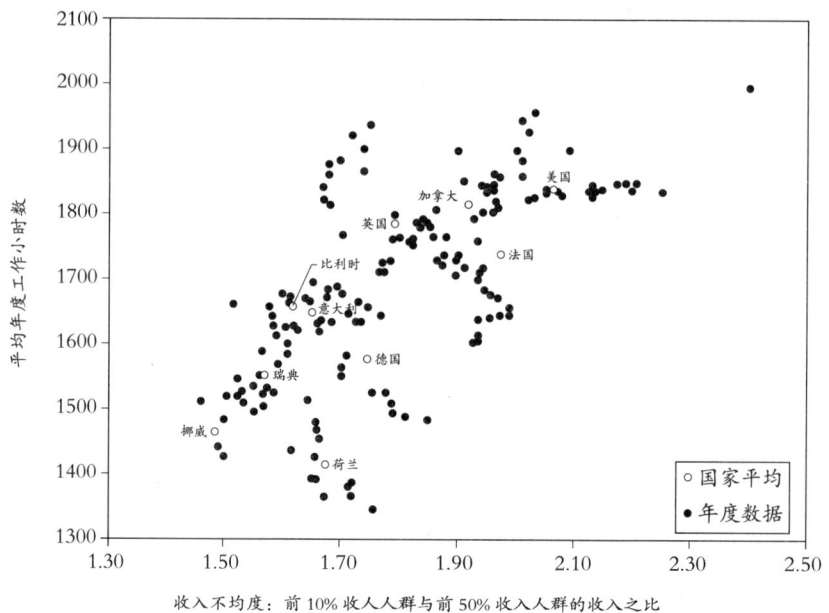

图表 15.4：在更加不平等的社会里，人们的工作时间更长。[352]

当鲍尔斯和帕克首次证明不平等状况与工作时长之间的关联时，他们引用了索尔斯坦·维布伦（Thorstein Veblen）的一句话："只有通过不断地展示自己的购买力，才能让冷漠的旁观者佩服你的财力。"维布伦的《有闲阶级理论》（Theory of the Leisure Class）一书出版于 1899 年，是首部探讨消费与社会分化之间关系的著作。他提出了"炫耀性消费"这一概念，并且强调了"财富竞赛"和"攀比行为"的重要性。[356] 广告商需要利用我们对于自身形象的不安心态，于是它们会使我们更加在意消费心理。不过，早在广告泛滥之前，维布伦就提出了相关理论。因此，与其将所有问题都归咎于广告商，我们更应该认识到，广告商只不过是利用并放大了早已存在的不安心态。如今经济学家用"维布伦效应"一词指代人们根据社会价值而非使用价值来挑选商品这一现象。研究同样证明了，在挑选那些容易被他人察觉的商品时，人们往往更加看重这些商品能够带来的地位与威望。

人们常常认为，消费主义反映了人类根深蒂固的自利与占有欲，然而，这种观点与事实并不相符。乍看上去出于本能的消费欲望，实际上反映的是我们的社会性。生活在更加不平等、个人主义盛行的社会中，财富往往能够令我们获得良好的个人形象，避免在他人眼中显得无能。消费主义表明了他人对我们的影响是多么的强有力。一旦拥有了足够多的生活必需品，财产本身的使用价值就变得愈发不重要了，我们更加关注的将是财产对个人形象有何帮助。理想状况下，我们对彼此的印象取决于社群生活中的面对面互动，而不是在不了解对方的情况下仅仅根据外在表象作出判断。这让我们回想起了第4章中得出的结论：不平等会削弱社群生活。社群生活的削弱和消费主义的盛行之间存在关联。

为了减少碳排放，我们需要严厉地限制富裕国家的经济增长；然而，这并不意味着需要以牺牲实际生活质量（包括健康、幸福、友谊、社群生活等因素）为代价。除了减少奢侈品（这些商品使得我们无法认识到更加本质的需求）的消费量外，还必须减少不平等。我们需要建设更加平等的社会，满足真正的社会需求。应对全球变暖的政策不应该仅仅让我们感到物质生活水平受到了限制，还应该有助于我们以全新的方式提升生活质量，促进社会的平等。我们需要实现历史性的变革：将人类满足感的来源从经济增长转变为建设更加友好的社会。

在代表政府间气候变化专门委员会接受2007年度诺贝尔和平奖时，拉金德拉·帕乔里（Rajendra Pachauri）指出，全球变暖导致农产品、食物和水的供给减少，将影响到上亿人的生活，导致冲突加剧（在他发表讲话之前，人们还未认识到生物燃料是导致世界食品价格上涨的一大原因）。我们必须认识到应对全球变暖这一威胁的重要性。然而，如果所有人（无论是个人，还是公司、国家）都觉得自己理应避开管制、寻找漏洞（在面对税收时，人们对这种做法早已习以为常），那么我们就一定会失败。就在此时，大量生物燃料正在穿越大西洋，从欧洲运往美国，之后再返回欧洲；原因在于，如果在美国额外补充少量石油，即可获得美国政府提供的补贴；但在欧洲同样可以补充少量石油，并且还能避免两次横穿大西洋的麻烦。正是这种利用管制措施为自己谋取私利的态度，导致我们很难对全球变暖作出必要的回应。

应对气候变化问题，需要全世界以前所未有的方式进行合作。如果所有人都试图避开管制，那么我们就不可能成功。避开管制、追求短期私利的行为不仅仅是反社会的，更是反人类的。旨在减少碳排放的政策，需要我们具有更加强烈的社会责任感、合作意识和公共精神。证据再一次表明，更加平等的社会在这些方面表现更加出色。我们在第 4 章中曾发现，更加平等的社会凝聚力更强，信任程度更高，从而有助于促进公共精神。我们还发现，这同样会对国际关系产生影响：更加平等的社会提供的发展援助更多，其"全球和平指数"得分也更高。图表 15.5 表明，更加平等的国家中人们有着更强的社会责任感，这有助于应对环境问题。

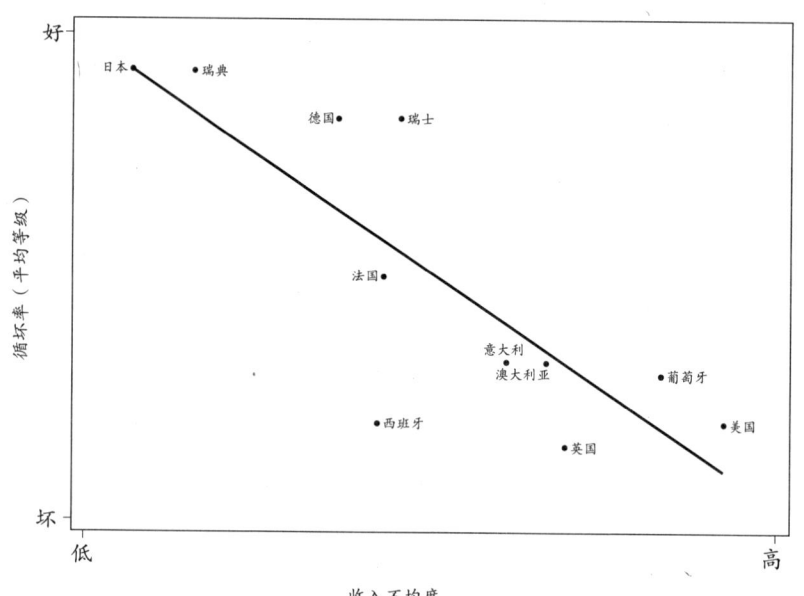

图表 15.5：更加平等的国家垃圾的循环利用率也更高。

该图表显示，更加平等的国家垃圾循环利用率也更高。这些数据来自澳大利亚的"地球方舟"基金会。[357]我们在图表中列出了各国垃圾循环利用率的排名。此外，对全球商业领袖进行的一项调查也能够证明，更加平等国家中人们有着更强的社会责任感。正如我们的同事罗伯托·德沃利（Roberto De Vogli）和戴维·希梅诺（David Gimeno）指出的，来自更加平等国家的商业领袖更加支持本国政府遵守国际环境协定。[404][405]

因此，严重的消费主义、个人主义和物质主义并不意味着我们注定无法建立可持续的经济制度。我们应该认识到，这些态度并非不可改变，也并不是人性的反映。恰恰相反，这些态度反映了各个社会的不同特征。从根本上而言，减少不平等就是要实现从地位争夺驱使之下分裂性的、自私的消费主义，到更加和睦、友好的社会的转变。促进平等有助于提升协同一致的公共精神，这一点对于应对我们所遭受的威胁至关重要。战时领袖早就认识到了，如果想要让全社会凝聚在一起，就必须执行公正的政策，缩小收入差距。

十六、建设未来

> 让大公司为所欲为，纵容逐利的心态，不会有利于建设一个更宜居的世界。
>
> ——汤姆·肖尔茨（Tom Scholz）
> 接受塞拉俱乐部（Sierra Club）访问

在讨论促进平等所应采取的措施之前，需要指出的是，专注于各个国家内部的不平等，并不意味着忽视富国与穷国之间的不平等。有强有力的证据表明，缩小富国内部的收入差距，有利于富国对穷国的需求作出更积极的回应。我们在第4章中（图表4.6）曾指出，更加平等的国家往往会提供更多对外援助。与最不平等的国家相比，某些最平等的国家提供的对外援助占国内生产总值的比重达到了前者的四倍。此外，更加不平等的国家在国际舞台上往往也更加好斗。较不平等国家的"全球和平指数"得分往往较低（该指数涵盖了军事状况、国内外冲突状况，以及安全、人权和稳定状况，由"人类愿景"组织和经济学人信息部联合发布）。[358]

如果转而考察各国在国际贸易协定或是有关减少碳排放的谈判中的表现，我们会发现更加平等的国家往往会持有更加有利于发展中国家的立场。

不平等似乎不仅仅会影响人们对待本国同胞的态度，还会影响关于国际问题的规范和期望。成长并生活在更加不平等的社会中，会影响到人们对人性所持有的观点。我们已经探讨了不平等与信任程度、社群生活、暴力行为的关系；还探讨了不平等是如何影响人们早年生活的质量，进而影响到人们的同情心和侵略性的。显然，这些问题都与日趋激烈的对社会地位的争夺和消费主义态度有关。这表明，如果能够促进国内的平等，我们也许会更加友善地对待发展中国家。

转型

然而，我们如何才能促进平等？对平等的讨论会令有些人感到忧虑。在国家政策协会于华盛顿召开的一场关于健康不平等状况的会议上，我们试图缓解人们的忧虑情绪。我们指出，由于我们使用的数据都来自发达的市场经济民主国家，而且我们所探讨的只是这些国家之间的差异，因此不必通过革命就可以解决这一问题。这场会议发行的一本小册子名字就叫作《不必革命》(*It Doesn't Take a Revolution*)。然而，令人惊讶的是，仍有些人认为需要通过革命才能解决这一问题。

正如平等基金会的创始人比尔·克里（Bill Kerry）所言，如果想要大幅缩小收入差距，并且对全球变暖作出有效回应，我们就需要推动社会的转型。这种转型只能通过和平方式才能实现，但仅仅对政策的细枝末节进行修补，是无法取得成功的。以争取平等为目标的社会运动需要持久的方向感，需要清楚地知道如何才能实现必要的经济与社会变革。变革的关键就在于找到新社会从将要被它取代的旧机构中脱胎而出的方式。与其等待政府行动，我们不如自己立刻开始。我们需要的不是一场宏大的革命，而是一以贯之的、不断涌现的小型变革。我们的目标在于建设更加友善的社会，这意味着我们需要避免会导致不安、恐慌和强烈抵触情绪的动荡；牢记这一点有助于增加我们成功的可能性。我们的目标在于增加人们的安全感，减少恐慌情绪；在于让所有人都感觉到，与等级森严的不平等社会相比，更加平等的社会中不仅仅有自己的一席之地，而且能够更好地实现个人的价值。

在过去，有关不平等的争论关注的是穷人的贫困状况和受到的不公待遇，减少不平等的方式则在于劝诱或是恐吓富人，令其以更加友善的态度对待穷人。然而，如今我们已经意识到，不平等会造成各种恶果，会影响到社会中的大多数人；因此，关于不平等的争论也应发生改变。社会转型符合所有人的利益。促进平等有助于提升所有人的生活质量，也有助于建立可持续的经济制度。

常常有人认为，因为人与人之间并不平等，因此我们无法实现更大程度的平等，但这种观点并不正确：平等并不意味着一模一样。"法律面前人人平等"这一原则并未使得人们变得一模一样；减少物质不平等也不会导致人人都变得同样平庸。财富，尤其是继承来的财富，无法反映一个人的优良品质。萧伯纳（George Bernard Shaw）曾指出："只有实现了财富平等，优良的品质才能脱颖而出。"[359]（第71页）也许正因如此，由瑞典来颁发诺贝尔奖是再合适不过了。

没有证据表明，更加平等社会的知识、艺术和运动成就会低于更加不平等的社会。相反，令大部分人感到自己不受重视，当然会降低整个社会的水平。尽管棒球队不足以代表整个社会，但一项为期九年、对29支球队的超过1600名球员进行的精心研究表明，美国职业棒球大联盟中收入差距较小的球队表现明显更好。[360] 我们在此前各章中已经发现，更加平等的国家在各个领域都取得了更大的成就。

政策失败

人们曾经认为，通过政治可以改善人们的经济环境，从而增进人们的社会与情感福祉。然而，在过去的数十年间，政治已经失去了这一功能。人们现在倾向于认为心理福祉取决于个人层面的措施，例如采取认知行为疗法，为幼年生活提供支持，或是重申宗教或"家庭"价值观。然而，政策制定者显然可以通过收入分配这一途径来增进所有人的心理福祉。政客有机会大有作为。

通过专门服务来应对健康及社会问题，既昂贵，又不太有效。即使治安和医疗等最重要的服务，对于犯罪率与健康状况的影响也是有限的。社会工作及戒毒等服务的目的在于为服务对象提供治疗，而不是缓解严重的社会问题。当政府出台了旨在预防各种社会问题（降低肥胖率，减少健康状况的不平等，降低吸毒率）的政策时，这看上去也仅仅像是面子工程：通过传达善意，让人们以为政府真的在努力解决问题。当某些政策远不能实现目标时，人们不禁要怀疑，政策制定者是否真的相信这些措施能产生效果。

以健康状况的不平等为例。在十年时间内，英国政府一直承诺要缩小富人与穷人之间健康状况的差距。一名荷兰专家在对各国政策进行了独立审视后也指出，英国在执行以减少健康状况不平等为目标的政策方面居于领先地位。[361] 然而，英国健康状况的不平等并未得到改善。似乎顾问和研究者在潜意识里都明白，不应严肃地考虑那些真正有效的解决方案。

旨在解决健康及社会问题的那些动议并未触及不平等的现状，反而几乎都是在试图打破社会经济方面的弱势地位与由此产生的问题之间的联系。其潜在的希望是，人们（尤其是穷人）将继续生活在相同的环境中，但不会染上心理疾病、青少年生育、教育失败、肥胖症或吸毒等问题。

根据这种思路，每个问题都需要有自己的解决方案，而且这些方案之间并无联系。人们被鼓励多健身，不要发生无保护的性行为，不要尝试毒品，试着放松心情，在工作与生活之间找到平衡，并且多陪陪孩子。所有这些政策的唯一共同之处在于，政策制定者相信必须教育穷人，使其更加理智。但这些问题的共同根源在于不平等和相对贫困，这一赤裸裸的现实却被忽视了。

不平等的趋势

在过去数十年间，许多发达国家的不平等状况都有所加剧，但并非所有发达国家都是如此。图表 16.1 和 16.2 表明，在过去的三十年间，英国和美国穷人与富人间的收入差距进一步扩大了。图表中展现的是两国最富有的 10% 人口与最贫穷的 10% 人口之间的收入差距。两国的不平等状况迅速加剧，于 1990 年代初达到峰值，此后没有经历大的变化。两国的不平等程度一直保持在有记录以来的历史最高水平。在同一段时间内，很少有其他发达国家的不平等状况加剧程度如此剧烈，不过，只有极少数国家（例如荷兰）彻底避免了不平等加剧的问题。其他国家（例如瑞典）的不平等状况起初并未恶化，但从 1990 年代初起开始迅速加剧。

这两张图表明确无误地表明，在这段时间内，两国的收入差距大幅增加，达到了 1970 年代时的 1.4 倍。

既然事情变化的速度如此迅速，我们有理由相信，自己有能力将实际生活质量和人际关系质量提升到远高于现在的水平。

只要政府真的有意促进平等，就会推行许多相关政策。历史证据表明，政治意愿具有至关重要的作用。政府通常不会推行促进平等的政策，除非当它们认为自己的存亡与之息息相关。世界银行于 1990 年代初发布的一份报告指出，平等状况的改善构成了东亚各国及地区经济迅速增长的基石。[366] 该报告指出，这些政府之所以会推行促进平等的政策，原因在于它们面临着合法性危机，需要赢得民众的支持。例如，韩国需要对付朝鲜，新加坡和菲律宾则需要对付游击队。在 1994 年的一份世界银行出版物中，约翰·佩奇（John Page）详细描述了这些国家和地区的政策：

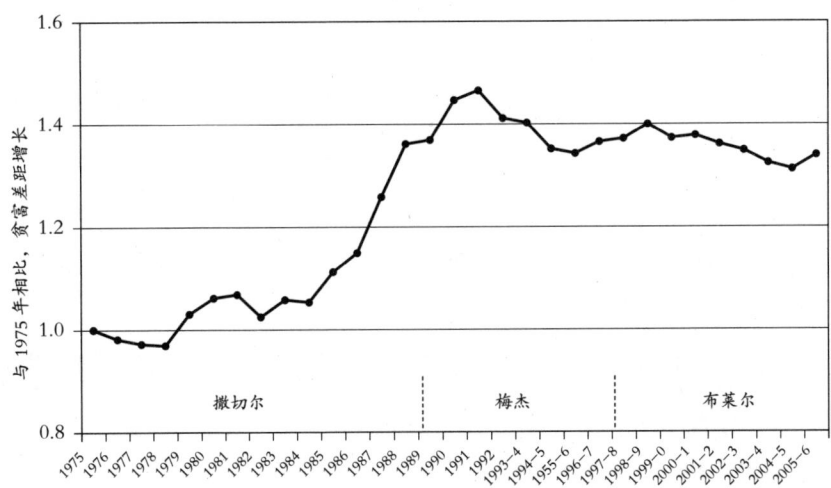

图表 16.1：自 1975 年至 2005、2006 年，英国最富有的 10% 人口与最贫穷的 10% 人口之间的收入差距扩大了。

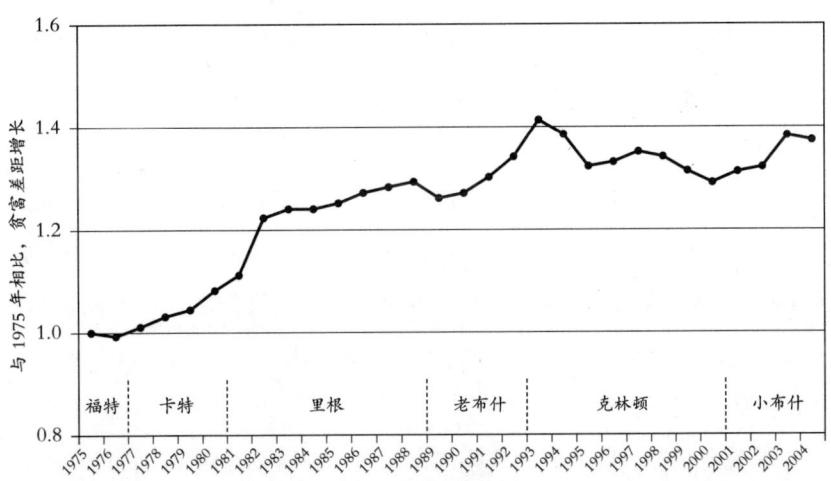

图表 16.2：自 1975 年至 2004 年，美国最富有的 10% 人口与最贫穷的 10% 人口之间的收入差距扩大了。

十六、建设未来　209

这些政府通过明确的机制表明，所有人都能分享未来的财富。韩国和台湾地区执行了全面的土地改革计划；印度尼西亚制定了关于大米和化肥价格的政策，以此来增加农民收入；马来西亚通过启动财富分享计划，来提高马来人的生活水平；香港和新加坡推行了大规模的公共住房计划；在许多国家和地区，政府为工人的合作组织提供帮助，并鼓励中小规模企业。无论形式如何，这些措施表明，政府希望所有人都能从经济增长中获益。[367]

日本之所以能够成为最平等的发达国家，部分原因就在于整个统治阶层都在二战中受到了羞辱，与此同时，麦克阿瑟将军（Douglas MacArthur）手下那些无私而富有远见的美国顾问为政治和经济重建提供了帮助（包括起草新的宪法）。[95]

其他国家也是通过类似的方式促进平等的。俾斯麦（Otto von Bismarck）之所以推行社会保障政策，是为了赢得民众对于统一德国的支持。英国的平等程度之所以在两次世界大战期间大幅提高，也是为了让民众感到负荷得到了公平的分担，从而支持战争。正如蒂特马斯所言："要想赢得大众对于战争的支持，就必须减少不平等，社会分化的金字塔必须被推平。"[368]

瑞典平等程度的大幅提高源自社会民主党在1932年的大选中获胜。此前，劳资争议引发了部队向锯木厂工人开枪的暴力事件。在瑞典重整军备和参战之后，于1932年至1946年间几乎一直担任首相的佩尔·阿尔宾·汉松（Per Albin Hansson）实现了令瑞典成为"无阶级社会"和"人民的家园"这一目标。

反观不平等程度加剧的那些国家，政治在这一过程中发挥的中心作用同样明显。图表16.1和16.2显示，英国和美国不平等程度加剧的现象在1980年代和1990年代初尤为严重。诺贝尔经济学家得主保罗·克鲁格曼（Paul Krugman）对美国不平等程度加剧的原因进行了分析。他表示，传统观点认为原因在于，信息技术的发展加上廉价商品进口数量的增加，导致对熟练工人的需求上升，令非熟练工人被取而代之。然而，克鲁格曼并不认可这种观点，他指出，计量经济学研究表明，这种观点的解释力非常有限。他还指出，这些因素并不能解释最富有阶层（例如CEO）的收入为何疯狂增长，而这恰恰是不平等加剧的重大特征之一；克鲁格曼还强调，尽管所有富裕国家都出现了上述现象，但只有少数国家的收入差距扩大了。在1980年代至1990年代初，加拿大、法国、日本、荷兰、西班牙和瑞士等国的不平等程度均未加剧。[406][407]

克鲁格曼对美国的情况进行了专门研究，他认为，促使不平等加剧的并非市场力量，而是"机构、规范和政治权力"的变化。他尤其强调了工会的削弱、生产力分享协定的废弃、右派在政治上的影响力，以及政府税收和福利政策的改变。此外，最低工资相关立法的失效也值得一提。

尽管各国之间存在显著差异，但美国收入分配状况在20世纪的总体趋势与许多其他国家是一致的。在1929年的大萧条前夕，不平等状况达到了峰值；在1930年代末至1940年代初这段"大压缩"时期，平等程度大幅提高；随后，收入差距进一步缩小，直到1970年代末至1980年代中期；此时，收入差距开始再度扩大，截至最近一次金融危机时，不平等程度已达到了1929年以来的最高水平。

关于收入分配的多数研究都对总体趋势进行了细分：工资差距扩大起到了多大作用？税收和福利政策的改变起到了多大作用？无人工作的家庭和两人工作的家庭数量同时增多，这种现象起到了多大作用？进一步的，工资差距的扩大在多大程度上归因于工会的削弱，在多大程度上归因于对非熟练工人需求的减少？事实上，任何国家收入分配状况的重大变化都不能仅仅归因于市场力量对工资水平产生的影响。克鲁格曼所指出的"机构、规范和政治权力的变化"往往发挥了更加重要的作用。税前收入差距扩大，税率累进程度降低，福利被削减，工会被削弱，等等——这些现象清晰地表明，规范与政治观念均发生了变化。如果没有发生这些变化，如果收入差距扩大在政治上仍是不可接受的，那么政府就会采取旨在缩小而非扩大收入差距的政策。在英国，直到1997年的执政党更替之后，政府才开始努力缩小收入差距。

二战前后收入差距的缩小，更是政治观念的反映。在大萧条的背景之下，失业率达到了史无前例的程度，社会骚乱激增，再加上对共产主义蔓延开来的恐惧，促使政府采取了行动。在美国，罗斯福总统（Franklin Roosevelt）于1930年代初开始实行"新政"；战争爆发后，许多政府更是大幅缩小了收入差距。

如果"市场力量"真的是导致不平等加剧的主要因素，那么战后格局就不会维持长达三四十年时间，使得收入差距直到1980年代才开始再度扩大。战后共识的终结显然与政治观念的右倾有关。新右派得意洋洋地鼓吹自由市场的益处，货币主义经济学家的学说则被里根（Ronald Reagan）和撒切尔（Margaret Thatcher）奉为圭臬，共产主义不再构成实实在在的威胁，许多政府将国有的公共设施私有化。

只需要回想一下1848年震动多个欧洲国家的革命洪流、1960年代的激进主义，以及1989至1990年代苏联、罗马尼亚等共产党政权的垮台，我们就能意识到政治观点是如何席卷全球的。1980年代以来收入差距的普遍扩大正是政治风向再次转变的结果，证据在于，除了加拿大以外，收入差距扩大最为迅速的都是奉行自由市场意识形态、推行旨在使得劳动力更具"弹性"的政策的英语国家（英国、美国、新西兰、澳大利亚）。语言和意识形态上的密切关系导致这些国家迅速交叉感染，并且染上了重病。

对1980至1990年代澳大利亚、加拿大、德国、日本、瑞典、英国和美国不平等变化趋势的研究发现，最为重要的因素在于工会成员数量。[370] 这项研究表明，高失业率削弱了工人的议价能力，导致收入差距扩大的最重要因素是工会成员数量的下降。

会对工资协定产生影响的，除了工会化的程度以外，还有公司中工人代表的比重。欧盟委员会对规模较大的公司中工人代表与参与协商的最低标准作出了规定，但各国实际在多大程度上遵守了相关规定不得而知。日本的管理层与工会之间的关系通常要密切得多。根据日本雇主联合会的数据，大公司中 15% 的董事是前工会领袖。[371] 在欧盟各成员国，集体工资协定涵盖了多达 70% 的雇员，而在美国这一数字仅为 15%。英国的这一数字是 35%，在欧盟各国中处于最低水平。

促进平等的不同路径

与其提议通过某条特定的路径或是某些特定的政策来缩小收入差距，不如指出存在着多种实现这一目标的方法。我们在第 13 章中曾指出，尽管更加平等的国家通常都是通过再分配性质的税收和福利政策、通过庞大的福利国家这一工具实现这一目标的，但日本在采取税收和福利政策之前就已经实现了较高程度的平等。日本税前收入的差距较小，不大需要进行大规模的再分配。因此，尽管日本的社保转移支付占国内生产总值比重要低于美国，但平等程度却高于美国。[362] 虽然在我们的分析中，美国和日本分别属于最不平等和最平等的国家，但其社会开支占国内生产总值的比重均很低，分别排在倒数第二和倒数第三位。

美国各州的情况同样表明存在着实现平等的不同路径。[363] 各州总税负占收入的比例与其不平等状况之间并不存在关联。佛蒙特州和新罕布什尔州相互毗邻，都位于新英格兰地区，它们之间的对比格外令人感到震惊。佛蒙特州的税收负担位居全国之首，新罕布什尔州的税收负担则仅高于阿拉斯加州，位居全国倒数第二位。然而，新罕布什尔州在"健康与社会问题指数"上表现最为出色，佛蒙特州则位居第三位。这两个州的平等状况也十分良好：尽管税收政策差异极大，但它们的平等程度在全国分居第四和第六位。是否需要执行再分配政策，取决于税前收入的差距。

国际和美国国内的情况都揭示了同一个道理：可以通过不同的道路促进平等，从而改善健康状况，减少社会问题。正如我们在第13章中指出的，重要的是实现平等这一目标，而不是实现这一目标的手段。然而，这些图表同样表明，执行低公共开支、低税收的政策是存在风险的。如果政府没有办法缓解严重的不平等，那么就需要更多的监狱与警察，就会面对更加严重的心理疾病、吸毒等各种问题；如果实行低税收、低福利的政策会导致收入差距扩大，那么随之而来的社会问题可能迫使政府加大公共开支的力度，以应对这些问题。

也许存在着这样的选择：当不平等状况十分严重时，通过公共开支来应对社会问题；当不平等状况不严重时，将公共开支用于支付社会福利。1980年代以来的美国收入不平等程度急剧恶化，可谓公共开支的两种用途之间关系失衡的一个实例。在这段时期内，用于监狱的公共开支增长速度是用于教育的公共开支增长速度的六倍，许多州用于监狱的公共开支甚至超过了用于教育的公共开支。[364]

人们更愿意生活在用于教育的开支高于用于监狱的开支的社会。不仅仅如此，为幼年生活提供支持的政策还会意味着，许多囚犯也会挣得收入和支付税收，而不是仅仅成为耗费公共资金的负担。正如我们在第8章中看到的，学前补助可以成为一项能带来丰厚回报的长期投资：获得补助的孩子日后需要接受特殊教育的可能性更低，成年后的收入更高，依赖于福利或走上犯罪歧途的可能性也更低。[352]

可以认为，存在着实现平等的两条不同路径：一是通过税收和福利政策来实现贫富之间的收入再分配，一是在再分配之前就实现较小的税前收入差距。这两种策略并非相互排斥的，我们可以同时使用这两种策略来促进平等。仅仅单独凭借某种策略无异于束缚住了自己的手脚。无论如何，需要注意的是，主张促进平等并不意味着主张扩大政府规模。既然可以通过不同的方式促进平等，那么重要的就是激发必要的政治意愿。

政治意愿

既然一切最终都归结于政治，那么我们如何才能激发必要的政治意愿，从而缩小收入差距？用强有力的证据表明更加平等的社会才是更加美好的社会，将对民意的转变发挥至关重要的作用。许多人私底下对于平等和公正都怀有强烈的信念，但他们往往担心其他人并不持有相同的观点。越来越充分的证据表明，不平等会对社会造成伤害，这些证据将人们私底下的信念转变成了公开陈述的事实，因而格外有力。这将大大加强怀有此种信念者的信心，激励他们采取行动。此外，新的证据还会促使有些人转变观点。许多人都对社会失败的种种迹象感到非常担忧，并且试图寻找造成这些问题的原因。

政治分歧多源自对于解决方案持有不同的看法，而并非由于对问题出在哪里持有不同的意见。无论持有怎样的政治立场，几乎所有人都更愿意生活在更加安全和友善的社会里。所有人都同意，各种健康及社会问题在美好的社会中较不常见。因此，人们争论的焦点在于解决方案。尽管人们提出了许多为面临特定困难的个人提供帮助的方法，但本书所引用的证据表明，促进平等将有助于解决全社会的诸多问题。此外，促进平等还是解决全球变暖问题相关政策的重要一环。近年来在英国对焦点人群进行的研究表明，认识到不平等造成的恶果，会极大地影响到人们对待不平等的态度。[408] 在研究中，社会背景、政治立场各异的参与者了解到了不平等对信任程度、儿童冲突、心理疾病会产生何种影响。他们不仅根据直觉就认为二者之间很可能存在关联，而且还改变了自己的立场，许多人不再反对促进平等。在意识到平等能够改善所有人的生活质量后，就连那些对于促进公正无动于衷的人也开始主张促进平等。这些证据能够发挥举足轻重的作用，激发必要的政治意愿，从而促使人们减少不平等。

数十年来，由于无法构想更加美好的社会，进步政治遭到了严重削弱。人们提议以零敲碎打的方式改善生活的方方面面，开展反对破坏环境行为的运动，主张以更加友善的态度对待寻求避难者，游行反对进行军事干涉。然而，这些运动都并非以使社会变得更加美好、适合大多数人生活为目标，无法起到激励作用。没有如此宏大的愿景，政治很难激发人们的热情。

然而，大多数人都渴望变革。在本书的第1章中，我们曾提到一份名为《渴望平衡》的报告。该报告指出，多达四分之三的美国人感到社会的价值观出现了问题。[1] 他们感到消费主义和物质主义盖过了更加重要的价值，例如友谊、家庭和社群生活。尽管政客也意识到了这一深层次的问题，并且以此来争取选票，声称自己主张"变革"，但他们能够考虑的变革往往仅限于改变自己的个人形象，完全不知道如何才能使日常生活变得更加愉悦和有意义。

民调还显示，公众非常渴望缩小收入差距。根据英国民调，在过去二十年间，认为收入差距过大者所占比例平均在80%左右，很少低于75%，尽管实际上多数人仍低估了收入差距。就美国而言，2005年的"马克斯韦尔公民参与调查"显示，超过80%的人认为严重的不平等已经构成了一大问题，几乎有60%的人认为政府应当努力减少不平等。盖洛普公司的一项民调询问受访者是否认为收入及财富的分配是公正的，在1984至2003年间，有超过60%的受访者认为收入及财富的分配需要变得更加公正。[369]

大公司的权势：被置若罔闻的事实

之所以难以激发必要的政治意愿，原因之一在于我们感到自己无力做出改变。我们也许都会谴责超级富豪的巨额财富，但我们又能做些什么呢？有证据表明，工会能够发挥一定作用，但并不足以改变这一结论：当今社会严重的不平等是经济机构中权力集中的产物。毕竟，我们就职的这些经济机构是收入不平等的主要源泉。价值的创造与分配都是在这里完成的，需要通过再分配来调节的不平等也是在这里形成的，也正是在这里，我们被泾渭分明地按照森严的等级区分成了上级与下级、老板与下属。

2007年，美国最大的365家公司的CEO薪水达到了其雇员平均收入的500多倍，而且二者之间的差距还在越拉越大。许多大公司CEO的日薪超过了普通员工的年薪。2007年《财富》500强公司内部的收入差距达到了1980年时的十倍，彼时收入不平等刚刚开始加剧。

由于大公司与小公司之间、各个部门之间的CEO与普通员工收入差距之比差异很大，因此很难在国际范围内对此进行比较。不过，一家权威机构进行了此类尝试，他们的研究显示，就制造业的CEO与普通员工收入之比而言，日本为16比1，瑞典为21比1，英国为31比1，美国则是44比1。[372]

根据《卫报》（Guardian）对CEO薪酬进行的年度调查，富时100指数所涵盖的公司高管收入近年来分别增长了16%、13%、28%和37%（2006至2007年）；而在这段时间内，通货膨胀率很少高于2%。[373]大公司CEO的平均收入（包括分红在内）约为290万英镑。在审视了经验性研究之后，国际劳工组织得出了这样的结论：在高管薪酬和公司业绩之间基本不存在关联；该组织指出，过高的薪酬很可能源自高管在议价时占据的主导地位。[374]

大企业的薪酬远胜于公共部门。在美国，在上市公司就职的20名薪酬最高者的收入几乎达到了非盈利部门20名薪酬最高者的四十倍，以及20名薪酬最高的将军或是联邦政府内阁秘书的200倍。[375]

看上去似乎是主要产业的去国有化，加之大批原本由会员掌控的互助会、房屋互助协会、储蓄互助会和信用合作社的私有化，导致收入差距如图表 16.1 和 16.2 所示那样日益扩大。在转制成为盈利性公司后不久，CEO 和其他高管的薪水往往都能大幅提升，这也许正是英国的不平等状况在 1980 年代中期开始迅速加剧的部分原因。英国电信公司于 1983 年被私有化，英国天然气公司于 1986 年被私有化，随后许多大型公司都于 1987 年被私有化。从一国范围来看，收入差距扩大与私有化进程同样是同步的。

如今，不少大公司的权势甚至超过了许多国家。联合国贸易与发展会议表示：[376]

> 在联合国贸易与发展会议根据附加值列出的最新榜单中，世界上最大的 100 个经济实体中有 29 个是跨国公司。在 2000 年海外资产最多的 200 家跨国公司中，埃克森公司的附加值最高（630 亿美元）。在这份新榜单中，埃克森公司排在第 45 位，这意味着其经济规模相当于智利和巴基斯坦。尼日利亚的经济规模位于戴姆勒-克莱斯勒和通用电气之间，菲利普·莫里斯公司则相当于突尼斯、斯洛伐克和危地马拉等国。

其他人使用不同的方法进行了估算，他们认为，世界上最大的经济体中半数都是跨国公司，通用汽车的经济规模大于丹麦，戴姆勒-克莱斯勒大于波兰，荷兰皇家壳牌公司大于委内瑞拉，索尼大于巴基斯坦。托马斯·潘恩（Thomas Paine）于 1791 年在《人权》（*The Rights of Man*）一书中抨击了坐拥大片土地的贵族；[377] 与之类似，这些生产性资产实际上同样掌控在极其富裕的极少数人手中，使得我们自认为实现了真正民主的说法如此苍白无力。

在潘恩所处的年代，资本主义制度尚处于初始时期。作为平等与民主等价值观的倡导者，他抨击的主要是坐拥大片土地的贵族与君主。他似乎认为市场制度（当时的参与者主要是小贩和工匠）将一直保持小型、平等的性质，因此能够与民主制相容。如果他能够预测到，今日的大型跨国公司所掌控的财富及非民主的权势将远胜于当年的贵族，他肯定也会将这些大公司列为自己抨击的对象。如果不讨论应该如何对待这些聚集了财富、权势与特权的堡垒，那么我们就无法讨论应该如何缩小收入差距。

苏联和东欧等中央集权式计划经济体进行的国有制试验以失败而告终，但这种试验的目的在于尝试解决生产性权力愈发集中于私人之手这一问题。然而，将生产性权力集中于国家之手，不仅效率常常极低，而且会导致腐败，使得人们的基本自由和公共生活遭到侵犯。这一试验的失败似乎令我们感到，在标准的资本主义模式之外不存在其他可行的替代方案，使得我们无法有创造力地构想其他更加民主、更加平等的措施。我们视而不见的是，其实存在着许多替代方案，有些方案已经成为了我们生活的一部分，正在我们周围蓬勃发展。

替代方案

马里兰大学政治经济学教授加尔·阿尔佩罗维茨（Gar Alperovitz）在《超越资本主义的美国：夺回我们的财富、自由和民主》（America beyond Capitalism: Reclaiming Our Wealth, Our Liberty and Our Democracy）一书中总结了在美国已经出现的各种替代方案。[378] 他强调了规模庞大的非盈利部门。在美国最大的二十个城市，200家规模最大的单位中几乎40%都是大学和医疗机构等非盈利组织。他提到，2000家市级电力公司为四千万人提供了电力；由于这些公司不必为股东谋利，因此它们要比盈利性公司便宜（阿尔佩罗维茨表示，平均价格要低11%），而且会更加注重可持续性及可再生能源的开发。就地方层面而言，他还讨论了4000多家"社会发展公司"这样的组织，这些组织通过创设针对低收入者的住宅项目、为当地企业提供资金（有时候它们会亲自管理这些企业），来支持当地社区的发展。美国有48000家合作性商业机构，成员人数多达1.2亿；有10000多家信用合作社，资产总额达6000亿美元，为8300万美国人提供金融服务；有1000多家为客户所拥有的互助性保险公司；30%的农产品通过合作社进行销售。

在英国，大学、医院和地方政府等机构常常是当地最大的雇主。由于医疗服务机构和大学几乎都是公立的，管理这些机构的组织也需要对公众负责。管理牛津大学和剑桥大学的组织由校友以民主的方式组成。尽管在追逐利润的热潮中有大量互助会被出售，但如今英国仍然拥有63家房屋互助协会（有2000多家分支，38000名雇员），650家信用合作社，70家互助性保险公司，以及250家互助会，为其成员提供各种服务。英国有17万家慈善机构，年度总收入超过440亿英镑。2007年时，资产达400亿英镑的英国合作银行被"社区商业协会"这一具有影响力的慈善机构评为最具责任感的公司。近来经过翻修的6300家合作商店占有的食品零售市场份额仍然高达5%，并且依然是英国最大的"邻里"零售商，市场份额高达8%。就连国有化的经历（曾经涉及电力、天然气、自来水、电话、铁路等产业）也并不糟糕。正如经济学家、记者威尔·赫顿（Will Hutton）曾指出的，在1950和1960年代，国有产业的生产力不亚于、有时甚至优于私人部门。[379] 他表示，只是当政府抢走了这些产业的利润，压低其价格，以减少国民经济面临的通货膨胀压力时，国有产业的名声才开始变得糟糕了。

这些试验的规模和多样性明确无误地表明，盈利性公司并非为人们提供关键服务的唯一有效途径。我们所列出的各种组织与盈利性公司的关键区别就在于，后者的首要目标是赚钱，前者的首要目标则是在保证自己能够生存的前提下为人们提供服务。这种区分并不新鲜，但仍然十分重要。尽管有些盈利性公司也有着很高的道德标准，但制度框架（常常是巨大的市场压力）往往促使它们以剥削的态度对待社会。正因如此，也许我们需要发起一场"公平贸易"运动。也许正是由于动机不同，其他组织往往会形成以服务为核心的道德观，并且将促进环境与社区利益作为自己的目标。盈利部门高管的薪水是政界、司法界和军队高层人员的数百倍，这一事实也足以反映其盈利动机。

能做些什么？

那么，如何才能遏制盈利部门推动不平等的势力，并使其民主化？如何改造这些势力，从而令其有利于促进平等？我们能够采取哪些不会在以后被持相反立场的政府轻易推翻的措施？在思考这些问题时，我们需要牢记的是，我们已经到达了人类历史上的一个根本转折点。正如我们在第1章和第2章中所揭示的，生活质量的进一步改善不再取决于经济的进一步增长：关键在于社群生活以及我们彼此之间的关系。

要想遏制大公司高管的过高收入，我们也许需要堵住税收制度中的漏洞，限制业务支出，提高最高税率，甚至通过立法对公司里的最高薪酬作出限制。然而，这些解决方案只不过是短期选项，很容易随着政府的更替被逆转：即使进行了有效的税制改革，有着不同政治倾向的政府仍可能令一切作废。考虑到保持平等的重要性，我们需要努力使平等更深地在社会结构中扎根，令其更难于被政府逆转。我们需要解决权力的集中这一经济生活中的核心问题。

民主的员工所有制可以解决部分问题。这不仅能够避免权力集中在国家手中，而且比外部投资者掌控的组织在经济和社会方面更具优势。

许多国家的政府通过税收优惠政策来鼓励员工所有制，因为政府认为，共享所有权能够减少雇主和雇员之间的利益分歧，从而提升公司的业绩。在英国，共享所有权的计划如今已经覆盖了雇员总数的近四分之一，以及公司总数的15%至20%。[380][381] 在美国，2001年的税法为"雇员股份所有制计划"提供了更多优惠，这一计划如今已经覆盖了10000家公司的800万雇员，雇员所占股权平均为15%至20%。[382]

然而，许多共享所有权的计划只不过起到了激励作用，目的在于使雇员对管理层更加顺从，有时还会起到诱使雇员退休的作用。结果就是，这些计划显得仅仅是表面文章，无法发挥改变就业结构的关键作用。研究表明，正是出于这一原因，单单是雇员分享所有权并不足以对公司的业绩产生影响。印第安纳大学和普度大学经济学家帕特里克·鲁尼（Patrick Rooney）发现，雇员分享所有权并不意味着雇员能够更加深入地参与公司的运营。[383] 他对各种所有制的公司中雇员参与决策的程度进行了比较。总体而言，雇员的参与程度都很低；即使是雇员分享所有权的公司，也常常不会告知员工相关信息及咨询他们的意见；大多数公司都不允许员工在决策中发挥重要作用。

要想有效地提升公司业绩，在让员工分享所有权的同时，还需要让员工参与管理。[384][385] 如今，许多大范围的严谨研究考察了数百家公司采取这些措施前后的业绩差别，[386] 发现让员工分享所有权并参与管理有助于带来经济收益。[385][387] 这些研究反复证明，只有在让员工分享所有权的同时，还令员工更多地参与管理，才能大幅提升公司的业绩。[380][383][388][389] 有一项研究考察了1990年代许多英国公司的表现，发现员工分享所有权、分享利润和参与管理均能起到提高生产效率的作用。[380] 研究报告总结道：[385]

> 我们确信，同时令员工分享所有权并参与管理，将带来大量收益。只是采取某种措施，只会零星地、短暂地发挥作用。（第11页）
> ……让员工参与管理，但不让其分享所有权，由此产生的效果是短暂的……所有权发挥着文化粘合剂的作用，使得员工得以持续参与。（第3页）

关于工作对健康会产生何种影响的研究也得出了类似的结论：正如我们在第6章中看到的，人们在能够掌控自己的工作时往往会表现更加出色。对于在同一个英国政府部门工作的高级和低级公务员死亡率相差三倍这一现象,是否能够掌控自己的工作是最强有力的解释因素。[64] 这也许是由于人们能够感到更强的自主性,不必直接服从他人。人们如今已经意识到,要增强对工作的掌控,需要加强工作时的民主程度。[390] 此外,越来越多的证据表明,在工作时感到遭受了不公正待遇会严重地危害健康。[391]

认为外部投资者掌控公司会带来益处的观念越发显得过时了。办公场所、设备和可交易资产占公司价值的比例越来越小,员工的重要性却越来越大。当购买和出售一家公司时,被购买和出售的实际上是该公司的员工及其技能和对公司制度及生产措施的了解。只有他们才能让公司顺利地运转。当然,认为一群人可以被购买和出售,并且可以属于外部人士的观念是与民主截然对立的。

难道员工不应完完全全地掌控自己的工作及其收入的分配吗?难道除了事前达成一致的资本利息外,外部股东真的应该获得并非自己挣来的报酬?如果公司完全为员工所拥有,那么员工参与、投入、掌控和分享利润的程度也将最大化。公司可以通过借贷或按揭筹集资本,从而将控制权保留在自己手中。如今,证券交易市场上流动的资金只有极小一部分被用于帮助公司购买生产性资产。而且,长时间地向外部股东支付红利会消耗公司的利润,而公司原本可以利用这一部分利润进一步改善自己的设施及技术。

英国研究员工所有制的专家罗伯特·奥克肖特(Robert Oakeshott)表示,员工所有制将令"公司从财产转变为工作社群"。[388](第104页)当员工拥有了多数股份,从而掌控了公司后,公司就从财产转变成了社群。此时,管理层就不需要对那些只是在乎获得回报的外部股东负责,而是需要对员工自己负责;公司会议就成为了管理层向员工汇报、并且与那些对工作进程了如指掌的人进行讨论的场合。在员工买断公司的所用权后,转变传统上"自上而下"的观念将是一项长期过程,需要人们摆脱关于阶级和能力的传统观念，不再令职位较低者感到自己低人一等。我们在第 8 章中讨论了某些涉及种族和种姓的试验，这些试验表明，感到低人一等会对其表现构成负面影响。

戴维·埃达尔（David Erdal）在《本地英雄》（*Local Heroes*）一书中描述了这一调整与解放的过程。他讲述了苏格兰"法恩湾牡蛎公司"员工买断该公司的故事。[392] 这一过程将弥补阶级不平等所造成的伤害；但由于这些观念依旧根深蒂固，这一过程将很艰难。然而，关键在于我们所处的工作环境。

合作社和员工买断常常是在传统的所有制和管理措施失灵后，对令人绝望的环境作出的回应。在艰难的市场环境下，员工通过这些措施来避免公司倒闭和失业。即使如此，他们依然能够不时地取得超出预期的成功。例如在 1995 年，南威尔士"塔矿"的矿工买下了这座矿井，并成功地运营了十三年时间，直到煤炭资源耗尽。许多完全由员工拥有的公司都有着值得骄傲的表现。例如：伦敦交响乐团、卡尔·蔡司公司、戈尔特斯公司、宝丽来公司，以及约翰路易斯合伙公司（这是英国最成功的零售商之一，有着 68000 名员工/合伙人，年销售额达 64 亿英镑）。由员工多数控股的美国大公司包括：大众超市、海威超市、科学应用国际公司、CH2M 工程公司，以及《洛杉矶时报》（*Los Angeles Times*）和《芝加哥论坛报》（*Chicago Tribune*）的发行商论坛公司。这些公司平均拥有 55000 名员工。

位于西班牙巴斯克地区的蒙德拉贡公司是最著名的合作社集团之一。在半个世纪的时间里，这家公司发展成了拥有超过 120 家合作社的集团，有着 40000 名员工/老板，销售额达 48 亿美元。蒙德拉贡公司的盈利水平是西班牙其他公司的两倍，其生产效率在西班牙位居第一。[388] 若不是员工所有制及对决策过程的参与的确能够减少利益冲突，从而提高生产效率，就难以解释为何这些公司能够取得成功。

对多数劳动者而言，在工作中与他人的互动比在家庭里更为密切，也更有潜力感到身处社群之中。在第3章中我们看到，在过去五十年间，随着地理和社会流动性的增强，社群生活遭到了削弱，导致焦虑感大大上升。平等固然有助于提高社群的凝聚力和信任程度（见第4章），从而提升居住区的生活质量，但短期内我们很难重新享受到过去那种亲密的邻里关系。不过，在工作中人们依然有可能收获友谊，感到受人尊重。然而，将人们按照森严的等级区分为命令者和服从者的做法，却破坏了这种可能性。这导致员工无法构成共同体，而是像财产一样，聚在一起只是为了给他人的资本挣取回报。我们近来造访了两家刚刚被其员工买断的小公司。我们询问员工感受到了哪些变化，两家公司的员工均表示，当走进工作区时，"人们开始直视你的眼睛"。而在过去，人们都避免直视对方的眼睛。

尤其是通过提高自由与民主的程度，员工所有制有利于促进平等。这样的公司是自下而上的，而非自上而下的。尽管我们不知道人们认为多大的收入差距算得上是公正的，但他们似乎都认为公司高管的收入应该只是自己收入的数倍——或许是三倍，最多甚至是十倍，但肯定不能达到数百倍的程度。只有拒绝采取任何经济上的民主措施，才能维持如此巨大的收入差距。

只要员工拥有的公司仍然只占整体经济的一小部分，其工资标准就不可能与其他公司截然不同。如果和其他公司相比，员工拥有的公司为低级职员支付较高薪水，为高级职员支付较低薪水，那么低级职员将永远不会离开，公司也将很难招聘到高级职员。然而，当员工拥有的公司在整体经济中所占的份额扩大后，人们遵从的规则与价值观，例如不同的工作应该获得多少薪水，多大的差距是可以接受等，也会发生改变，至少会更加接近于公共部门和非盈利部门的标准。此外，极其富有的私人部门老板令人难免心生羡慕之情，甚至认为这样高的薪酬也许是合理的；如果这些人不再存在，那么非盈利部门也许也会变得更加平等。或许，我们不该再将令个人收益最大化当作生命中一项值得赞美的目标。

塔利斯·拉塞尔集团前主席、巴克西合伙公司董事埃达尔曾经考察了合作社中就业状况对其所在社区的影响。[393] 他对意大利北部的三个城镇进行了比较：伊莫拉有25%的劳动力就业于合作社，法恩扎有16%的劳动力就业于合作社，萨索洛则没有合作社。此次调查的范围很小，而且回复率很低。埃达尔得出的结论是，就业于合作社的人口比例越高，当地在健康、教育、治安和社会参与等方面的表现就越出色。

作为促进平等的一种方式，员工所有制和参与管理具有许多优势。首先，这种方式使得人们成为了团队的一员，实现了解放。其次，它将收入差距置于民主掌控之下：如果员工愿意，就仍然可以保留较大的收入差距。第三，它实现了从外部股东到员工的财富及收入再分配，这一作用尤其重要。第四，它有助于提升生产效率，因而具有竞争优势。第五，它使得人们能够重新获得社群生活的体验。第六，它有助于使得整个社会变得更加友善。然而，真正的回报并不在于在一个被等级森严和追逐地位的心态统治的社会里建立起几家员工拥有的公司，而在于令人们免受等级分化之苦。只有通过数十年的不懈努力才能实现这一目标。

员工所有制具有高度的灵活性，不仅仅适用于某一种管理与工作体制。它只不过是将最终权威赋予了员工，让他们自己去寻找最合适的制度。因此，制度可以根据不同的情况而发生改变。关于工作团队的形式、董事的任职期限、不同部门的代表性、公司委托制度、每周例会和年度会议的形式等问题都可以进行各种尝试。拥有选举权的员工既可以直接行使权力，也可以将权力下放。渐渐地，人们将认识到不同制度的优点与缺点，哪种民主形式最适合公共和私人部门，以及如何代表消费者和当地社群的利益。

不过，要想使得实行员工所有制的公司数量增多，重要的是避免员工将公司重新出售给外部股东。尽管多数员工拥有的公司都得到了良好的保护，但员工出售公司、进而失去所有权和控制权的案例也时有发生。

作为推动社会转型的一项手段，员工所有制的优势在于它能够与传统结构的企业共存。在适当的法律支持和税收激励帮助下，社会转型可以立即开始。这使得我们能够以有序的方式推动社会的根本性转型，在旧社会中孕育新社会。政府可以通过额外的刺激与支持来鼓励员工所有制。也许可以要求公司每年向员工转移一定股份，有时候退休的老板也会愿意将公司转交给员工。

尽管在实行员工所有制的公司中，当地社群和消费者的代表在管理机构中并没有一席之地，但很容易就能弥补这一缺陷。反对员工所有制的另一条理由可能在于，它并没有解决市场的不道德这一根本问题。不管对公司如何严加控制，想要赚取更多利润的欲望依然驱使着公司采取不利于社会的行为。诚然，有些道德水平很高的公司支持公平贸易、保护环境、回馈当地社群，等等；但同样有烟草公司不顾会导致上百万人死亡的后果，仍然试图在发展中国家扩张市场；有公司在缺少净水和基本卫生条件的地方，仍然鼓励母亲购买婴幼儿奶粉，而不是用母乳哺育婴儿，从而导致了许多本可避免的婴儿死亡案例；还有一些公司以破坏生态环境、土地及水供给的方式开采矿产资源，当地政府要么过于软弱，要么过于腐败，无法阻止它们；还有一些公司利用手中的专利，阻止以低廉的价格向较贫穷的国家出售能够拯救生命的药物。

有理由认为，尽管同样以盈利为动机，但员工拥有的公司将保持较高的道德水平。在传统的雇佣制度下，人们并非为了自己的目标而从事某项工作，他们需要用自己的专长实现雇主的目标。你也许并不赞同自己工作的目标，你甚至并不知道什么是自己工作的目标，但你并不能对此发表意见，这不是你应该关心的问题。如果你的工作是想方设法扩张市场、提高利润、避开媒体的关注，那么很可能你不应该从道德的角度考虑这些问题。你的任务是用自己的专长实现其他人的目标，你不仅不需要负责制定目标，甚至也不需要为实现这些目标而采取的行为负责。正是出于这一原因，人们经常声称不必为自己的行为负责，因为自己只是在"执行命令"而已。著名的米尔格拉姆试验表明，即使在被要求做出非常糟糕的事情时，我们依然非常有可能服从命令。斯坦利·米尔格拉姆（Stanley Milgram）进行的这项以"学习"为内容的试验表明，每当试验中的"学生"答错问题时，参与试验者总是愿意对"学生"施以残忍的、乃至危及生命的电击。他们之所以这样做，是受到了一名身着白色大衣的试验人员的要求。即使听到了"学生"遭受电击后发出的惨叫，参与试验者也依然会服从命令。[394]

然而，在由员工拥有和掌控的公司里，员工重新拥有并掌控了自己工作的目标。如果你知道某种设计或制造程序会损害儿童的健康，你会希望作出改变，并且咨询同事们的意见。你将不再感受到无法畅所欲言的压力，你也无法以"事不关己，高高挂起"的态度处理这一问题，同时你也不必担心提出令人难堪的问题会令你面临丢掉工作的危险。尽管实行员工所有制的公司难免也会做出对社会不利的举动，但至少它们会使得此类行为的数量有所减少。

自由与平等

冷战期间，人们似乎产生了这样的想法：自由与平等是不可兼得的。苏联和东欧的国有经济体制似乎表明，只有以牺牲自由为代价，才能实现更大程度的平等。这一冷战意识形态造成的沉重代价在于，美国放弃了致力于平等的悠久传统。对潘恩这样建国初期的美国人而言，如果没有平等，是无法实现真正的自由的。奴隶制更加证明了这一点：奴隶既不享有平等，也不享有自由，只有平等才能让人们免受专断权力的侵害。"无代表，不纳税"、"无代表，不立法"这两项历史性的要求就表明了这一原则。美国《独立宣言》指出，所有人都生而平等，并且享有自由这一不可让渡的权利；法国大革命时期的革命者同样将自由、平等、博爱作为自己的奋斗目标。许多民主思想家都指出，自由与平等是可以互补的，这其中就包括了社会哲学家伦纳德·霍布豪斯（Leonard

Hobhouse）。他认为所有领域的自由都要以平等为前提——法律面前人人平等、机会平等，以及契约各方的平等。[395]

如今严重的经济不平等并非体现了自由和民主，而是否定了自由和民主。除了极为富有的人之外，谁还会愿意给予公司高管和金融界精英上百万美元的红利，与此同时令那些从事着至关重要、有时并不令自己感到愉悦的工作（例如照顾老年人、清扫垃圾、提供应急服务）的人无法获得合理的收入？事实上，正是由于民主被排除出了经济领域之外，不平等才会变得如此严重。因此，我们需要将民主延伸到工作场所之内。从员工所有制、生产者和消费者合作制，到员工代表制，我们需要尝试各种形式的经济民主措施。

顺着技术大潮前进

黛安·科伊尔（Diane Coyle）在《失重的世界》（*The Weightless World*）一书中指出，尽管在二十世纪，大多数工业化国家居民的实际收入水平都提高了 20 倍左右，但世纪末产品的总重量与世纪初大致是相同的。[396] 她还指出，在 1990 至 1996 年间，价值一美元的美国出口品（经历了通货膨胀调整）的平均重量减轻了一半。失重这一现象部分地源自服务部门和"知识经济"的兴起，但同样也和技术变革和小型化趋势有关。许多现代消费品所消耗的物质资源的重量都要比以前更轻，这将有利于保护环境。此外，导致失重这一现象的潜在原因对于促进平等也能发挥重要作用。

经济学的入门课程对"固定成本"和"边际成本"进行了区分。固定成本指的是工厂的建筑、机器等成本，边际成本指的是每多生产一个单位的产品需要投入的成本。传统上，边际成本主要由额外需要的劳动力和物质成本构成，因为并不需要再对设备进行额外投入。经济学理论认为，在完全竞争性市场中，产品价格将降至与边际成本相同的水平。

如果价格高于边际成本,那么通过生产和消费更多产品,生产商依然能够赚取少许利润;如果价格低于边际成本,那么生产哪怕一件商品的成本也会高于销售该商品能带来的收入。

数码产品的边际成本如此之低,以至于一个"免费"的经济部门得以兴起。人们试图通过加强专利和版权保护,来限制人们获得此类商品,从而保证公司依然有利可图。然而,技术进步的逻辑是很难阻挡的。通过打破保护版权的体制,商品获得了"解放"。有些时候,广告收入可以保证消费者免费使用此类商品;有些商品则是彻底免费的,例如"免费软件"和"共享软件"。互联网已经为我们提供了无数免费信息,不仅仅包括书籍、百科全书、字典、报纸,还包括越来越多的在线期刊。人们还可以通过合法或者不合法的途径,免费下载音乐和电影。如今,有些服务商还会提供无限的免费存储空间。电话费用已经大幅降低,并且可以通过电脑连接的方式免费拨打。邮件和即时通信同样也是免费的。

边际成本下降这一趋势在许多其他技术领域也有体现,虽然不如数码经济领域那么明显,例如纳米技术、生物技术、电子打印技术和遗传工程技术。这些新技术孕育着研发出更高效的太阳能、更廉价的药物和更经济的新材料的可能性。

在数码产品生产商看来,这样的变革并非能够提升人类生活水平和快乐程度的新机遇,而是对自身利润的巨大威胁。因此,许多制度不仅没有充分利用新技术带来的益处,反而在限制其潜力。边际成本的迅速降低使得企业利润最大化与公众利益最大化之间的分歧也变得愈发明显。在这样的情况下,政府需要动用自己的权力,帮助建立新的制度,而不是维护限制新技术的种种旧制度。

有人认为,边际成本接近于零的商品本质上就是公共物品,公众应该免费获取。在数码时代来临之前,道路和桥梁常常被当作此类公共物品的典型。一旦社会付出了修建道路或桥梁的成本,那么不通过收费来限制使用,才能使最初投资的收益最大化。因此,应该让人们免费使用这些道路或桥梁。正是出于这种经济上的原因，除非政府试图通过收取过路费来弥补成本，否则道路和桥梁的所有者往往都是公众。

在付出了初始成本后，分享收益的人越多越好。如果当地的互联网服务是由政府提供的，那么就没有理由限制对网络的使用。在维多利亚时代，当人们建立起了免费的公共图书馆时，他们遵循的是同样的逻辑：多次阅读同一本书，并不会产生额外的成本。我们或许应该建立由公共资金支持的非盈利机构，就价格展开协商，并购买下版权，为整个国家服务；我们或许还应该建立国际组织，争取让全世界都能免费获得教育与商业资源。从社会整体的立场出发，促使边际成本降低的技术变革正在迅速地使得以逐利为目的的大公司掌控此类物品的销售变得弊大于利。渐渐地，这些公司只能依靠专利或版权带来的垄断地位。我们需要发明新的方式，在向作出了提升生活质量的研究与创新的个人及组织（他们才是社会的财富）支付费用的同时，不限制人们享用这些研究和发明带来的益处。也许，我们需要通过慈善组织来为世界范围内免费软件的研发提供资金。我们还需要彻底地修订有关版权与专利的法律，在令有价值的产品与服务的提供者获得回报的同时，避免限制人们享用他们的产品。

政客和公众面临的问题是，是否能够在不限制人们享用其产品（包括能够拯救生命的药物、能够解决饥馑问题的农业创新，以及令发展中国家的大学能够免费阅读科研及学术期刊）的同时，向大公司支付研发费用。如果新技术的确会进一步降低边际成本，那么这一问题就将变得越发紧迫。

也许在未来的社会中，越来越多物品的使用权将不是由收入来决定，我们的财产也不会起到社会分化的作用。我们也许会成为同一个社会中地位没有差别的成员，只是由于共同享有多种兴趣才聚到了一起。

未来的平等

被日常琐事困扰的我们，常常忘记了从更长的时段来看，通往平等的历史潮流几乎是无法阻挡的。这条人类进步的河流起初对国王的"神授"（且专断）权力施加了宪政限制，随后又渐渐地形成了民主与法治的原则；它奔腾着废除了奴隶制，并将权利赋予了没有财产的人以及女性；它建立了免费教育、免费医疗和为失业者和患病者排忧解难的最低工资制度；它通过立法保护了员工、房客和少数族裔的权利；它削弱了森严的等级秩序，废除了死刑和肉刑；它为不同种族、阶级、性别、性取向和宗教信仰的人们点燃了对机会平等的渴望。在过去五十年间，游说集团、社会研究机构和政府统计机构愈发重视不平等与贫穷等问题，并且试图建立互信的文化。

所有这些都是平等状况不断改善的表现。此外，尽管政治观点不同，但很少有人会不欢迎这些历史进展。这些历史进展背后的力量确保了大多数人都希望这一趋势能够继续下去。的确，这条人类进步之河偶尔会遭到阻碍，乃至泛起涟漪，但我们不应无视它的存在。

此前数章揭示的不平等与严重的健康与社会问题之间的关联表明，如果美国将不平等减少到日本、挪威、瑞典、芬兰等最平等的富裕国家的水平，那么信任他人者在人口中所占比例将上升75%，社群生活的质量也将随之改善；心理疾病和肥胖症的患病率将降低三分之二；青少年生育率将下降超过二分之一；监狱在押人数将减少75%；人们的寿命将延长，每年的工作时间则将减少两个月。

类似的，如果英国也将不平等减少到日本等四国的水平，那么信任程度将上升三分之二；心理疾病患病率将下降超过二分之一；预期寿命将延长一年；青少年生育率将降低三分之一；凶杀案犯罪率将降低75%；每年的工作时间将减少七周；政府可以关闭全国范围内的许多监狱。

为了建设更加美好的社会，至关重要的是发起一场致力于此项目标的持久的运动。需要在长达数十年的时间里，持之以恒地制定符合这一目标的政策。为了做到这一点，社会应该明确自己的目的。为此，我们在平等基金会的网站（www.equalitytrust.org.uk）上提供了（并将继续提供）研究结果、图表和其他相关信息。

初始任务是要令广大公众认识到这涉及哪些问题。然而，为了避免这一理念在短暂地吸引到人们的注意力后就遭人遗忘，我们需要发起一场社会运动，为实现这一理念而努力。为此，众多平等小组应该在各个场合聚集起来，分享理念和行动心得：既在家中，又在办公室里；既在工会里，又在政党里；既在教堂里，又在学校里。此外，关注与平等相关各种问题——无论是健康问题还是青少年生育，是监狱人口还是心理健康，是吸毒还是教育表现——的压力团体、慈善组织和服务机构也应该为了这一目标而努力。除此之外，还需要应对全球变暖这一迫在眉睫的问题。在所有这些环境下，我们都需要大声疾呼，说明更加平等的社会具有的优点。

我们并不应该对这样的想法感到担心：向富人增税会导致他们集体移民至海外，进而导致经济灾难。我们知道，更加平等的国家具有很高的生活水平和良好的社会环境；我们也知道，经济增长并非衡量一切的准绳；我们还知道，经济增长不再有助于提高我们的实际生活质量，而且消费主义会危及地球。我们也不应该怀有这样的想法：富人是稀少、珍贵、更具聪明才智的上等人，其他所有人都得依靠富人。这种想法只不过是财富与权势制造出来的幻觉。

我们不应对富人心怀感激之情，而是应该认识到他们对社会造成的伤害。2008年年末爆发的金融危机以及随后发生的衰退向我们展示了，向高管支付巨额报酬是多么的危险。超级富豪的存在不仅导致掌管金融机构的人士将所有人的福祉置于险境，还加大了其他人追逐消费潮流的压力。引发金融危机的长期投机泡沫在很大程度上受到了消费者支出增长的推波助澜。不平等程度加剧导致人们减少储蓄，增加透支和信用卡债务，并且通过次级贷款来满足消费欲望。不平等除了为经济繁荣与萧条的周期添加投机元素之外，还转移了我们对于迫在眉睫的环境与社会问题的注意力，转而令我们对失业、不安定和"如何让经济再度运转起来"感到担心。减少不平等不仅仅将使得经济制度更加稳定，还十分有助于增强社会与环境的可持续性。

现代社会将愈发依靠具有创造力、适应力、信息灵通且灵活的社群，这些社群能够慷慨地对每个人的需求作出回应。需要依赖富人的社会不具备这些特征，在这样的社会中，人们被不安定感驱使着。只有人们彼此平等、齐心协力、互相尊重的社会才具备上述特征。此外，由于我们的目标是在旧社会中孕育新社会，因此我们的价值观和行为方式势必会对新社会产生影响。我们还需要努力改变公众的价值观，使得炫耀性消费不再激发嫉妒之情，而是被视为问题的一部分，被视为正在摧毁我们社会与地球的贪婪与不公的标志。

马丁·路德·金（Martin Luther King）曾说过："宇宙的道德之弧很长，但终归通向正义。"在史前，我们曾生活在非常平等的社会中，保持着稳定、可持续的生活方式，即所谓"原初的富足社会"。[324] 也许可以将之想象为一道弧形，重新指向公正与平等这两大基本原则——在任何正常的社会交往中，我们仍然将这两大原则视为美德。[349] 不过，在任何阶段，建设更加平等的社会都需要人们直抒胸臆、提出主张、建立组织、发起运动。

政府不可能不对收入差距产生影响。在许多国家，政府都是最大的雇主。不仅如此，几乎所有的经济与社会政策都会影响到收入分配状况。税收与福利政策是最显而易见的途径。其他有力的政策领域包括：有关最低工资的立法，教育政策，对国民经济的管理（是否维持低失业率，是否对生活必需品和奢侈品征收不同税率的增值税和销售税），公共服务，退休金政策，遗产税，低收入补助，基本收入政策，儿童抚养福利，累进的消费税，[351]产业政策，再培训计划，等等。我们在本章中还提出，通过更加根本的变革，将收入差距置于民主掌控之下，确保平等更加深刻地在社会中扎下根。

就目前的阶段而言，激发促进社会平等的政治意愿比专注于减少不平等的具体政策更加重要。是否能够激发出政治意愿，取决于我们能否提出既可实现、又能鼓舞人心的关于更加美好社会的愿景。我们希望自己已经表明了，我们能够建立一个更加美好的社会：在这个更加平等的社会中，人们不再被区分为不同等级；我们将重拾社群感，将克服全球变暖的威胁；作为共同体的成员，我们将民主地掌控自己的工作，并分享日益壮大的非货币化经济部门带来的收益。这并非乌托邦般的梦想。证据显示，即使不平等程度得到小幅改善，也将有助于生活质量的提高——在某些富裕的市场经济民主国家，这已经成为了现实。我们的任务在于，认识到需要建立一个怎样的社会，并利用各种制度与技术来努力实现这一目标。

无论我们是否为之努力，更加美好的社会都不会自动出现。我们可能无法阻止全球变暖这一灾难；我们可能会放任社会变得更加不友善；我们可能无法认识到这背后存在的问题；我们可能无法反抗那一小撮富人，自私的观念会令他们反对更加民主与平等的世界。在这一过程中，我们会不断地遭遇问题与分歧——为了进步的斗争总是如此——然而，只要我们明白自己的目标是什么，必要的变革就是可以实现的。

数十年来，我们一直苦闷地认为，没有替代方案能够解决现代社会面临的环境与社会问题。如今，既然知道这些问题是可以解决的，我们应该重拾乐观的心态。我们知道平等有助于遏制消费主义和应对全球变暖。我们能够预见，现代技术的发展将使得追逐利润的机构变得越发对社会不利，新技术大大提高了生产公共物品的潜力，威胁到了这些机构的存在。我们正处在从量变到质变的边缘，即将创造出一个令所有人都感到更加美好、更加友善的社会。

为了维持必要的政治意愿，我们必须牢记：我们这一代人肩负着完成重大转型的历史使命。在富裕国家，经济增长已经无法进一步提高生活质量。我们的未来取决于是否能改善社会环境的质量。本书的作用就在于指出，只有在平等这一物质基础之上，才能建立更加良好的社会关系。

后记：当研究与政治相遇

《公平之怒》引发的争论

本书最初出版于 2009 年 3 月，距二战以来最为严重的金融危机爆发刚过去六个月时间。此次危机的大部分责任的确在于金融从业者不负责任的冒险之举，他们的贪欲就如同其薪酬一样高得出奇。我们在危机爆发多年之前就进行了此项研究，而且此次危机并未影响到研究的有效性，不过本书收获的好评显然也与这一时机是分不开的。在危机之前，许多人还认为金融行业的高额薪水和红利是其得主的杰出贡献及聪明才智的反映；危机之后，人们不再怀有这种想法了，因为他们意识到了在业绩与报酬之间并不存在关联。[408]

时机已到？

本书收获的好评不仅仅归功于其问世的时机。自从本书出版以来，我们在许多国家一共进行了超过 350 次讲座。我们与公务员、卫生当局、学者、慈善组织、宗教团体、智库、专业协会、艺术节与文学节、工会、企业高层、社区团体、皇家学会、国际机构以及各个政党展开了对话。尽管我们的听众往往都主张促进平等，但并非全部如此。然而，听众的反馈都非常积极，对我们表示肯定，这令我们感到在这方面存在着学术上的真空地带，人们十分渴望了解我们提出的证据，仿佛这个世界上潜伏着许多隐藏的平等主义者。

导致这种现象的原因可能有三种。首先，人们渴望弄明白，为何在达到了史无前例的富足程度时，我们的社会还会受困于大量严重的社会问题。抑郁与焦虑的心态为何如此普遍？为什么有那么多人依赖毒品和酒精？暴力事件为何层出不穷？其次，正如我们在本书开始时指出的，大多数人都认为，尽管"消费主义"和"物质主义"与我们渴望和家人、朋友以及社群共处更长时间的价值观和渴望背道而驰，但我们依然深陷其中，无法自拔。第三，我们的分析似乎确认了人们的直觉，即不平等会分裂并侵蚀社会。读者一次又一次地告诉我们，本书让他们收获了一个全新的、期待已久的、且易于辨识的世界，并且改变了他们看待身边事物的观点。

近期的一份报告从经验上确认了我们长期以来所持有的印象：在十分不平等的国家，公众对不平等的现状十分反感。杜克大学和哈佛大学的研究人员随机选取了5500名美国人作为样本，询问他们对于财富（而非收入）分配状况的态度。[409] 研究人员向他们展示了三张代表不同财富分配状况的饼状图。第一张图代表的是财富平均分配的状况，第二张图代表的是美国的财富分配状况，第三张图代表的是瑞典的财富分配状况。92%的受访者表示自己希望生活在第三张图那样的社会里——无论受访者是穷人还是富人，是民主党人还是共和党人，波动的范围仅仅是从89%到93%，差距并不大。当被问及美国的财富分配状况如何时，受访者作出的平均估测为，最富有的20%美国人掌控着59%的财富。事实上，这部分人掌控着84%的财富。当被问及心目中最理想的财富分配状况是怎样时，受访者倾向于最富有的20%人掌控32%的财富。

不过，除了正面评价以外，本书还受到了严厉的批评与强硬的政治攻击。本章的主要目的在于对这些意见作出回应，之后再就新的研究发现展开讨论。不过在此之前，我们希望对数位评论人士的批评作出回应，他们似乎误解了我们的观点。

谁将从平等中获益？

有些评论人士并不相信大多数人都将从平等中获益。他们似乎认为，证据只不过表明，在更加不平等的社会中，人们的平均状况要更加糟糕。[410]

在第 175 至 182 页我们曾列出了多达五组数据（还引用了第 109 页的一组数据），表明无论是按照教育程度、阶级还是收入水平对人口进行分类，与较不平等的社会中相同类别的人相比，较平等社会中的人都要更加健康（或是识字率更高）。我们还提及了得出相同结论的其他研究。研究人员通过统计模型考察了不平等对于各个收入水平群体的影响。

我们并不认为更加平等社会中的每一个人都比较不平等社会中的所有人表现更好。我们并不认为更加平等社会中阶级地位最低、收入最低、教育程度最低者表现也要优于较不平等社会中地位最高、收入最高、教育程度最高者。我们只是将处于相同阶级、收入水平和教育程度的人进行了比较，并且发现在更加平等的社会中，人们的表现更好。因此，就相同的收入与教育水平而言，与生活在较不平等社会的人相比，生活在更加平等社会的人生活质量要更高。图表 8.4、13.2、13.3、13.4 和 13.5 揭示的正是这一点。我们的结论是，最贫穷者通常从平等中获益最多，但即使富有者也能从中获益。

正如我们在第 176 页中指出的，就社会问题（包括心理健康、青少年生育、信任程度、凶杀案犯罪率和监狱人口）的严重程度而言，较不平等的社会与更加平等的社会之间存在巨大差距。这表明问题并不仅仅限于健康状况和识字率等方面。如果只有最贫穷者才能从平等中获益的话，二者之间的差距不会如此之大。

不平等、阶级与社会地位

令有些社会学家感到惊讶的是，本书所关注的仅仅是收入不平等这一问题，而没有考虑为数众多的关于阶级分类的细致研究。[411] 我们对此类研究怀有深深的敬意，但之所以未涉及这一话题，是因为对于本书的分析而言，阶级分类这一主题有着两项弱点。首先，各国都有着各不相同的分类制度，因此很难进行跨国比较。例如，早年间在对瑞典与英格兰及威尔士各社会等级的健康状况进行比较时，瑞典的研究人员不得不按照英国的职业分类标准，重新划分数千名瑞典人的职业。我们在图表13.3和13.4中展现了相关研究结果。然而，即使能够对各国的情况进行比较，依然存在着另一个更加根本的问题：很难通过阶级分类来衡量各群体间差距的大小。与之相比，我们不仅可以通过收入差距将人们区分为不同的阶级，还可以衡量各群体间差距的大小。尽管收入不平等不能完美地反映社会地位分化的状况，但依然能够让我们充分了解社会。

对其他常见问题（关于种族、移民、国家大小、当地的不平等状况等问题）的回答，可以参见平等基金会网站的"常见问题"栏目。

公正的批评与无理的抨击

围绕着以流行病学为核心的公共卫生问题，历史上出现过多次政治斗争：从19世纪关于下水道与洁净用水的冲突，到当代防止人们身处危险场所的立法，莫不如此。当科学证据向种种既得利益——产业的、社会的，以及经济的——发起挑战时，政治斗争就会开始。

如今，学者和公共卫生从业人员几乎一致同意，社会与经济环境是影响健康状况的最重要因素。20世纪下半叶最具影响力的流行病学家之一杰弗里·罗斯（Geoffrey Rose）曾表示："药物与政治不能也不应被分开。"我们愈发意识到，社会结构会对人类的健康与福祉产生深刻影响，这将不可避免地使得科学与政治相遇。

任何领域的学者当然总会对彼此的研究成果提出批评，这是推动科学进步的正常过程。然而，显然出于意识形态原因发起的抨击就是另一回事了。在这种情况下，不是由熟知研究领域的同僚就研究方法和对证据的解读展开争论，而是由对相关文献一无所知且毫无贡献的人试图通过媒体令大众相信该研究会使人误入歧途。

如今，试图推翻大量具有深远政治影响的科学证据这一做法已经非常常见。近来，美国学者娜奥米·奥雷斯克斯（Naomi Oreskes）和埃里克·康韦（Erik Conway）在《贩卖怀疑的商人：一小撮科学家是如何遮蔽吸烟和全球变暖等问题真相的》（*Merchants of Doubt: How a Handful of Scientists Obscured the Truth on Issues from Tobacco Smoke to Global Warming*）一书中讲述了此类抨击行为。[412] 在不同问题上，活跃的常常是同一群人，他们通过各种技巧使得公众以为这些涉及公共政策的重大研究领域是充满争议的，但事实上科学结论早已十分明确。结果就是，公众对杀虫剂、烟草营销、酸雨、臭氧层空洞、二手烟的危害，以及全球变暖的应对被严重推迟了。一名对本书进行攻击的人士，近来还对禁烟政策和二手烟有害健康这一可靠的证据展开了抨击——这就是此类"贩卖怀疑的商人"的典型伎俩。幸运的是，他的作品不太可能有所成效：苏格兰、美国和加拿大部分地区、罗马市、爱尔兰和英格兰在公共场合实施的禁烟令均促使死亡率下降，拯救了上千条生命；这一政策不太可能被取消。

抨击为何不成立

在平等基金会的网站上，我们逐条反驳了"纳税人联盟"、"民主研究院"和"政策交流论坛"等组织提出的批评。[413] 由于内容相当冗长，在此我们只简要地概述这些批评与回应。

批评者采用的最主要策略是，认为提出在不平等与社会问题之间存在关联的只有我们。随后他们便逐条对我们揭示的关联提出质疑，认为这是统计学上的偶然因素、刻意挑选研究对象和问题造成的。例如，他们认为某项分析应该将美国排除在外，另一项分析应该把日本和斯堪的纳维亚国家排除在外；或者如果加入较贫穷国家的话，此种关联就会不复存在。

无论这种策略是否会对我们的研究产生影响，此类批评多半是零碎的、临时拼凑的，没有考虑其他学者在学术期刊上发表的证明类似关联的研究成果。如今有约200篇经同行审阅的论文检验了不同环境中收入不平等与健康状况的关联，[10]50多篇文章检验了不平等与暴力行为的关联，[210][211][414]还有许多文章检验了不平等与信任程度及社会资本的关联。[400][415]因此，认为这些关联并不存在的观点很难令人感到信服。持有此类观点的人并非是在提出学术批评，而是在进行政治抨击。

熟悉本领域的研究者进行的学术讨论主要关注的是该如何解释此种关联。因此，我们也对各种解读的长处和弱点进行了讨论（见第13章，从第182页开始），最终得出的结论是，此种关联表明，是不平等导致了各种社会问题。除了少数例外，我们在前文中展示的一切研究成果都经过了同行审阅，并且曾发表在学术期刊上。

那么，对我们的批评有哪些？我们又是如何回应的？

刻意挑选问题？

有批评人士认为我们刻意挑选了某些健康及社会问题。[416]

《公平之怒》并不声称自己对所有社会问题都作出了解释，本书所针对的是那些具有社会坡度的社会问题；这些问题在下层社会更加常见。例如，我们并不认为不平等的加剧会导致饮酒量增大，因为在多数国家，下层社会人士的饮酒量并非更大。与之相反，酗酒这一问题的确具有社会坡度，在更加不平等的美国各州，酗酒引发的肝脏疾病所导致的死亡率也的确更高。[8] 我们还指出，乳腺癌和前列腺癌导致的死亡率在下层社会并非更高，这一现象与不平等之间也不存在关联。[8] 与之形成鲜明对比的是心脏病导致的死亡率，后者的社会坡度十分明显。

我们之所以在第 2 章中对富裕国家的联合国儿童基金会儿童福祉指数与收入不平等之间的关联进行分析，就是为了表明我们在论证过程中并未进行刻意挑选。该指数综合考虑了 40 项关于儿童福祉的指标（这些指标不是我们选择的），但与我们自己编制的健康及社会问题指数如出一辙：与收入不平等有着强有力的关联，但与国民平均收入水平并无关联。

哪些国家？

批评人士还认为我们刻意挑选了某些国家作为研究对象，以符合我们的结论。我们本应加入更多较贫穷的国家。[416][417]

我们通过一系列严格的标准，才选出了作为研究对象的这些国家，无一例外。我们的资料来源于 2004 年 4 月世界银行的"世界发展指标数据库"。我们首先选取了人均国民收入水平位居前 50 的国家——世界银行采用"图谱法"，将所有国家分为"高收入"、"中等收入"和"低收入"三类——然后去除了那些无法获得可供比较的关于收入不平等状况数据的国家和人口少于 300 万的国家（目的是将避税港排除在外），最后还剩下 25 个国家。我们之所以只考虑最富裕国家的情况，不是因为不平等与社会问题之间的关联只在这些国家才存在，而是因为这些国家位于第 7 页的图表 1.1 右上角那段平坦的曲线上。这表明人均国民收入水平的差距不会再对预期寿命长短产生影响，因此更容易区分相对收入水平和绝对收入水平造成的影响。

如果我们将较贫穷的国家也作为研究对象，就会面临两大问题。首先，我们很难获得关于这些国家青少年生育率、心理疾病、社会流动性、社会凝聚力等问题的可供比较的数据。其次，这些国家的物质生活水平仍较低，提高人均国民收入水平仍然大有好处；如果将这些国家也纳入研究范围，我们就必须在统计时对人均国民收入水平进行对数转换，这样才能揭示出不平等造成的影响。采取如此复杂的方法并不利于众多读者了解本书的主题。尽管如此，即使我们将较贫穷的国家也包括在内，研究结果也不会发生明显改变。对预期寿命、婴儿死亡率和凶杀案犯罪率——相关数据较易获得——的研究表明，对处于不同发展水平的国家而言，平等都是有益的。[10][418]

为了符合自己的结论，精心挑选出某些国家，这样的做法会使得本书毫无意义。我们使用的是最为权威的数据，并且保留了所有对我们不利之处。例如，我们在讨论婴儿死亡率时并未将新加坡排除在外，尽管该国是非常明显的离群点：作为我们考察的国家中最不平等的一个，该国却有着最低的婴儿死亡率（见第 82 页的图表 6.4）。

如果我们能够展现其他研究者收集的数据，我们就能揭示出不平等与各种社会问题之间更加强有力的关联。[207][419]然而，这样势必引发能否相互比较的问题，因为其他研究者往往使用了不同方法来衡量收入不平等程度，并且考察了不同国家的情况。我们的目的在于揭示不同的问题呈现出了相同的模式。因此，我们希望在分析各种社会问题时，使用同一种衡量收入不平等程度的方法，并且考察同一组国家；为了确认我们的结论，再以美国的 50 个州为研究对象，重复我们的分析，并加以对照。

本书试图尽可能简单、透明地展现收入不平等与各种健康及社会问题之间的关联。不需要任何数学和统计学知识，就能够理解图表的内容。在每章中，我们都指出研究发现不能归结于偶然。多数读者都不会感到书中存在任何难以理解的内容。但对于有此感受的读者，我们在平等基金会的网站上提供了更多数据与统计细节。

文化差异？

> 有人认为，我们揭示的关联是各国文化差异的反映，而非不平等造成的后果。[416]

这种批评体现为两种形式。首先，有人认为，收入差距反映了潜在的文化差异，后者才是导致健康及社会问题的真正决定性因素。其次，有人认为应该将某些国家排除在分析之外，因外它们的文化不同于其他国家。

用"好"与"差"就足以衡量收入差距。但从数量和质量上衡量文化差异的标准却有无数种。在第13章中我们提到，瑞典和日本尽管在健康及社会问题方面表现都十分良好，但这两个国家的文化差异却很大，在女性就业率和参政率、核心家庭所占比例、实现平等的路径（是通过再分配，还是通过缩小税前收入差距）等方面都是如此。

相比之下，西班牙和葡萄牙在文化上有着许多相似之处，直到1970年代中期，这两个国家都处在专制统治之下。然而，正如本书一再表明的，如今葡萄牙的不平等程度要比西班牙严重得多，其健康及社会问题同样更加严重。因此，文化差异并不一定会导致各国表现不同（例如瑞典和日本），文化相似性也并不一定会导致各国表现相近（例如葡萄牙和西班牙）。重要的是收入差距的幅度，而不是文化因素。

此外我们还知道，在20世纪的下半叶，在预期寿命和不平等程度的排行榜上，美国和日本的位置发生了对调。1950年代时，美国比日本更加平等，健康状况也更加出色。但随着美国变得愈发不平等、日本变得愈发平等，日本的预期寿命也超越了美国，跃居世界第一。如果关键因素在于文化而非不平等，那么，这两个国家经历的众多文化变革为何并未改变其健康及社会问题与收入不平等之间的关联？

越深入地思考强调文化因素重要性的观点，越会觉得它无法成立。如果这种观点成立，那么文化的这种神奇力量不仅仅会导致心理和生理疾病、学校中的霸凌现象、更加严酷的判决、肥胖症、青少年生育等问题，其导致问题的严重程度还必须与收入不平等的幅度相一致。

批评者还以文化差异为由，主张将某些国家排除在分析之外。例如，有人主张将斯堪的纳维亚国家或英语国家排除在外，有人甚至主张将二者都排除在外。[416] 这种一刀切的做法使得我们无法了解为何在某些问题上，有些英语国家表现要优于其他英语国家：例如，美国的心理疾病发病率和青少年怀孕率高于英国，英国又高于新西兰（当然，美国的所有州都将英语作为官方语言）。更加根本的因素在于，各国的不平等状况对其文化会产生强有力的影响，因为不平等会损害社会的信任程度、凝聚力以及社群生活的质量。

可恶的离群点以及统计学

有批评者认为，我们揭示的关联有赖于"离群点"。[416]

除了主张以文化差异为由将某些国家排除在外，还有人提出，出于纯粹的统计学理由，应该将某些"离群"的国家排除在外。所谓"离群点"指的是本书图表中远离符合各国或各州状况的"最佳配适线"的各个点，例如第82页的图表6.4（关于收入不平等与婴儿死亡率之间的关联）中的新加坡以及第67页的图表5.1（关于收入不平等与心理疾病发病率之间的关联）中的意大利。有可靠的方法来衡量某个点对"最佳配适线"的影响有多大，但并没有明确的统计学规则规定何时应该将离群点排除在外。我们之所以决定保留所有离群点，是出于三个原因。首先，它们代表的是关于健康及社会问题的实实在在的反常现象；其次，将离群点排除在外会显得我们是在刻意挑选研究对象；第三，我们一以贯之地以同一组国家为研究对象，展示不平等与其健康及社会问题之间的关联。

批评人士不仅错误地指责我们刻意挑选研究对象，还试图通过将离群点排除在外，来质疑我们结论的可靠性。例如，有批评者认为，在分析不平等与对外援助之间的关联（第 61 页的图表 4.6）时，应该将斯堪的纳维亚国家作为离群点排除在外，但实际上日本显得更像离群点。[416] 将斯堪的纳维亚国家排除在外意味着二者之间的关联在统计学意义上将变得不再显著，但如果将日本也一并移除则将使得该关联重新变得显著。

在讨论肥胖症时也出现了同样的问题。批评者认为，我们应该将美国作为离群点排除在外，这也会使得收入不平等与肥胖比例之间的关联变得不再显著。[416] 但希腊的离群程度更加严重，如果将希腊也一并移除，则将使得该关联重新变得显著。在讨论儿童超重这一问题时，批评者希望移除美国，而非更加离群的加拿大。如果将二者一并移除，则将使得该关联依然保持显著。

由于我们考察的国家数量有限，将某些国家排除在外有时当然会对我们的研究结果产生影响。尽管如此，与不平等相关的诸多关联都具有统计学意义上的显著性，这一事实足以证明潜在的关联是多么强有力。

这些批评之所以不成立，有两点理由。首先，这样的做法并不会对其他上百份关于健康状况与不平等之间关联的分析以及我们对美国 50 个州情况的分析产生影响。其次，将某些国家排除在外后，我们所揭示的关联依然存在。在第 174 页的图表 13.1 中，我们将国际范围内关于健康及社会问题的证据综合成了一项指数。即使将瑞典、挪威、芬兰、日本、美国和英国这些最平等和最不平等的国家一并移除，对于其他国家而言，在健康及社会问题与不平等之间依然存在高度显著的关联。

总之，我们相信自己使用的数据是十分可靠的。而且正如我们所言，其他研究者在不同的环境下已经多次证明了某些关联的确存在。例如，有研究报告表明，无论是就俄罗斯各地[420]、中国各省[421]、日本[422]、智利各县[423]而言，还是综合考虑富国与穷国的情况[418]，健康状况与收入不平等之间都存在关联。那些不喜欢我们结论的人士，无疑同样希望将这些省、县和国家也排除在研究报告之外。

其他因素？

> 有批评者指出，对于其他可能导致收入不平等与健康及社会问题之间关联的因素（例如人均国民收入、贫困程度、种族构成或是福利措施），我们应该加以控制，或是给出解释。[416]

出于多种原因，我们决定不把其他因素包含在内。首先，我们希望最简明易懂地展现收入不平等与健康及社会问题之间的关联，让读者自己体会这种关联是否是强有力的。其次，流行病学分析方法论中的一条基本原则是，不应对构成因果链的因素（也就是能够解释不平等是如何导致某个特定问题的因素）加以控制。例如，如果我们认为在收入更加不平等的社会中人们健康状况更差的原因在于糟糕的社会关系导致长期压力变得更加严重，那么我们在分析具体的因果次序时就需要多加小心。在统计模型中加入信任程度和社会凝聚力等指标，会导致收入不平等与健康状况之间的关联消失[400]；然而，实际上不平等很可能的确会导致健康状况变得更糟，因为不平等会分裂社会。第三，将与不平等无关，或是与具体问题无关的因素包括在内，会导致不必要的干扰，从而使我们的方法出现错误。

尽管如此，其他许多考察健康状况与收入不平等之间关联的研究对贫困程度、平均收入、个体收入等因素进行了控制。还有一些人细致地探讨了收入不平等与公共支出、社会资本以及种族构成等因素是如何相互影响的。我们在第13章中对相关内容进行了讨论，在下文中也会再度提及这方面的最新进展。

需要注意的是，不能简单地认为，与不平等状况无关的个人物质生活水平是造成这些问题的原因。没有人会怀疑，当穷国的许多人缺少基本生活必需品时，其健康状况一定不会好。然而，物质生活水平很难解释为何即使在富国，社会地位越高者健康状况仍会更佳（见图表1.4）。人们提出了"新物质主义"这一概念，用社会心理之外的因素解释这一现象。该观点认为，随着社会地位的不断提高，更加舒适与奢侈的生活将使得人们的健康状况进一步改善。即使这种说法成立，也无法解释为何更加平等的社会健康状况更佳。然而，图表1.3、2.3和2.7分别显示，对富裕国家而言，预期寿命、健康及社会问题的严重程度以及儿童福祉均不会再随着生活水平的提高而进一步改善。我们在第6章中曾提及一篇研究评论，该评论在检验不平等与健康状况的关联之前，对贫困程度和个人收入水平等因素进行了控制。随后我们还提及了另一篇重要的新评论。传统观点认为，物质生活水平是最为重要的因素；我们认为应归因于不平等的那些问题，都应该归因于物质生活水平。我们需要牢记于心的是，大量证据并不支持这一观点。

用实践来检验

本书所呈现的证据格外有力之处在于其惊人的一致性。几乎所有与社会地位相关的健康及社会问题都会随着收入差距的扩大而变得更糟；除此之外，就单个问题而言，数据同样具有一致性。例如，在第7章中我们发现在更加不平等的社会中肥胖问题更加严重；与我们预计的一样，证据表明，在更加不平等的社会中，人均卡路里摄入量也更高。[114] 类似的，我们不仅发现更加不平等的社会中教育表现更差，而且还发现这些社会中辍学率、失业率和未接受进一步培训的比例都更高。[424]

我们在第11章中曾指出，导致更加不平等的社会监禁率更高的最重要原因在于其判决更加严酷。在本书出版以后，我们进一步考察了这一结论是否同样适用于儿童。我们发现，在更加不平等的社会，刑事责任年龄要更低，儿童更有可能被当作成人审判。

对未知的事物作出可供证伪的预测，是检验任何理论是否有效的最佳途径。我们在第195页已经对根据我们的理论（不平等加剧会导致具有社会坡度的问题变得更加严重）作出正确预测的事例进行了讨论。在此，我们还可以探讨两个例子。关于这两个例子涉及的问题，我们起初只掌握了有限的数据。当我们于2006年首次考察收入不平等与心理疾病患病率之间的关联时，世界卫生组织发布的具有可比性的数据只涵盖了八个发达国家。[425] 当我们在学术期刊上发表了初步分析成果后，批评人士指出，我们的结论依赖于美国严重的不平等程度和心理疾病患病率。在本书的初版问世后，我们又获得了另外四个国家的数据。新的数据不仅没有推翻我们的结论（在更加不平等的国家，人们的心理健康状况更差），还填补了空白，进一步确认了二者之间的关联（见图表17.1和17.2）。这四个国家的心理疾病患病率符合根据其不平等程度所预估的水平。

对社会流动性的考察同样如此。当《公平之怒》刚刚出版时，我们只能获得八个国家有关社会流动性的具有可比性的数据。有批评人士声称，因为考察的国家数量太少，我们的结论（不平等与低社会流动性之间存在关联）是错误的。尽管最初只获得了八个国家的数据，但我们依然将这一研究保留在了书里，原因不仅仅在于二者之间的关联具有显著性，还在于研究报告表明，随着收入差距扩大，社会流动速度会变缓，因此收入差距扩大很可能导致社会流动性降低。自本书出版以来，我们又获得了另外三个国家的数据。[426] 正如图表17.3和17.4所显示的，这三个国家的数据使得我们原先的结论更加完整、可靠。

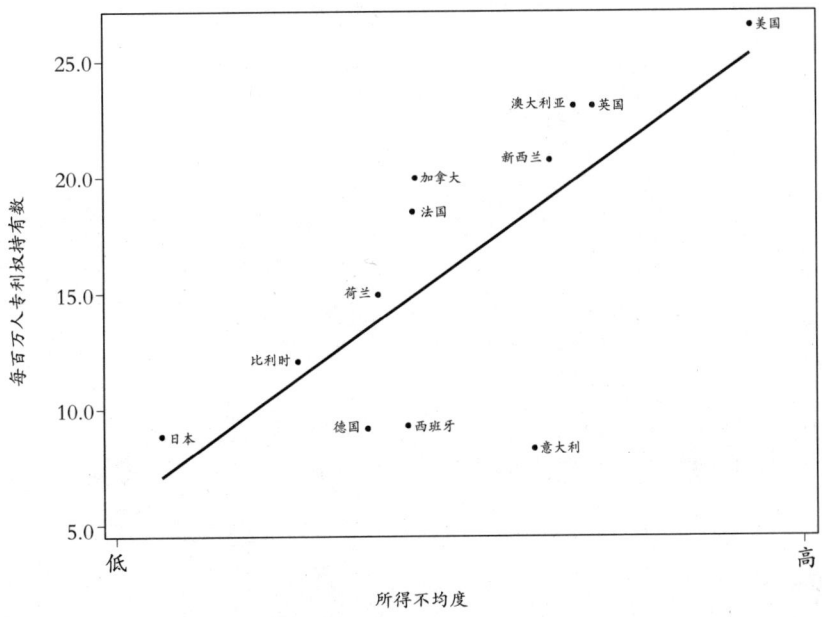

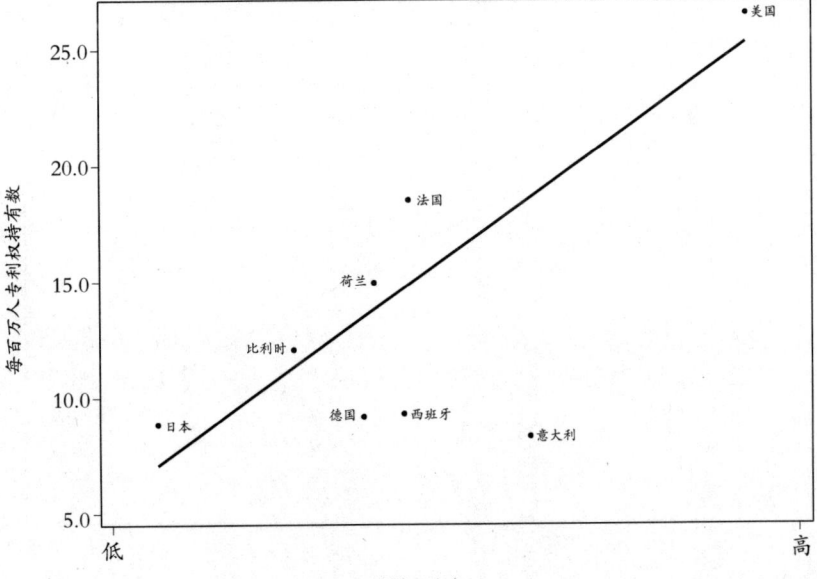

图表 17.1、17.2：新近获得的四个国家的数据确认了此前八个国家收入不平等与心理疾病患病率之间的关联。

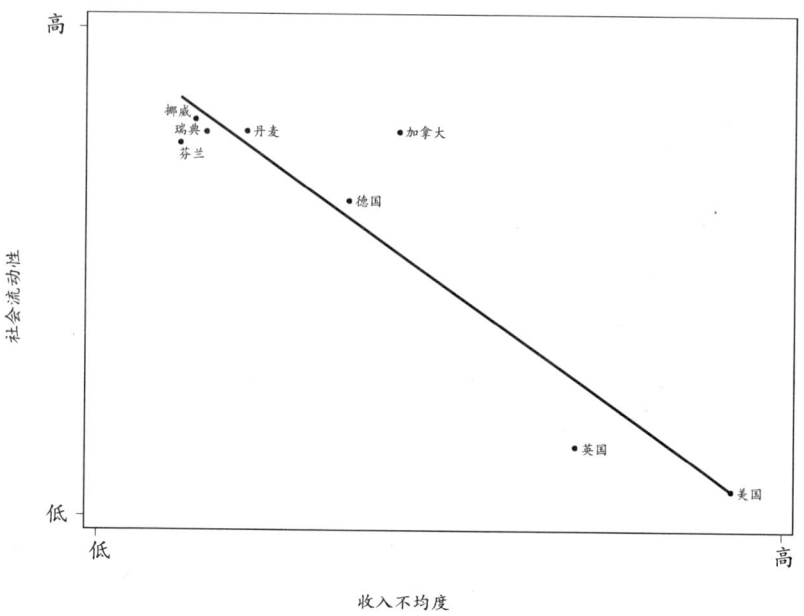

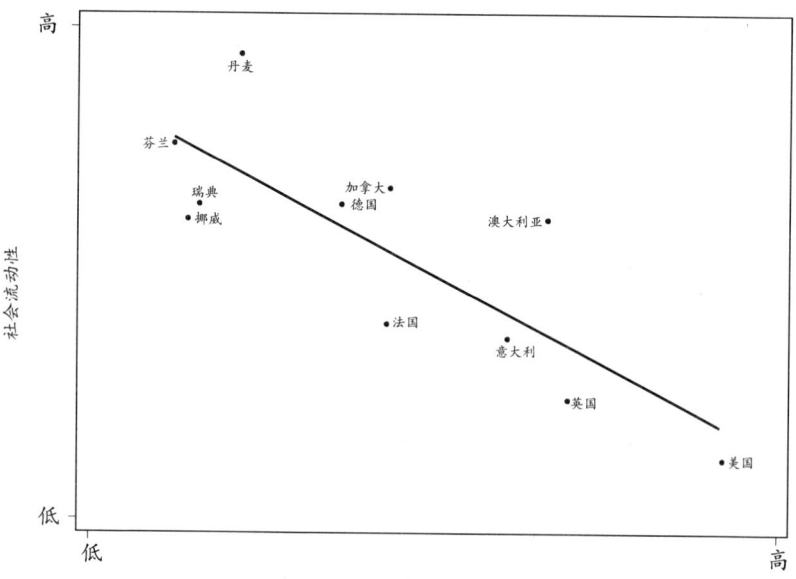

图表 17.3、17.4：新近获得的三个国家的数据确认了此前八个国家收入不平等与社会流动性之间的关联。

新的证据

死亡率与自我汇报的健康状况

自从我们于 2008 年春完成本书的写作以来，有许多研究揭示了不平等与健康状况之间的关联。有 9 项研究专门考察了富裕发达国家的情况。[427][428][429][430][431][432][433][434][435] 其中的 7 项得出了和我们相同的结论，即在更加不平等的社会，人们的健康状况更差。另两项与我们产生分歧的研究考察的都是不平等与自我汇报的健康状况（受访者常常被询问自己近来的健康状况是很好、好、一般还是差）之间的关联。[432][433] 尽管能够用自我汇报的健康状况来预判该国国民的寿命，但对各国情况的比较显示，在预期寿命较短的国家，自我汇报的健康状况要更好。因此，这两项研究不仅没有推翻我们的结论，反而揭示了人们是如何看待自己的健康状况的。[436][437]

为何在跨国比较时，自我汇报的健康状况与实际健康状况并不相符？也许是因为在更加不平等的社会中对于社会地位的争夺更加激烈，声称自己的健康状况良好有助于维护强健的自我形象？也许是因为在更加平等的社会中，人们不太愿意夸耀自己？我们并不知道确切的原因。这说明，在进行跨国比较时，使用客观的健康及社会问题指标是十分重要的。

因果路径

近来涌现了三项重要的新证据，有助于我们更加深刻地了解收入不平等与健康状况之间的关联。首先是刊登在《英国医学期刊》（*British Medical Journal*）上的一篇对所谓"多层次研究"的评论文章。[438] 多层次研究分两个阶段对收入水平与健康状况之间的关联进行了考察。首先考察的是个人收入水平与健康状况之间的关联；其次考察的是不平等是否会对社会的整体状况产生额外影响。这篇评论文章使用了来自 26 项多层次研究的数据，涵盖了超过 6000 万人。该文章明确无误地表明，不平等会损害健康，这种影响与绝对意义上的贫富程度无关。其结论是，即使在对个人收入水平（包括贫困程度）或受教育程度加以控制之后，单单是减少经济合作与发展组织成员国的不平等，每年就能够减少150万起死亡案例（几乎占15至60岁之间全部死亡案例的十分之一）。这一估计有可能过于保守，因为对个人收入水平能够加以控制往往意味着对个人社会地位同样加以了控制，这一点恰恰是不平等的重要体现，并且会对健康状况产生影响。

第二项新证据是一篇发表在《社会科学与医学》（*Social Science and Medicine*）上的文章。该文章为考察长时段内不平等及健康状况变化的研究作出了补充。在全世界范围内，预期寿命在继续增长，但在1970年至2000年间收入不平等恶化最为严重的美国各州预期寿命的增长幅度要小于其他各州。[439]

第三项证据发表在《美国公共卫生期刊》（*The American Journal of Public Health*）上。这项研究检验了收入不平等与健康状况之间的关联在多大程度受到了信任程度和政府对于医疗服务开支的影响。[415] 该研究确认了我们在第6章中得出的结论：信任程度的确是一大因素，对医疗服务的开支则不是。收入差距扩大会使得信任程度降低，进而对健康状况造成伤害。

友谊与健康

在本书中，我们讨论了社会关系对于人们的健康状况和福祉的极端重要性，并且证明了严重的收入不平等会损害社会结构。现在，对几乎达150项研究进行的一项重大的全新评审确认了社会关系对于健康状况的重大影响。[440] 与社会关系较弱者相比，社会关系较强者在该研究跟踪期间去世的可能性要低二分之一。这份报告的作者发现，社会关系对于存活的影响力至少相当于吸烟，要比酗酒、锻炼或肥胖等因素更加重要。研究人员发现，当综合考虑婚姻状况、孤独感、社交网络大小和社交行为参与程度等多种因素时，社会关系对于健康状况的影响显得尤为强烈。

暴力

正如我们在第 10 章中曾指出的，有大量证据一以贯之地证明，在不平等与暴力行为之间存在关联。近来的研究进一步确认了二者之间的关联。2010 年发表的一份对 33 个国家进行的研究表明，社会凝聚力（以信任程度来衡量）导致了收入不平等与凶杀案犯罪率之间的因果关系，用于医疗和教育的公共开支则没有这一作用。[415]

加拿大麦克马撕特大学的马丁·戴利对美国各州的暴力行为是否（如有些人所认为的）应归因于"南方的文化"或种族因素——而非不平等所造成——进行了分析。他表示，与这种观点恰恰相反，无论是对于南方各州还是北方各州而言，不平等与暴力行为之间都存在关联；无论凶手是白人还是黑人，在不平等程度更加严重的地方，暴力事件的发生频率都更高。[414]

在写作本书时，我们并不了解其他关于不平等与儿童冲突之间关联的研究。不过，近来一项对 37 个国家进行的研究发现，在更加不平等的国家，霸凌行为的发生频率也更高。在家人和朋友提供的支持较多的地方，霸凌行为发生的频率较低。但这一因素以及家庭财富状况的影响均不如收入不平等的影响重要。[402]

平等与可持续性

平等、公正、可持续性与经济均衡等相互交织的问题在全世界获得了越来越大的关注。"地球之友"和世界野生动物基金会等环保组织正在发起关注人权和自然资源的公平分配等与不平等相关问题的运动。英国绿党也在 2010 年将经济平等列为了竞选宣言的核心内容。

不断有新的证据表明，更加平等的社会留下的碳足迹更轻，更能应对气候变化的挑战；更加不平等的社会留下的生态足迹更重，制造的垃圾更多，消耗了更多的水资源，人均飞行里程也更长。[441]造成这种现象的原因可能在于，在更加平等的社会中，人们容易形成更加强烈的集体责任感，这一点对于采取政治行动、应对气候变化而言是至关重要的。与更加不平等的社会相比，更加平等社会中的商业领袖更有可能认同本国政府应合作参与国际环保协定的观点。[442]如今，首屈一指的政策专家指出，全球范围内的不平等阻碍了各国就应对气候变化展开合作。[443]

不平等、市场与民主

我们与其他研究者均列举了众多证据，而且，这些证据还在迅速积累之中。这些证据清晰地揭示了收入不平等与社会功能失调之间的重大关联。然而，出于政治动机的、毫无根据的批评可能起到混淆视听的作用，使得人们无法完全认识到这些证据的效力。例如，有人会表示气象学没有考虑到各大洋不同盐度所产生的影响（这种说法是没有道理的）。并不熟悉该学科的读者无法核实这种说法，因而有可能会认为盐度是一项未被考虑的重要因素。

媒体上的所谓"平衡讨论"常常会误导读者，即使在证据确凿的科学领域同样如此。例如，如果有98%的气候变化科学家都赞同某一问题，仅有2%的科学家持有异议，那么从两个阵营中各邀请一人参加新闻节目或是公共辩论，就会令人们误认为该问题仍存有争议。只有非常勤勉与热情的读者才会刨根究底地探讨相关问题。在我们看来，反对促进平等的人士不会留意我们对出于政治意图的批评作出的回应，而只是会认为该问题仍存有争议，因此大可对此视而不见。

在这样的形势下的最佳策略也许是直接反驳这些批评背后的动机。在《贩卖怀疑的商人》一书中，奥雷斯克斯和康韦指出，同一群个人和机构之所以会对禁烟和气候变化这样迥异的问题均提出抨击，最有可能的原因是出于捍卫自由市场原教旨主义的考虑。除了捍卫自由市场之外，他们还认为自己是在反抗"大政府"这一趋势，并且是在保护民主。[412]对不平等会损害社会这一结论的抨击可能也是出于同样的理由。

然而，这一信念却是严重的概念错误导致的。不平等加剧实际上会增加对大政府的需求：需要更多警力、监狱，以及各种医疗与社会服务。这些服务大多既昂贵，作用又有限，但只要严重的不平等继续催生各种健康及社会问题，我们就仍将需要它们。如今，美国有些州用于监狱的支出已经超过了用于高等教育的支出。事实上，实现小政府的最佳、最人道途径就是减少不平等。类似的，认为只有通过高税收、高福利才能促进平等的观点（正是出于这一理由，纳税人联盟对本书提出了批评）也是错误的。在第13章中，我们花费了许多篇幅指出，有些国家通过征收相当低的税收同样促进了平等，原因在于这些国家的税前收入差距较小。

没有什么比腐化堕落和不加节制的贪婪更容易腐蚀民主和市场的正常运转。尽管目前可以获得的关于腐败程度的国际数据主要衡量的是穷国的腐败状况，但这些数据仍然强有力地表明，不平等加剧可能导致政府和社会中的腐败更加严重。[444]我们在第4章中曾表明，不平等会削弱信任程度和社群生活的活跃程度。这指的不仅仅是人与人之间的信任程度，还包括民众对政府的信任程度——美国人和斯堪的纳维亚诸国人民对待各自政府的态度差异是人尽皆知的。此外，国际数据以及美国各州的数据都表明，在更加不平等的社会中，人们更加不信任政府。[401][445]来自不实行强制投票制度国家（例如澳大利亚）的数据还表明，在更加不平等的国家，投票率会更低。[446]无论是否反映了巨大的利益分歧以及尖锐的"我们与他们"之别，这种现象无疑都表明过于严重的不平等会危及民主。

有经济学家指出，市场就如同民主投票制度：我们的开支模式事实上是在就生产性资源应如何分配于各项相互竞争的需求而进行投票。如果这种说法成立，那么收入比别人高二十倍者也就拥有了比别人多二十倍的投票权。结果就是,不平等严重地扭曲了经济满足人们需要这一功能:由于穷人住不起更好的住房,他们对更好住房的需求就变得"无效"了;富人的支出则导致稀缺的生产性资产转而被用于生产奢侈品。

不平等、债务与金融危机

除了收入差距过大造成的这些普遍性影响之外,如今有证据表明,不平等是导致1929年和2008年金融危机的重要因素。

我们在第228页和第270页曾指出,不平等会导致债务增加。有证据表明,在不平等与债务之间的确存在着密切的关联。近来,波士顿学院经济学家、美联储理事马泰奥·亚科维耶洛(Matteo Iacoviello)考察了1963至2003年间的数据。他发现,就美国而言,在债务增加与不平等加剧之间存在着密切的关联;他认为,长期债务增加只可能是不平等

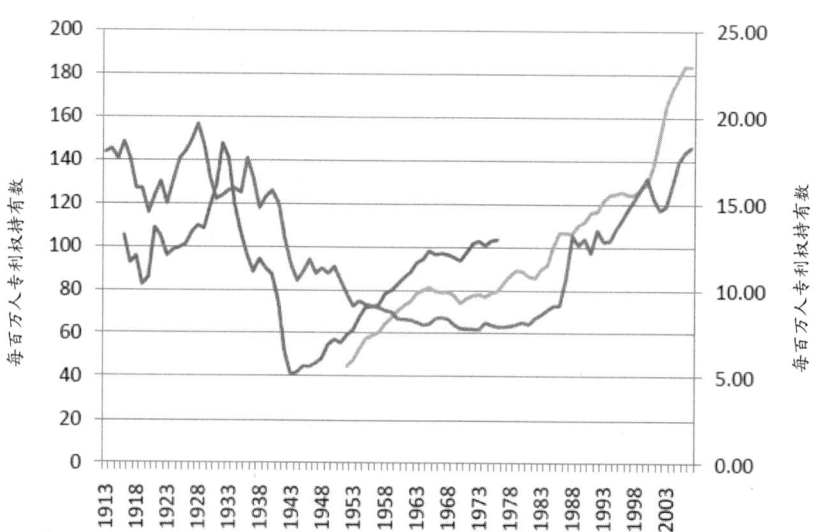

图表17.5:1929年和2008年的金融危机发生于不平等(一条连续的线段)和债务(两条断开的线段)均十分严重之时。[452]

加剧导致的。[447] 我们考察了经济合作与发展组织成员国关于债务的最新数据，同样发现，在更加不平等的国家，无论是短期家庭债务占家庭资产的比例，还是政府债务占国内生产总值的比例，都要更高。[448]

在数位最受尊敬的经济学家帮助之下，一部名叫《瑕疵》（The Flaw）的纪录片揭示了不平等与债务的加剧是如何引发1929年和2008年的金融危机的。[449] 两次危机都爆发于过去一百年间不平等最为严重之时，长期以来不平等的加剧导致债务急剧增多。[450][451] 正如图表17.5所示，两次金融危机的走向极为类似。根据伦敦政治经济学院政治经济学教授罗伯特·韦德（Robert Wade）的估算，不平等日益加剧，以至于在2008年的金融危机爆发之前，美国最富有的10%人口每年从剩余90%人口处吸取的财富数量达到了约1.5万亿美元。[449] 结果就是，富人用于投资和放贷的财富越来越多，其他人则越来越难以维持相对收入水平，或是实现自己的抱负。无论对于投机者而言，还是对于普通居民而言，房产价格的飙升都使得投资房产成为了令所有人趋之若鹜的热潮。人们竭尽所能地挤入房产市场，当价格进一步上升时，便进行风险很高的再次按揭。对这些债务进行交易和投机的金融机构的利润占所有公司利润的比例从1980年的15%上升到了2003年的40%。随着泡沫越来越大，当它最终不可避免地破灭之后，后果也变得愈发严重。

让民主变得可行

促进平等不仅不会危及民主和市场，还会起到捍卫这二者的作用。即使不承认平等的益处的人，也能够从平等中获益。

在本章开始时我们曾提到，有研究显示，超过90%的美国人表示更原意生活在收入分配状况类似于瑞典而非美国的社会里。在英国进行的一项研究同样显示，人们认为收入差距应该缩小，尽管他们大幅低估了实际的收入差距。世界上有许多人都更加青睐平等的社会，其正义感也比我们通常认为的更加强烈。我们之所以会产生错觉，部分原因在于，近几十年来富裕国家的多数人都被说服了，对平等价值观的可靠性和必要性产生了怀疑。1980 和 1990 年代新自由主义政治经济观念的兴起导致平等主义理念从公共辩论中消失了，怀有强烈正义感的人们成为了隐藏的平等主义者。

现在到了平等主义者重回公共舞台的时刻。我们需要更加自信，因为我们的直觉被证明是正确的，这甚至出乎我们自己的意料。有证据显示，很少有人意识到现实中的不平等和不公正有多么严重，也很少有人意识到大多数人都受到了不平等的伤害。因此，首要任务就是提供信息，教育人们了解现状。

增进对这些问题的了解，已经改变了许多政客对待不平等的态度。在英国，持各种政治立场的人们都对本书表示了赞许。在 2009 年末发表的一份重要演说中，保守党首相戴维·卡梅伦（David Cameron）称本书表明"更加不平等的富裕国家在几乎每项与生活质量相关的指标上表现都更加糟糕……就预期寿命、罪案发生率、识字率和健康状况而言，人均 GDP 的影响远不如贫富差距的影响重要……我们内心都知道，只要在富人身旁还生活着许多极为贫困之人，那么我们所有人都会因此变得更加贫困。"[453] 2010 年 9 月，在当选工党党魁后发表的首次重要演说中，埃德·米利班德（Ed Miliband）说道："我相信，这个国家太过不平等了。贫富差距不仅伤害了穷人，更是伤害了我们所有人。"[454] 他还表示："看看全世界就会发现，更加健康、幸福、安全的国家也正是那些更加平等的国家。"[455] 联合政府中来自自由民主党的阁员文斯·凯布尔（Vince Cable）和琳恩·费瑟斯通（Lynne Featherstone）都承诺将致力于减少不平等。[456]

言语还只是开始。要想改变政策和政治，改变我们社会的结构，就需要让更多人认识到相关证据。没有什么比这一任务更有意义了：正如本书所揭示的，我们的民主制度、社会及其人民的健康都有赖于实现更大程度的平等。

平等基金会

如果你在阅读本书之后，希望为促进平等出一份力，那么请登录平等基金会的网站（www.equalitytrust.org.uk）。在网站上，你将发现可以下载的幻灯片和 DVD 教学片、对证据的简要概括、对常见问题的回答，以及对开展运动的建议。

在揭示了不平等对社会造成了多么严重的伤害之后，我们感到需要尽可能地让更多人了解相关证据。平等基金会是一个非盈利组织，目的在于让人们了解平等的益处，并开展相关运动。平等基金会的运作有赖于持有相同见解的个人与组织的捐赠。

我们希望你签署《平等宪章》，接受我们发出的简报，进行捐赠，提出意见，参与或是组织本地的平等小组。我们尤其希望你传播这些证据，说服别人相信减少不平等的必要性。对政治而言，言语就是行动。

平等基金会并非大型组织，无法代表你来执行政策、开展运动或是协调组织。其目的在于增进人们对这一问题的了解，并通过提供资源来激发或是强化其政治行为，或是教育他人的行为：例如与朋友和同事交谈，传播我们的网址，撰写博客，在当地开展运动，向报纸和政客写信，在主流媒体上提出相关问题。

我们的目标是激发支持促进平等的民意。没有民意的推动，政客很难有所作为。无论持有何种政治观点，许多人心底都怀有平等主义的理念。多数人都知道消费主义对我们造成了多大伤害，也知道没有什么比与朋友或地位平等者待在一起放松更加令人感到惬意。他们知道，家庭、朋友和社群才是促进幸福的重要因素，也知道目前的生活方式正在毁灭地球。过去数十年的文化使我们沦为了隐藏的平等主义者；现在是时候挺身而出、制定清晰的路线了。

附 录

进行国际比较时选定国家的标准

首先,我们选取了世界银行列出的世界上最富裕的 50 个国家。这份报告发布于 2004 年,使用的是 2002 年的数据。

然后我们去掉了人口少于 300 万的国家,目的是将开曼群岛和摩纳哥等避税港排除在外。随后又去掉了在收入不平等方面不具有可供比较数据的,例如冰岛。

这样一来还剩下 23 个富国:澳大利亚、奥地利、比利时、加拿大、丹麦、芬兰、法国、德国、希腊、爱尔兰、以色列、意大利、日本、荷兰、新西兰、挪威、葡萄牙、新加坡、西班牙、瑞典、瑞士、英国、美国。

关于收入不平等状况的数据

本书中凡是进行国际比较时,均使用 2003 至 2006 年联合国发展计划署人类发展指标中的 20:20 比率(译注:顶层 20% 人口与底层 20% 人口的收入比)这一项来衡量收入不平等程度。由于对不同国家进行调查的时间不同(从 1992 年至 2001 年),以及各种效果显现出来所需的时间也不同,我们便选择了 2003 至 2006 年间的平均值。对美国各州进行比较时，我们使用的是1999年州一级的基尼系数，其基础则是来自美国人口普查局的家庭收入数据。

数据来源

联合国发展计划署，《人类发展报告》，纽约，牛津大学出版社，2003、2004、2005、2006年。

美国人口普查局，《各州基尼系数——1969、1979、1989、1999年》，华盛顿特区，美国人口普查局，1999年。

编制"健康与社会问题指数"

国际指数

国际指数由十项指标构成：

· 预期寿命（反向）

· 青少年生育率

· 肥胖率

· 心理疾病

· 凶杀率

· 监禁率

· 不信任程度

· 社会流动性（反向）

· 教育程度（反向）

· 婴儿死亡率

至少有九项数据的国家有16个，有八项数据的国家有五个。以色列和新加坡的数据少于八项，因而被排除出了国际指数，但在分析单项指标时仍将其包含在内。

· 有十项数据的国家：加拿大、德国、美国

・仅缺社会流动性数据的国家：澳大利亚、比利时、法国、意大利、日本、荷兰、新西兰、西班牙

・仅缺心理疾病数据的国家：丹麦、芬兰、挪威、瑞典

・仅缺教育程度数据的国家：英国

・缺少社会流动性与心理疾病数据的国家：奥地利、希腊、爱尔兰、葡萄牙、瑞士

加总各项指标标准分数的平均值，再除以该国的指标项数，即得出该国的"健康与社会问题指数"得分。

美国50个州的"健康与社会问题指数"

美国指数由九项指标构成：

・信任程度（反向）

・预期寿命（反向）

・青少年生育率

・肥胖率

・凶杀率

・监禁率

・教育程度（反向）

・婴儿死亡率

・心理疾病

有全部九项数据的州有40个，综合社会调查中缺少信任程度数据的州有九个：阿拉斯加、特拉华、夏威夷、爱达荷、缅因、内布拉斯加、新墨西哥、内华达和南达科他。怀俄明则缺少凶杀率数据。

加总各项指标标准分数的平均值，再除以该州的指标项数，即得出该州的"健康与社会问题指数"得分。

"健康与社会问题指数"的数据来源

指标	国际数据	美国数据
信任程度	对"多数人能够被信任"这一论断作出正面回应者的比例 1999 至 2001 年 世界价值观调查[1] (反向)	对"多数人能够被信任"这一论断作出正面回应者的比例 1999 年 综合社会调查[2] (反向)
预期寿命	男性与女性出生时的预期寿命 2004 年 联合国人类发展报告[3] (反向)	男性与女性出生时的预期寿命 2000 年 美国人口普查局人口科[4] (反向)
婴儿死亡率	1000 名婴儿中在生命头一年死亡者人数 2000 年 世界银行[5]	1000 名婴儿中在生命头一年死亡者人数 2002 年 美国全国健康统计中心[6]
肥胖率	男性与女性体质指数高于 30 者所占比例的平均值 2002 年 国际肥胖工作组[7][8]	男性与女性体质指数高于 30 者所占比例的平均值 1999 至 2002 年 国际肥胖工作组[7][8] 哈佛大学马吉德·伊扎蒂教授根据全国健康与营养调查及行为风险因素监测系统[9]进行的估算
心理疾病	心理疾病发病率 2001 至 2003 年 世界卫生组织[10]	过去一个月内心理健康状况不佳的天数 1993 至 2001 年 行为风险因素监测系统[11]
教育程度	15 岁学生数学与阅读平均分之和 2000 年 经济合作与发展组织"国际学生评估项目"[12] (反向)	八年级学生数学与阅读平均分之和 2003 年 美国教育部全国教育统计中心[13][14] (反向)
青少年生育率	每 1000 名 15 至 19 岁女性的生育数 1998 年 联合国儿童基金会[15]	每 1000 名 15 至 19 岁女性的生育数 2000 年 美国全国人口动态统计[16]

指标	国际数据	美国数据
凶杀率	每10万人的凶杀案件数量 1990至2000年的平均值 联合国[17]	每10万人的凶杀案件数量 1999年 美国联邦调查局[18]
监禁率	每10万人的囚犯数量 联合国[17]	每10万人的囚犯数量 1997至1998年 美国司法部[19]
社会流动性	父亲与儿子收入的相关性 八个国家、跨度达30年的研究 伦敦政治经济学院[20]	无

数据来源

1. 欧洲价值观研究小组与世界价值观调查协会。"欧洲与世界价值调查综合数据",1999至2001年,第一期。美国密歇根州安阿伯:大学间政治与社会研究联盟,2005年。

2. 全国意见研究中心。《综合社会调查》。芝加哥:全国意见研究中心,1999年。

3. 联合国发展项目署。《人类发展报告》。纽约:牛津大学出版社,2004年。

4. 美国人口普查局人口科。各州人口状况临时性预测,表2。网上发布日期:2005年4月21日。

5. 世界银行。世界发展指数,2006年9月:ESDS国际数据库,曼彻斯特大学。

6. 美国全国健康统计中心。表105,美国统计概况。华盛顿特区:疾病控制中心,2006年。

7. 国际肥胖工作组。《欧洲的肥胖状况》。伦敦:国际肥胖工作组与欧洲肥胖研究协会合作,2002年。

8. 国际肥胖工作组。《超重与肥胖》。伦敦:国际肥胖工作组,2002年。

9. 马吉德·伊扎蒂、希拉里·马丁(Hilarie Martin)、苏珊·舍尔德(Suzanne Skjold)、斯特芬·范德霍恩(Stephen Vander Hoorn)、克里斯托弗·默里(Christopher J. Murray)。"美国全国以及州一级的肥胖趋势,已对自我汇报的偏差进行过纠正:对健康调查的分析。"《英国皇家医学会期刊》,2006年,第99(5)期,第250至257页。

10. 德米滕纳雷（K. Demyttenaere）、布吕法尔茨（R. Bruffaerts）、波萨达-比利亚（J. Posada-Villa）、加斯凯（I. Gasquet）、克韦什（V. Kovess）、莱皮纳（J. P. Lepine）等。"世界卫生组织世界心理健康调查中心理疾病的发病率、严重性以及未满足的治疗需求。《美国医学协会期刊》，2004年，第291（21）期，第2581至2590页。

11. 扎赫兰（H. S. Zahran）、科鲍（R. Kobau）、莫里亚蒂（D. G. Moriarty）、扎克（M. M. Zack）、霍尔特（J. Holt）、多尼霍（R. Donehoo）。"对与健康相关生活质量的监测——美国，1993至2002年。"《病情与死亡率周报监测总结》，2005年，第54（4）期，第1至35页。

12. 经济合作与发展组织。《教育程度一瞥》。经济合作与发展组织指标，2003年。

13. 美国教育部全国教育统计中心。《全国成绩单：2003年阅读科目的亮点》。华盛顿特区，2004年。

14. 美国教育部全国教育统计中心。《全国成绩单：2003年数学科目的亮点》。华盛顿特区，2004年。

15. 联合国儿童基金会儿童研究中心。《富裕国家青少年生育率排名》。佛罗伦萨：《儿童成绩单》，2001年。

16. 美国人口普查局。《2000年美国统计概况》（第120版）。华盛顿特区：美国人口普查局，2000年。

17. 联合国犯罪与司法信息网络。《对犯罪趋势与刑法制度的研究》（第5、6、7、8版）：联合国，2000年。

18. 美国联邦调查局。《1999年美国的犯罪情况》。华盛顿特区：美国政府印刷所，1999年。

19. 美国司法部司法统计局。《州及联邦司法辖区内的监禁率》。文件：coorpop25.wk1。

20. 布兰登（J. Blanden）、格雷格（P. Gregg）、梅钦（S. Machin）。《欧洲与北美的代际间流动性》。伦敦：伦敦政治经济学院经济表现中心，2005年。

统计学

与收入不平等相关的皮尔逊相关系数(r值)及显著性差异(p值)如下。

指标	国际数据		美国数据	
	r 值	p 值	r 值	p 值
信任程度	-0.66	<0.01	-0.70	<0.01
预期寿命	-0.44	0.04	-0.45	<0.01
婴儿死亡率	0.42	0.04	0.43	<0.01
肥胖率	0.57	<0.01	0.47	<0.01
心理疾病	0.73	<0.01	0.18	0.12
教育程度	-0.45	0.04	-0.47	.01
青少年生育率	0.73	<0.01	0.46	<0.01
凶杀率	0.47	0.02	0.42	<0.01
监禁率	0.75	<0.01	0.48	<0.01
社会流动性	0.93	<0.01	—	—
综合指数	0.87	<0.01	0.59	<0.01
儿童超重率	0.59	0.01	0.57	<0.01
毒品指数	0.63	<0.01		
卡路里摄入量	0.46	0.03		
用于医疗的公共开支	-0.54	0.01		
儿童福祉	-0.71	<0.01	-0.51	<0.01
三门科目得分	-0.44	0.04		
儿童冲突情况	0.62	<0.01		
海外援助支出	-0.61	<0.01		
循环利用率	-0.82	<0.01		
和平指数	-0.51	0.01		
带薪产假	-0.55	0.01		
广告开支	0.73	<0.01		
警察开支	0.52	0.04		
社会开支	-0.45	0.04		
女性地位	-0.44	0.04	-0.30	0.03
人均专利数	-0.49	0.02		
青少年凶杀率			0.29	<0.05
高中辍学率			0.79	<0.01
儿童心理疾病			0.36	0.01
好斗性			0.47	<0.01

参考文献

1. The Harwood Group, *Yearning for Balance: Views of Americans on consumption, materialism, and the environment.* Takoma Park, MD: Merck Family Fund, 1995.
2. United Nations Development Program, *Human Development Report.* New York: Oxford University Press, 2006.
3. R. Layard, *Happiness.* London: Allen Lane, 2005.
4. World Bank, *World Development Report 1993: Investing in health.* Oxford: Oxford University Press, 1993.
5. European Values Study Group and World Values Survey Association, European and World Values Survey Integrated Data File, 1999–2001, Release 1. Ann Arbor, MI: Inter-university Consortium for Political and Social Research, 2005.
6. United Nations Development Program, *Human Development Report.* New York: Oxford University Press, 2004.
7. G. D. Smith, J. D. Neaton, D. Wentworth, R. Stamler and J. Stamler, 'Socioeconomic differentials in mortality risk among men screened for the Multiple Risk Factor Intervention Trial: I. White men', *American Journal of Public Health* (1996) 86 (4): 486–96.
8. R. G. Wilkinson and K. E. Pickett, 'Income inequality and socio-economic gradients in mortality', *American Journal of Public Health* (2008) 98 (4): 699–704.
9. L. McLaren, 'Socioeconomic status and obesity', *Epidemiologic Review* (2007) 29: 29–48.
10. R. G. Wilkinson and K. E. Pickett, 'Income inequality and population health: a review and explanation of the evidence', *Social Science and Medicine* (2006) 62 (7): 1768–84.
11. J. M. Twenge, 'The age of anxiety? Birth cohort change in anxiety and neuroticism, 1952–1993', *Journal of Personality and Social Psychology* (2007) 79 (6): 1007–21.

12. M. Rutter and D. J. Smith, *Psychosocial Disorders in Young People: Time trends and their causes*. Chichester: Wiley, 1995.
13. S. Collishaw, B. Maughan, R. Goodman and A. Pickles, 'Time trends in adolescent mental health', *Journal of Child Psychology and Psychiatry* (2004) 45 (8): 1350–62.
14. B. Maughan, A. C. Iervolino and S. Collishaw, 'Time trends in child and adolescent mental disorders', *Current Opinion in Psychiatry* (2005) 18 (4): 381–5.
15. J. M. Twenge, *Generation Me*. New York: Simon & Schuster, 2006.
16. S. S. Dickerson and M. E. Kemeny, 'Acute stressors and cortisol responses: a theoretical integration and synthesis of laboratory research', *Psychological Bulletin* (2004) 130 (3): 355–91.
17. T. J. Scheff, 'Shame and conformity: the defense-emotion system', *American Sociological Review* (1988) 53: 395–406.
18. H. B. Lewis, *The Role of Shame in Symptom Formation*. Hillsdale, NJ: Erlbaum, 1987.
19. R. W. Emerson, *Conduct of Life*. New York: Cosimo, 2007.
20. A. Kalma, 'Hierarchisation and dominance assessment at first glance', *European Journal of Social Psychology* (1991) 21 (2): 165–81.
21. F. Lim, M. H. Bond and M. K. Bond, 'Linking societal and psychological factors to homicide rates across nations', *Journal of Cross-Cultural Psychology* (2005) 36 (5): 515–36.
22. S. Kitayama, H. R. Markus, H. Matsumoto and V. Norasakkunkit, 'Individual and collective processes in the construction of the self: self-enhancement in the United States and self-criticism in Japan', *Journal of Personal and Social Psychology* (1997) 72 (6): 1245–67.
23. A. de Tocqueville, *Democracy in America*. London: Penguin, 2003.
24. National Opinion Research Center, *General Social Survey*. Chicago: NORC, 1999–2004.
25. R. D. Putnam, *Bowling Alone: The collapse and revival of American community*. New York: Simon & Schuster, 2000.
26. R. D. Putnam, 'Social capital: measurement and consequences', *ISUMA: Canadian Journal of Policy Research* (2001) 2 (1): 41–51.
27. E. Uslaner, *The Moral Foundations of Trust*. Cambridge: Cambridge University Press, 2002.
28. B. Rothstein and E. Uslaner, 'All for all: equality, corruption and social trust', *World Politics* (2005) 58: 41–72.
29. J. C. Barefoot, K. E. Maynard, J. C. Beckham, B. H. Brummett,

K. Hooker and I. C. Siegler, 'Trust, health, and longevity', *Journal of Behavioral Medicine* (1998) 21 (6): 517–26.

30. S. V. Subramanian, D. J. Kim and I. Kawachi, 'Social trust and self-rated health in US communities: a multilevel analysis', *Journal of Urban Health* (2002) 79 (4, Suppl. 1): S21–34.

31. E. Klinenberg, *Heat Wave: A social autopsy of disaster in Chicago*. Chicago: University of Chicago Press, 2002.

32. J. Lauer, 'Driven to extremes: fear of crime and the rise of the sport utility vehicle in the United States', *Crime, Media, Culture* (2005) 1: 149–68.

33. K. Bradsher, 'The latest fashion: fear-of-crime design', *New York Times*, 23 July 2000.

34. M. Adams, *Fire and Ice. The United States, Canada and the myth of converging values*. Toronto: Penguin (Canada), 2003.

35. E. J. Blakely and M. G. Snyder, *Fortress America: Gated communities in the United States*. Washington, DC: Brookings Institute Press, 1997.

36. I. Kawachi, B. P. Kennedy, V. Gupta and D. Prothrow-Stith, 'Women's status and the health of women and men: a view from the States', *Social Science and Medicine* (1999) 48 (1): 21–32.

37. H. J. Jun, S. V. Subramanian, S. Gortmaker and I. Kawachi, 'A multilevel analysis of women's status and self-rated health in the United States', *Journal of the American Medical Women's Association* (2004) 59 (3): 172–80.

38. OECD, International Development Statistics Online. OECD. Stat: http://www.oecd.org/dataoecd/50/17/5037721.htm, 2005.

39. L. Clark and A. Dolan, 'The disturbed generation', *Daily Mail*, 20 June 2007.

40. C. Donnellan, *Mental Wellbeing*. Cambridge: Independence Educational Publishers, 2004.

41. *The Good Childhood Inquiry. Evidence Summary 5 – Health*. London: Children's Society, 2008.

42. J. M. Perrin, S. R. Bloom and S. L. Gortmaker, 'The increase of childhood chronic conditions in the United States', *Journal of the American Medical Association* (2007) 297 (24): 2755–9.

43. Child and Adolescent Health Measurement Initiative. National Survey of Children's Health. Data Resource Center on Child and Adolescent Health: http://www.childhealthdata.org (accessed 17 August 2006).

44. Office for National Statistics, *Psychiatric Morbidity among Adults Living in Private Households, 2000*. London: HMSO, 2001.

45. *Hansard* (House of Commons Daily Debates). Written answers to questions. (2005) 439: 22 Nov. 2005: Column 1798W.
46. R. C. Kessler, W. T. Chiu, O. Demler, K. R. Merikangas and E. E. Walters, 'Prevalence, severity, and comorbidity of 12-month DSM-IV disorders in the National Comorbidity Survey Replication', *Archives of General Psychiatry* (2005) 62 (6): 617–27.
47. T. L. Mark, K. R. Levit, J. A. Buck, R. M. Coffey and R. Vandivort-Warren, 'Mental health treatment expenditure trends, 1986–2003', *Psychiatric Services* (2007) 58 (8): 1041–8.
48. D. Rowe, *How to Improve your Mental Well-being*. London: Mind, 2002.
49. K. Demyttenaere, R. Bruffaerts, J. Posada-Villa, I. Gasquet, V. Kovess, J. P. Lepine, M. C. Angermeyer, S. Bernert, G. de Girolamo, P. Morosini, G. Polidori, T. Kikkawa, N. Kawakami, Y. Ono, T. Takeshima, H. Uda, E. G. Karam, J. A. Fayyad, A. N. Karam, Z. N. Mneimneh, M. E. Medina-Mora, G. Borges, C. Lara, R. de Graaf, J. Ormel, O. Gureje, Y. Shen, Y. Huang, M. Zhang, J. Alonso, J. M. Haro, G. Vilagut, E. J. Bromet, S. Gluzman, C. Webb, R. C. Kessler, K. R. Merikangas, J. C. Anthony, M. R. von Korff, P. S. Wang, T. S. Brugha, S. Aguilar-Gaxiola, S. Lee, S. Heeringa, B. E. Pennell, A. M. Zaslavsky, T. B. Ustun and S. Chatterji, 'Prevalence, severity, and unmet need for treatment of mental disorders in the World Health Organization World Mental Health Surveys', *Journal of the American Medical Association* (2004) 291 (21): 2581–90.
50. J. E. Wells, M. A. Oakley Browne, K. M. Scott, M. A. McGee, J. Baxter and J. Kokaua, 'Te Rau Hinengaro: the New Zealand Mental Health Survey: overview of methods and findings', *Australian and New Zealand Journal of Psychiatry* (2006) 40 (10): 835–44.
51. Australian Bureau of Statistics. *National Health Survey, Mental Health, 2001*. Canberra: Australian Bureau of Statistics, 2003.
52. WHO International Consortium in Psychiatric Epidemiology, 'Cross-national comparisons of the prevalences and correlates of mental disorders', *Bulletin of the World Health Organization* (2000) 78 (4): 413–26.
53. Center for Disease Control and Prevention, 'Self-reported frequent mental distress among adults – United States, 1993–2001' (2004) 53: 963–6.
54. O. James, *Affluenza*. London: Vermilion, 2007.
55. A. de Botton, *Status Anxiety*. London: Hamish Hamilton, 2004.
56. R. H. Frank, *Luxury Fever*. New York: Free Press, 1999.
57. United Nations Office on Drugs and Crime, *World Drug Report*. Vienna: UN Office on Drugs and Crime, 2007.

58. Centers for Disease Control and Prevention. Compressed Mortality Files 1999–2002. http://wonder.cdc.gov/mortSQL.html (accessed 9 September 2008)

59. D. Morgan, K. A, Grant, H. D. Gage, R. H. Mach, J. R. Kaplan, O. Prioleau, S. H. Nader, N. Buchheimer, R. L. Ehrenkaufer and M. A. Nader, 'Social dominance in monkeys: dopamine D2 receptors and cocaine self-administration', *Nature Neuroscience* (2002) 5 (2): 169–74.

60. M. Susser and E. Susser, 'Choosing a future for epidemiology: I. Eras and paradigms', *American Journal of Public Health* (1996) 86 (5): 668–73.

61. M. Susser and E. Susser, 'Choosing a future for epidemiology: II. From black box to Chinese boxes and eco-epidemiology', *American Journal of Public Health* (1996) 86 (5): 674–7.

62. M. G. Marmot, A. M. Adelstein, N. Robinson and G. A. Rose, 'Changing social-class distribution of heart disease', *British Medical Journal* (1978) 2 (6145): 1109–12.

63. M. G. Marmot, G. Rose, M. Shipley and P. J. Hamilton, 'Employment grade and coronary heart disease in British civil servants', *Journal of Epidemiology and Community Health* (1978) 32 (4): 244–9.

64. H. Bosma, M. G. Marmot, H. Hemingway, A. C. Nicholson, E. Brunner and S. A. Stansfeld, 'Low job control and risk of coronary heart disease in Whitehall II (prospective cohort) study', *British Medical Journal* (1997) 314 (7080): 558–65.

65. M. G. Marmot, G. D. Smith, S. Stansfeld, C. Patel, F. North, J. Head, I. White, E. Brunner and A. Feeney, 'Health inequalities among British civil servants: the Whitehall II study', *Lancet* (1991) 337 (8754): 1387–93.

66. Council of Civil Service Unions/Cabinet Office, *Work, Stress and Health: The Whitehall II Study*. London: Public and Commercial Services Union, 2004.

67. G. D. Smith, M. J. Shipley and G. Rose, 'Magnitude and causes of socioeconomic differentials in mortality: further evidence from the Whitehall Study', *Journal of Epidemiology and Community Health* (1990) 44 (4): 265–70.

68. R. G. Wilkinson and M. Marmot, *Social Determinants of Health: The Solid Facts* (2nd edition). Copenhagen: World Health Organization, Regional Office for Europe, 2006.

69. E. Durkheim, *Suicide*. London: Routledge, 1952.

70. L. Berkman and T. Glass, 'Social integration, social networks, social support, and health', in L. Berkman and I. Kawachi, (eds), *Social Epidemiology*. New York: Oxford University Press, 2000.

71. S. A. Stansfeld, 'Social support and social cohesion', in M. Marmot and R. G. Wilkinson (eds), *Social Determinants of Health*. Oxford: Oxford University Press, 2006.

72. S. Cohen, 'Keynote Presentation at the Eighth International Congress of Behavioral Medicine: The Pittsburgh common cold studies: psychosocial predictors of susceptibility to respiratory infectious illness', *International Journal of Behavioral Medicine* (2005) 12 (3): 123–31.

73. J. K. Kiecolt-Glaser, T. J. Loving, J. R. Stowell, W. B. Malarkey, S. Lemeshow, S. L. Dickinson and R. Glaser, 'Hostile marital interactions, proinflammatory cytokine production, and wound healing, *Archives of General Psychiatry* (2005) 62 (12): 1377–84.

74. W. T. Boyce, 'Stress and child health: an overview', *Pediatric Annals* (1985) 14 (8): 539–42.

75. M. C. Holmes, 'Early life stress can programme our health', *Journal of Neuroendocrinology* (2001) 13 (2): 111–12.

76. R. H. Bradley and R. F. Corwyn, 'Socioeconomic status and child development', *Annual Review of Psychology* (2002) 53: 371–99.

77. M. Wilson and M. Daly, 'Life expectancy, economic inequality, homicide, and reproductive timing in Chicago neighbourhoods', *British Medical Journal* (1997) 314 (7089): 1271–4.

78. M. K. Islam, J. Merlo, I. Kawachi, M. Lindstrom and U. G. Gerdtham, 'Social capital and health: does egalitarianism matter? A literature review', *International Journal for Equity in Health* (2006) 5: 3.

79. I. Kawachi, B. P. Kennedy, K. Lochner and D. Prothrow-Stith, 'Social capital, income inequality, and mortality', *American Journal of Public Health* (1997) 87 (9): 1491–8.

80. C. McCord and H. P. Freeman, 'Excess mortality in Harlem', *New England Journal of Medicine* (1990) 322 (3): 173–7.

81. R. G. Wilkinson, 'Income distribution and life expectancy', *British Medical Journal* (1992) 304 (6820): 165–8.

82. Editor's Choice, 'The Big Idea', *British Medical Journal* (1996) 312 (7037): 0.

83. Department of Health, *The NHS Plan: A plan for investment, a plan for reform*. London: HMSO, 2000.

84. Office for National Statistics. 'Trends in ONS Longitudinal Study estimates of life expectancy, by social class 1972–2005'. http://www.statistics.gov.uk/StatBase/Product.asp?vlnk=8460&More=Y (accessed 9 September 2008).

85. C. J. Murray, S. C. Kulkarni, C. Michaud, N. Tomijima, M. T. Bulzacchelli, T. J. Iandiorio and M. Ezzati, 'Eight Americas: investigating

mortality disparities across races, counties, and race-counties in the United States', *Public Library of Science Medicine* (2006) 3 (9): e260.

86. A. T. Geronimus, J. Bound, T. A. Waidmann, C. G. Colen and D. Steffick, 'Inequality in life expectancy, functional status, and active life expectancy across selected black and white populations in the United States', *Demography* (2001) 38 (2): 227–51.

87. G. K. Singh and M. Siahpush, 'Widening socioeconomic inequalities in US life expectancy, 1980–2000', *International Journal of Epidemiology* (2006) 35 (4): 969–79.

88. P. M. Lantz, J. S. House, J. M. Lepkowski, D. R. Williams, R. P. Mero and J. Chen, 'Socioeconomic factors, health behaviors, and mortality: results from a nationally representative prospective study of US adults', *Journal of the American Medical Association* (1998) 279 (21): 1703–8.

89. P. Makela, T. Valkonen and T. Martelin, 'Contribution of deaths related to alcohol use to socioeconomic variation in mortality: register based follow up study', *British Medical Journal* (1997) 315 (7102): 211–16.

90. G. Rose and M. G. Marmot, 'Social class and coronary heart disease', *British Heart Journal* (1981) 45 (1): 13–19.

91. R. G. Wilkinson, *Unhealthy Societies: The afflictions of inequality*. London: Routledge, 1996.

92. R. Sapolsky, 'Sick of poverty', *Scientific American* (2005) 293 (6): 92–9.

93. L. Vitetta, B. Anton, F. Cortizo and A. Sali, 'Mind–body medicine: stress and its impact on overall health and longevity', *Annals of the New York Academy of Sciences* (2005) 1057: 492–505.

94. S. V. Subramanian and I. Kawachi, 'Income inequality and health: what have we learned so far?' *Epidemiologic Review* (2004) 26: 78–91.

95. S. Bezruchka, T. Namekata and M. G. Sistrom, 'Improving economic equality and health: the case of postwar Japan', *American Journal of Public Health* (2008) 98: 216–21.

96. P. Walberg, M. McKee, V. Shkolnikov, L. Chenet and D. A. Leon, 'Economic change, crime, and mortality crisis in Russia: regional analysis', *British Medical Journal* (1998) 317 (7154): 312–18.

97. K. M. Flegal, M. D. Carroll, C. L. Ogden and C. L. Johnson, 'Prevalence and trends in obesity among US adults', *Journal of the American Medical Association* (2002) 288: 1723–7.

98. International Obesity TaskForce, *Obesity in Europe*. London: International Obesity TaskForce in collaboration with the European Association for the Study of Obesity Task Forces, 2002.

99. World Health Organization, *Report of a Joint WHO/FAO Expert Consultation. Diet, nutrition and the prevention of chronic diseases*. Geneva: WHO Technical Report Series no. 916. WHO, 2002.

100. C. L. Ogden, M. D. Carroll, L. R. Curtin, M. A. McDowell, C. J. Tabak and K. M. Flegal, 'Prevalence of overweight and obesity in the United States, 1999–2004', *Journal of the American Medical Association* (2006) 295 (13): 1549–55.

101. S. J. Olshansky, D. J. Passaro, R. C. Hershow, J. Layden, B. A. Carnes, J. Brody, L. Hayflick, R. N. Butler, D. B. Allison and D. S. Ludwig, 'A potential decline in life expectancy in the United States in the 21st century', *New England Journal of Medicine* (2005) 352 (11): 1138–45.

102. CBS News, 'Teen slims down with gastric bypass: Surgery a growing trend among obese teenagers', CBS Broadcasting Inc. http://www.cbsnews.com/stories/2007/05/21/earlyshow/health/main2830891.shtm/?Source=Search-story (accessed 15 September 2008).

103. G. Rollings, '14st boy – is this child abuse?' *Sun*, 26 February 2007.

104. B. Ashford and V. Wheeler, 'Sam, aged 9, is 14st and size 18', *Sun*, 28 February 2007.

105. A. Parker, 'Daryl is 20 stone, aged just 12', *Sun*, 2 March 2007.

106. E. Brunner, M. Juneja and M. Marmot, 'Abdominal obesity and disease are linked to social position', *British Medical Journal* (1998) 316: 308.

107. A. Molarius, J. C. Seidell, S. Sans, J. Tuomilehto and K. Kuulasmaa, 'Educational level, relative body weight and changes in their association over 10 years: an international perspective from the WHO MONICA project', *American Journal of Public Health* (2000) 90: 1260–86.

108. P. Toynbee, 'Inequality is fattening', *Guardian*, 28 May 2004.

109. International Obesity Taskforce, *Overweight and Obese*. London: International Obesity Taskforce, 2002.

110. UNICEF Innocenti Research Centre. *Child Poverty in Perspective: An overview of child well-being in rich countries*. Florence: Innocenti Report Card, 2007.

111. H. S. Kahn, A. V. Patel, E. J. Jacobs, E. E. Calle, B. P. Kennedy and I. Kawachi, 'Pathways between area-level income inequality and increased mortality in U.S. men', *Annals of the New York Academy of Sciences* (1999) 896: 332–4.

112. A. V. Diez-Roux, B. G. Link and M. E. Northridge, 'A multilevel analysis of income inequality and cardiovascular disease risk factors', *Social Science and Medicine* (2000) 50 (5): 673–87.

113. M. Ezzati, H. Martin, S. Skjold, S. vander Hoorn and C. J. Murray,

'Trends in national and state-level obesity in the USA after correction for self-report bias: analysis of health surveys', *Journal of the Royal Society of Medicine* (2006) 99 (5): 250–7.

114. K. E. Pickett, S. Kelly, E. Brunner, T. Lobstein and R. G. Wilkinson, 'Wider income gaps, wider waistbands? An ecological study of obesity and income inequality', *Journal of Epidemiology and Community Health* (2005) 59 (8): 670–4.

115. K. Ball, G. D. Mishra and D. Crawford, 'Social factors and obesity: an investigation of the role of health behaviours', *International Journal of Obesity and Related Metabolic Disorders* (2003) 27 (3): 394–403.

116. E. J. Brunner, T. Chandola and M. G. Marmot, 'Prospective effect of job strain on general and central obesity in the Whitehall II Study', *American Journal of Epidemiology* (2007) 165 (7): 828–37.

117. L. R. Purslow, E. H. Young, N. J. Wareham, N. Forouhi, E. J. Brunner, R. N. Luben, A. A. Welch, K. T. Khaw, S. A. Bingham and M. S. Sandhu, 'Socioeconomic position and risk of short-term weight gain: prospective study of 14,619 middle-aged men and women', *BioMed Central Public Health* (2008) 8: 112.

118. S. P. Wamala, A. Wolk and K. Orth-Gomer, 'Determinants of obesity in relation to socioeconomic status among middle-aged Swedish women', *Preventive Medicine* (1997) 26 (5 Pt 1): 734–44.

119. P. Bjorntorp, 'Do stress reactions cause abdominal obesity and comorbidities?' *Obesity Reviews* (2001) 2 (2): 73–86.

120. V. Drapeau, F. Therrien, D. Richard and A. Tremblay, 'Is visceral obesity a physiological adaptation to stress?' *Panminerva Medica* (2003) 45 (3): 189–95.

121. J. Laitinen, E. Ek and U. Sovio, 'Stress-related eating and drinking behavior and body mass index and predictors of this behavior', *Preventive Medicine* (2002) 34 (1): 29–39.

122. M. F. Dallman, N. Pecoraro, S. F. Akana, S. E. La Fleur, F. Gomez, H. Houshyar, M. E. Bell, S. Bhatnagar, K. D. Laugero and S. Manalo, 'Chronic stress and obesity: a new view of "comfort food"', *Proceedings of the National Academy of Sciences USA* (2003) 100 (20): 11696–701.

123. A. M. Freedman, 'Deadly diet', *Wall Street Journal*, 18–20 December 1990.

124. C. C. Hodgkins, K. S. Cahill, A. E. Seraphine, K. Frost-Pineda and M. S. Gold, 'Adolescent drug addiction treatment and weight gain', *Journal of Addictive Diseases* (2004) 23 (3): 55–65.

125. G. A. James, M. S. Gold and Y. Liu, 'Interaction of satiety and reward response to food stimulation', *Journal of Addictive Diseases* (2004) 23 (3): 23–37.

126. K. D. Kleiner, M. S. Gold, K. Frost-Pineda, B. Lenz-Brunsman, M. G. Perri and W. S. Jacobs, 'Body mass index and alcohol use', *Journal of Addictive Diseases* (2004) 23 (3): 105–18.

127. J. H. Gao, 'Neuroimaging and obesity', *Obesity Reviews* (2001) 9 (11): 729–30.

128. K. Sproston and P. Primatesta (eds), *Health Survey for England 2003. Vol. 2: Risk Factors for Cardiovascular Disease*. London: HMSO, 2004.

129. C. Langenberg, R. Hardy, D. Kuh, E. Brunner and M. Wadsworth, 'Central and total obesity in middle aged men and women in relation to lifetime socioeconomic status: evidence from a national birth cohort', *Journal of Epidemiology and Community Health* (2003) 57 (10): 816–22.

130. R. M. Viner and T. J. Cole, 'Adult socioeconomic, educational, social, and psychological outcomes of childhood obesity: a national birth cohort study', *British Medical Journal* (2005) 330 (7504): 1354.

131. S. L. Gortmaker, A. Must, J. M. Perrin, A. M. Sobol and W. H. Dietz, 'Social and economic consequences of overweight in adolescence and young adulthood', *New England Journal of Medicine* (1993) 329 (14): 1008–12.

132. J. D. Sargent and D. G. Blanchflower, 'Obesity and stature in adolescence and earnings in young adulthood. Analysis of a British birth cohort', *Archives of Pediatric and Adolescent Medicine* (1994) 148 (7): 681–7.

133. D. Thomas, 'Fattism is the last bastion of employee discrimination', *Personnel Today*, 25 October 2005.

134. J. Wardle and J. Griffith, 'Socioeconomic status and weight control practices in British adults', *Journal of Epidemiology and Community Health* (2001) 55 (3): 185–90.

135. J. Sobal, B. Rauschenbach and E. A. Frongillo, 'Marital status changes and body weight changes: a US longitudinal analysis', *Social Science and Medicine* (2003) 56 (7): 1543–55.

136. T. Smith, C. Stoddard and M. Barnes, 'Why the Poor Get Fat: Weight Gain and Economic Insecurity', School of Economic Sciences Working Paper, Washington State University: http://ideas.repec.org/p/wsu/wpaper/tgsmith-2.html (accessed 15 September 2008).

137. B. Fisher, D. Dowding, K. E. Pickett and F. Fylan, 'Health promotion at NHS breast cancer screening clinics in the UK', *Health Promotion International* (2007) 22 (2): 137–45.

138. J. R. Speakman, H. Walker, L. Walker and D. M. Jackson,

'Associations between BMI, social strata and the estimated energy content of foods', *Journal of Obesity and Related Metabolic Disorders* (2005) 29 (10): 1281–8.

139. N. E. Adler, E. S. Epel, G. Castellazzo and J. R. Ickovics, 'Relationship of subjective and objective social status with psychological and physiological functioning: preliminary data in healthy white women', *Health Psychology* (2000) 19 (6): 586–92.

140. E. Goodman, N. E. Adler, S. R. Daniels, J. A. Morrison, G. B. Slap and L. M. Dolan, 'Impact of objective and subjective social status on obesity in a biracial cohort of adolescents', *Obesity Reviews* (2003) 11 (8): 1018–26.

141. B. Martin, 'Income inequality in Germany during the 1980s and 1990s', *Review of Income and Wealth* (2000) 46 (1): 1–19.

142. V. Hesse, M. Voigt, A. Salzler, S. Steinberg, K. Friese, E. Keller, R. Gausche and R. Eisele, 'Alterations in height, weight, and body mass index of newborns, children, and young adults in eastern Germany after German reunification', *Journal of Pediatrics* (2003) 142 (3): 259–62.

143. S. Baum and K. Payea, *Education Pays: The benefits of higher education for individuals and society*. Washington, DC: College Board, 2004.

144. Bureau of Labor Statistics, *Weekly and Hourly Earnings Data from the Current Population Survey*. Washington, DC: US Department of Labor, 2007.

145. M. Benn and F. Millar, *A Comprehensive Future: Quality and equality for all our children*. London: Compass, 2006.

146. J. D. Teachman, 'Family background, educational resources, and educational attainment', *American Sociological Review* (1987) 52: 548–57.

147. OECD and Statistics Canada, *Literacy in the Information Age: Final report of the International Adult Literacy Survey*. Paris: Organization for Economic Co-Operation and Development, 2000.

148. R. Wilkinson and K. E. Pickett, 'Health inequalities and the UK Presidency of the EU', *Lancet* (2006) 367 (9517): 1126–8.

149. R. G. Wilkinson and K. E. Pickett, 'The problems of relative deprivation: why some societies do better than others', *Social Science and Medicine* (2007) 65 (9): 1965–78.

150. J. D. Willms, 'Quality and inequality in children's literacy: the effects of families, schools, and communities', in D. P. Keating and C. Hertzman (eds), *Developmental Health and the Wealth of Nations*. New York: Guilford Press, 1999.

151. J. D. Willms, 'Literacy proficiency of youth: evidence of converging socioeconomic gradients', *International Journal of Educational Research* (2003) 39: 247–52.

152. A. Siddiqi, I. Kawachi, L. Berkman, S. V. Subramanian and C. Hertzman, 'Variation of socioeconomic gradients in children's developmental health across advanced capitalist societies: analysis of 22 OECD nations', *International Journal of Health Services* (2007) 37 (1): 63–87.

153. Centre for Longitudinal Studies, *Disadvantaged Children up to a Year Behind by the Age of Three*. London: Institute of Education, 2007.

154. R. H. Frank and A. S. Levine, *Expenditure Cascades*. Cornell University mimeograph. Ithaca: Cornell University, 2005.

155. G. W. Evans and K. English, 'The environment of poverty: multiple stressor exposure, psychophysiological stress, and socioemotional adjustment', *Child Development* (2002) 73 (4): 1238–48.

156. P. Garrett, N. Ng'andu and J. Ferron, 'Poverty experiences of young children and the quality of their home environments', *Child Development* (1994) 65 (2, Spec. no.): 331–45.

157. V. C. McLoyd, 'The impact of economic hardship on black families and children: psychological distress, parenting, and socioemotional development', *Child Development* (1990) 61 (2): 311–46.

158. V. C. McLoyd and L. Wilson, 'Maternal behavior, social support, and economic conditions as predictors of distress in children', *New Directions for Child and Adolescent Development* (1990) 46: 49–69.

159. A. Lareau, 'Invisible inequality: social class and childrearing in black families and white families', *American Sociological Review* (2002) 67: 747–76.

160. J. Currie, *Welfare and the Well-being of Children*. Reading: Harwood Academic Publishers, 1995.

161. L. G. Irwin, A. Siddiqi and C. Hertzman, *Early Childhood Development: A powerful equalizer*. Geneva: World Health Organization Commission on Social Determinants of Health, 2007.

162. UNICEF Innocenti Research Centre, *A League Table of Educational Disadvantage in Rich Nations*. Florence: Innocenti Report Card, 2002.

163. K. Hoff and P. Pandey, *Belief Systems and Durable Inequalities: An experimental investigation of Indian caste*. Policy Research Working Paper. Washington, DC: World Bank, 2004.

164. C. M. Steele and J. Aronson, 'Stereotype threat and the intellectual test performance of African-Americans', *Journal of Personality and Social Psychology* (1995) 69: 797–811.

165. S. J. Spencer, C. M. Steele and D. M. Quinn, 'Stereotype threat and women's math performance', *Journal of Experimental Social Psychology* (1999) 35 (1): 4–28.

166. W. Peters, *A Class Divided: Then and now*. New Haven: Yale University Press, 1987.

167. J. Zull, *The Art of Changing the Brain: Enriching the practice of teaching by exploring the biology of learning*. Sterling: Stylus Publishing, 2002.

168. G. Evans. *Educational Failure and Working Class White Children in Britain*. Basingstoke: Palgrave, 2006.

169. L. Atkinson, 'Sorry, Mum, we're all pregnant!' *Sneak* (2005) Issue no. 162.

170. J. Askill, 'Meet the kid sisters', *Sun*, 23 May 2005.

171. S. Carroll, 'These girls' babies are the real victims', *Daily Mirror*, 25 May, 2005.

172. Committee on Adolescence AAoP, 'Adolescent pregnancy – current trends and issues', *Pediatrics* (1998) 103: 516–20.

173. Social Exclusion Unit, *Teenage Pregnancy*. London: HMSO, 1999.

174. D. A. Lawlor and M. Shaw, 'Too much too young? Teenage pregnancy is not a public health problem', *International Journal of Epidemiology* (2002) 31 (3): 552–4.

175. A. T. Geronimus, 'The weathering hypothesis and the health of African-American women and infants: evidence and speculations', *Ethnicity and Disease* (1992) 2 (3): 207–21.

176. A. T. Geronimus, 'Black/white differences in the relationship of maternal age to birthweight: a population-based test of the weathering hypothesis', *Social Science and Medicine* (1996) 42 (4): 589–97.

177. J. Hobcraft and K. Kiernan, 'Childhood poverty, early motherhood and adult social exclusion', *British Journal of Sociology* (2001) 52 (3): 495–517.

178. J. Rich-Edwards, 'Teen pregnancy is not a public health crisis in the United States. It is time we made it one', *International Journal of Epidemiology* (2002) 31 (3): 555–6.

179. S. Cater and L. Coleman, *'Planned' Teenage Pregnancy: Views and experiences of young people from poor and disadvantaged backgrounds*. Bristol: Policy Press for the Joseph Rowntree Foundation, 2006.

180. K. Luker, *Dubious Conception. The politics of teenage pregnancy*. Cambridge, MA: Harvard University Press, 1996.

181. J. Ermisch and D. Pevalin, *Who Has a Child as a Teenager?* ISER Working Papers, Number 2003–30. Institute for Economic and Social Research, University of Essex, 2003.

182. UNICEF Innocenti Research Centre, *A League Table of Teenage Births in Rich Nations*. Florence: Innocenti Report Card, 2001.

183. S. J. Ventura, T. J. Mathews and B. E. Hamilton, 'Teenage births in the United States: trends, 1991–2000, an update', *National Vital Statistics Reports* (2002) 50 (9).

184. Alan Guttmacher Institute, *US Teenage Pregnancy Statistics Overall Trends, Trends by Race and Ethnicity and State-by-state Information*. New York: AGI, 2004.

185. K. E. Pickett, J. Mookherjee and R. G. Wilkinson, 'Adolescent birth rates, total homicides, and income inequality in rich countries', *American Journal of Public Health* (2005) 95 (7): 1181–3.

186. R. Gold, I. Kawachi, B. P. Kennedy, J. W. Lynch and F. A. Connell, 'Ecological analysis of teen birth rates: association with community income and income inequality', *Maternal and Child Health Journal* (2001) 5 (3): 161–7.

187. S. Ryan, K. Franzetta and J. Manlove, *Hispanic Teen Pregnancy and Birth Rates: Looking behind the numbers*. Washington, DC: Child Trends, 2005.

188. M. Dickson, *Latina Teen Pregnancy: Problems and prevention. Executive summary*. Washington, DC: Population Resource Center, 2001.

189. J. Bynner, P. Elias, A. McKnight, H. Pan and G. Pierre, *Young People's Changing Routes to Independence*. York: Joseph Rowntree Foundation, 2002.

190. H. Graham and E. McDermott, 'Qualitative research and the evidence base of policy: insights from studies of teenage mothers in the UK', *Journal of Social Policy* (2005) 35: 21–37.

191. J. Belsky, L. Steinberg and P. Draper, 'Childhood experience, interpersonal development, and reproductive strategy: an evolutionary theory of socialization', *Child Development* (1991) 62 (4): 647–70.

192. R. Gold, B. Kennedy, F. Connell and I. Kawachi, 'Teen births, income inequality, and social capital: developing an understanding of the causal pathway', *Health and Place* (2002) 8 (2): 77–83.

193. D. A. Coall and J. S. Chisholm, 'Evolutionary perspectives on pregnancy: maternal age at menarche and infant birth weight', *Social Science and Medicine* (2003) 57 (10): 1771–81.

194. T. E. Moffitt, A. Caspi, J. Belsky and P. A. Silva, 'Childhood experience and the onset of menarche: a test of a sociobiological model', *Child Development* (1992) 63 (1): 47–58.

195. 'American Academy of Pediatrics Committee on Adolescence: Adolescent pregnancy', *Pediatrics* (1989) 83 (1): 132–4.

196. B. J. Ellis, J. E. Bates, K. A. Dodge, D. M. Fergusson, L. J. Horwood, G. S. Pettit and L. Woodward, 'Does father absence place daughters at special risk for early sexual activity and teenage pregnancy?' *Child Development* (2003) 74 (3): 801–21.

197. J. Borger, 'Gunned down: the teenager who dared to walk across his neighbour's prized lawn', *Guardian*, 22 March 2006.

198. J. Allen, *Worry about Crime in England and Wales: Findings from the 2003/04 and 2004/05 British Crime Survey*. London: Research Development and Statistics Directorate, Home Office, 2006.

199. C. Hale, 'Fear of crime: a review of the literature', *International Review of Victimology* (1996) 4: 79–150.

200. H. Cronin, *The Ant and the Peacock*. Cambridge: Cambridge University Press, 1991.

201. J. Gilligan, *Preventing Violence*. New York: Thames & Hudson, 2001.

202. J. Gilligan, *Violence: Our deadly epidemic and its causes*. New York: G. P. Putnam, 1996.

203. R. Wilkinson, 'Why is violence more common where inequality is greater?' *Annals of the New York Academy of Sciences* (2004) 1036: 1–12.

204. M. Wilson and M. Daly, *Homicide*. Piscataway, NJ: Aldine Transaction, 1988.

205. M. Daly and M. Wilson, 'Crime and conflict: homicide in evolutionary psychological perspective', *Crime and Justice* (1997) 22: 51–100.

206. M. Daly and M. Wilson, 'Risk-taking, intrasexual competition, and homicide', *Nebraska Symposium on Motivation* (2001) 47: 1–36.

207. M. Daly, M. Wilson and S. Vasdev, 'Income inequality and homicide rates in Canada and the United States', *Canadian Journal of Public Health – Revue canadienne de criminologie* (2001) 43 (2): 219–36.

208. M. Wilson and M. Daly, 'Competitiveness, risk-taking and violence: the young male syndrome', *Ethology and Sociobiology* (1985) 6: 59–73.

209. D. M. Buss, *The Evolution of Desire: Strategies of human mating*. New York: Basic Books, 1994.

210. P. Fajnzylber, D. Lederman and N. Loayza, 'Inequality and violent crime', *Journal of Law and Economics* (2002) 45: 1–40.

211. C.-C. Hsieh and M. D. Pugh, 'Poverty, income inequality, and violent crime: A meta-analysis of recent aggregate data studies', *Criminal Justice Review* (1993) 18: 182–202.

212. United Nations Crime and Justice Information Network, *Survey on Crime Trends and the Operations of Criminal Justice Systems (Fifth, Sixth, Seventh, Eighth)*. New York: United Nations, 2000.

213. Federal Bureau of Investigation, *Crime in the United States*. Washington, DC: US Government Printing Office, 1990–2000.
214. M. Killias, J. van Kesteren and M. Rindlisbacher, 'Guns, violent crime, and suicide in 21 countries', *Canadian Journal of Criminology* (2001) 43: 429–48.
215. UN Commission on Crime Prevention and Criminal Justice, 'Criminal justice reform and strengthening of legal institutions measures to regulate firearms', in Secretary-General Report E/CN.15/1997/4. Vienna: United Nations, 1997.
216. M. Miller, D. Hemenway and D. Azrael, 'State-level homicide victimization rates in the US in relation to survey measures of household firearm ownership, 2001–2003', *Social Science and Medicine* (2007) 64 (3): 656–64.
217. 'Behavioural Risk Factor Surveillance Survey. Survey Results 2001 for Nationwide: Firearms'. North Carolina State Center for Health Statistics. http://www.schs.state.nc.us/SCHS/brfss/2001/us/firearm3.html (accessed 9 September 2008).
218. D. Popenoe, *Life Without Father*. New York: Free Press, 1996.
219. H. B. Biller, *Fathers and Families: Paternal factors in child development*. Westport, CT: Auburn House, 1993.
220. S. R. Jaffee, T. E. Moffitt, A. Caspi and A. Taylor, 'Life with (or without) father: the benefits of living with two biological parents depend on the father's antisocial behavior', *Child Development* (2003) 74(1): 109–26.
221. M. Anderson, J. Kaufman, T. R. Simon, L. Barrios, L. Paulozzi, G. Ryan, R. Hammond, W. Modzeleski, T. Feucht and L. Potter, 'School-associated violent deaths in the United States, 1994–1999', *Journal of the American Medical Association* (2001) 286 (21): 2695–702.
222. M. R. Leary, R. M. Kowalski, L. Smith and S. Phillips, 'Teasing, rejection, and violence: case studies of the school shootings', *Aggressive Behavior* (2003) 29: 202–14.
223. C. Shaw and H. McKay, *Juvenile Delinquency and Urban Areas*. Chicago: University of Chicago Press, 1942.
224. R. Sampson, S. Raudenbush and F. Earls, 'Neighborhoods and violent crime: a multilevel study of collective efficacy', *Science* (1997) 277: 918–24.
225. W. J. Wilson, *The Truly Disadvantaged: The inner city, the underclass, and public policy*. Chicago: University of Chicago Press, 1987.
226. Federal Bureau of Investigation, *Crime in the United States 2006*. Washington, DC: US Government Printing Office, 2006.

227. H. Boonstra, *Teen Pregnancy: Trends and lessons learned.* Guttmacher Report on Public Policy. Washington, DC: Alan Guttmacher Institute, 2002.

228. B. E. Hamilton, J. A. Martin and S. J. Ventura, 'Births: preliminary data for 2006', *National Vital Statistics Report* (2007) 56 (7).

229. R. V. Burkhauser, S. Feng and S. P. Jenkins, 'Using the P90/P10 Index to Measure US Inequality Trends with Current Population Survey Data: A View from Inside the Census Bureau Vaults', IZA Discussion Paper No. 2839, available at Social Science Research Network: http://ssrn.com/abstract=998222 (accessed 9 September 2008).

230. C. Cantave, M. Vanouse and R. Harrison, *Trends in Poverty.* Washington, DC: Center for Political and Economic Studies, 1999.

231. Child Trends DataBank, *Children in Poverty.* Washington, DC: Child Trends, 2003.

232. A. Blumstein, F. P. Rivara and R. Rosenfeld, 'The rise and decline of homicide – and why', *Annual Review of Public Health* (2000) 21: 505–41.

233. Annie E. Casey Foundation, *KidsCount Databook.* Baltimore, MD. Annie E. Casey Foundation, 1995.

234. C. G. Colen, A. T. Geronimus and M. G. Phipps, 'Getting a piece of the pie? The economic boom of the 1990s and declining teen birth rates in the United States', *Social Science and Medicine* (2006) 63 (6): 1531–45.

235. D. Dorling, 'Prime suspect: murder in Britain', in P. Hillyard, C. Pantazis, S. Tombs, D. Gordon and D. Dorling (eds), *Criminal Obsessions: Why harm matters more than crime.* London: Crime and Society Foundation, 2005.

236. R. Walmsley. 'An overview of world imprisonment: global prison populations, trends and solutions', United Nations Programme Network Institutes Technical Assistance Workshop. Vienna, 2001.

237. R. Walmsley, *World Prison Population List* (6th and 7th editions). London: International Centre for Prison Studies, King's College, 2005 and 2006.

238. A. Blumstein and A. J. Beck, 'Population growth in US prisons, 1980–1996', *Crime and Justice* (1999) 26: 17–61.

239. E. Chemerinsky, 'Life in prison for shoplifting: cruel and unusual punishment', *Human Rights* (2004) 31: 11–13.

240. M. Hough, J. Jacobson and A. Millie, *The Decision to Imprison: Sentencing and the prison population. Rethinking crime and punishment.* London: Prison Reform Trust, 2003.

241. D. Downes, 'The buckling of the shields: Dutch penal policy 1985–1995', in R. P. Weiss and N. South (eds), *Comparing Prison Systems: Towards a comparative and international penology*. Amsterdam: Gordon & Breach Publishers, 1998.

242. M. Mauer, *Comparative International Rates of Incarceration: An examination of causes and trends*. Washington, DC: Sentencing Project, 2003.

243. US Department of Justice, Bureau of Justice Statistics, 'Incarceration rates for prisoners under State or Federal jurisdiction', File: corpop25.wk1. http://www.ojp.usdoj.gov/bjs/data/corpop25.wk1 (accessed 30 March 2006).

244. W. S. Wooden and A. O. Ballan, 'Adaptation strategies and transient niches of one middle-class inmate in prison', *Psychological Reports* (1996) 78 (3, Pt 1): 870.

245. The Sentencing Project, *State Rates of Incarceration by Race*. Washington, DC: Sentencing Project, 2004.

246. R. Councell and J. Olagundoye. *The Prison Population in 2001: A statistical review*. Home Office Findings 195. London: Home Office, 2003.

247. Annie E. Casey Foundation, *KidsCount Databook*. Baltimore, MD: Annie E. Casey Foundation, 2008.

248. Leadership Conference on Civil Rights and Leadership Conference on Civil Rights Education Fund, *Justice on Trial: Racial disparities in the American criminal justice system*. Washington, DC: LCCR/LCCREF, 2000.

249. E. H. Johnson. 'The Japanese experience: effects of decreasing resort to imprisonment', in R. P. Weiss and N. South (eds.), *Comparing Prison Systems: Towards a comparative and international penology*. Amsterdam: Gordon & Breach Publishers, 1998.

250. J. O. Haley, 'Confession, repentence and absolution', in: M. Wright and B. Galoway (eds), *Mediation and Criminal Justice*. Newbury Park, CA: Sage, 1989.

251. Amnesty International, *Annual Report – United States of America*. London: Amnesty International, 2004.

252. Human Rights Watch and Amnesty International, *The Rest of Their Lives: Life without parole for child offenders in the United States*. New York: Human Rights Watch, 2005.

253. Human Rights Watch, *Cold Storage: Super-maximum security confinement in Indiana*. New York: Human Rights Watch, 1997.

254. Human Rights Watch, *Red Onion State Prison: Super-maximum*

security confinement in Virginia. New York: Human Rights Watch, 1999.

255. United Nations Committee against Torture, *Conclusions and Recommendations of the Committee against Torture: United States of America*. Geneva: United Nations, 2006.

256. J. Irwin, *The Warehouse Prison: Disposal of the new dangerous class*. Cary, NC: Roxbury Publishing Company, 2005.

257. Amnesty International, *Ill-treatment of Inmates in Maricopa County Jails, Arizona*. London: Amnesty International, 1997.

258. E. James, 'A life again', *Guardian*, 5 September 2005.

259. L. A. Rhodes. 'Can there be "best practices" in supermax?' in D. Jones (ed.), *Humane Prisons*. Oxford: Radcliffe Publishing, 2006.

260. The Commission on Safety and Abuse in America's Prisons, *Confronting Confinement*. New York: Vera Institute of Justice, 2006.

261. P. Carter. *Managing Offenders, Reducing Crime. Correctional Services Review*. London: Prime Minister's Strategy Unit, 2003.

262. Home Office, *Explaining Reconviction Rates: A critical analysis*. Home Office Research Study 136. London: Home Office, 1995.

263. S. Henry, 'On the Effectiveness of Prison as Punishment. Incarceration Nation: The warehousing of America's poor'. Ivy Tech State College, South Bend, Indiana: http://www.is.wayne.edu/stuarthenry/Effectiveness_of_Punishment.htm, 2003.

264. E. Currie, *Crime and Punishment in America*. New York: Henry Holt & Co, 1998.

265. Youth Justice Board, *Anti-social Behaviour Orders* (B289). London: Youth Justice Board for England and Wales, 2006.

266. NCH, *Tackling Anti-social Behaviour: Have we got it right?* London: NCH Children's Charities, 2006.

267. K. Beckett and B. Western, 'Governing social marginality', in D. Garland (ed.), *Mass Imprisonment: Social causes and consequences*. London: Sage, 2001.

268. D. Downes and K. Hansen, *Welfare and Punishment: The relationship between welfare spending and imprisonment*. London: Crime and Society Foundation, 2006.

269. J. Silverman, 'Does prison work?' ESRC Society Today: Spotlights. http://www.esrc.ac.uk/ESRCInfoCentre/about/CI/CP/Our_Society_Today/Spotlights-2006/prison.aspx?ComponentId=16448&SourcePageId=16475 (accessed 9 September 2008).

270. M. Tonry, 'Why are US incarceration rates so high?' *Crime and Delinquency* (1999) 45: 419–37.

271. J. Blanden, P. Gregg and S. Machin, *Intergenerational mobility in*

Europe and North America. London: Centre for Economic Performance, London School of Economics, 2005.

272. L. Mishel, J. Bernstein and S. Allegretto, *The State of Working America 2006/7.* An Economic Policy Institute Book. Ithaca, NY: ILR Press, an imprint of Cornell University Press, 2007.

273. OECD, *Education at a Glance 2003. OECD Indicators.* Paris: OECD, 2004.

274. D. S. Massey, 'The age of extremes: concentrated affluence and poverty in the twenty-first century', *Demography* (1996) 33: 395–412.

275. P. A. Jargowsky, 'Take the money and run: economic segregation in U.S. metropolitan areas', *American Sociological Review* (1996) 61 (6): 984–8.

276. P. A. Jargowsky, *Poverty and Place: Ghettos, barrios and the American city.* New York: Russell Sage Foundation, 1997.

277. P. A. Jargowsky, *Stunning Progress, Hidden Problems: The dramatic decline of concentrated poverty in the 1990s.* The Living Cities Census Series. Washington, DC: Brookings Institution Press, 2003.

278. D. Dorling, 'Why Trevor is wrong about race ghettos', *Observer,* 25 September 2005.

279. D. Dorling, *Human Geography of the UK.* London: Sage Publications, 2005.

280. D. Dorling and P. Rees, 'A nation still dividing: the British census and social polarization', *Environment and Planning* (2003) 35: 1287–313.

281. A. Berube, *Mixed Communities in England.* York: Joseph Rowntree Foundation, 2005.

282. I. Kawachi, 'Income inequality and economic residential segregation', *Journal of Epidemiology and Community Health* (2002) 56 (3): 165–6.

283. S. Mayer, *How the Growth in Income Inequality Increased Economic Segregation.* The Joint Center for Poverty Research Working Paper 235. Chicago: NorthWestern University/University of Chicago, 2001.

284. P. Lobmayer and R. G. Wilkinson, 'Inequality, residential segregation by income, and mortality in US cities', *Journal of Epidemiology and Community Health* (2002) 56 (3): 183–7.

285. N. J. Waitzman and K. R. Smith, 'Separate but lethal: the effects of economic segregation on mortality in metropolitan America', *Milbank Quarterly* (1998) 76 (3): 341–73.

286. P. Bourdieu, *Distinction: A social critique of the judgement of taste.* London: Routledge, 1984.

287. K. Fox, *Watching the English: The hidden rules of English behaviour.* London: Hodder & Stoughton, 2004.

288. J. Epstein, *Snobbery: The American version*. New York: Houghton Mifflin Company, 2002.
289. R. Sennett and J. Cobb, *The Hidden Injuries of Class*. New York: Alfred A. Knopf, 1972.
290. S. J. Charlesworth, P. Gilfillan and R. G. Wilkinson, 'Living inferiority', *British Medical Bulletin* (2004) 69: 49–60.
291. A. Marcus-Newhall, W. C. Pedersen, M. Carlson and N. Miller, 'Displaced aggression is alive and well: a meta-analytic review', *Journal of Personality and Social Psychology* (2000) 78 (4): 670–89.
292. R. A. Baron, J. H. Neumann and A. Geddes, 'Social and personal determinants of workplace aggression: evidence for the impact of perceived injustice and the Type A behavior pattern', *Aggressive Behavior* (1999) 25 (4): 281–96.
293. D. L. Horowitz, 'Direct, displaced and cumulative ethnic aggression', *Comparative Politics* (1973): 6 (1): 1–16.
294. H. Crawley, *Evidence on Attitudes to Asylum and Immigration: What we know, don't know and need to know*. Working Paper No. 23. Oxford: Centre on Migration, Policy and Society, University of Oxford, 2005.
295. J. L. Ireland, *Bullying among Prisoners: Evidence, research and intervention strategies*. Hove: Brunner-Routledge, 2002.
296. P. Earley, *The Hot House: Life inside Leavenworth prison*. New York: Bantam, 1992.
297. J. Sidanius and F. Pratto, *Social Dominance*. Cambridge: Cambridge University Press, 1999.
298. K. E. Pickett and R. G. Wilkinson, 'People like us: ethnic group density effects on health', *Ethnicity and Health* (2008) 13 (4): 321–34.
299. J. Boydell, J. van Os, K. McKenzie, J. Allardyce, R. Goel, R. G. McCreadie and R. M. Murray, 'Incidence of schizophrenia in ethnic minorities in London: ecological study into interactions with environment', *British Medical Journal* (2001) 323 (7325): 1336–8.
300. J. Neeleman and S. Wessely, 'Ethnic minority suicide: a small area geographical study in south London', *Psychological Medicine* (1999): 29 (2): 429–36.
301. J. Neeleman, C. Wilson-Jones and S. Wessely, 'Ethnic density and deliberate self-harm: a small area study in south east London', *Journal of Epidemiology and Community Health* (2001) 55: 85–90.
302. J. Fang, S. Madhavan, W. Bosworth and M. H. Alderman, 'Residential segregation and mortality in New York City', *Social Science and Medicine* (1998) 47 (4): 469–76.
303. L. Franzini and W. Spears, 'Contributions of social context to

inequalities in years of life lost to heart disease in Texas, USA', *Social Science and Medicine* (2003) 57 (10): 1847–61.

304. C. M. Masi, L. C. Hawkley, Z. H. Piotrowski and K. E. Pickett, 'Neighborhood economic disadvantage, violent crime, group density, and pregnancy outcomes in a diverse, urban population', *Social Science and Medicine* (2007) 65 (12): 2440–57.

305. K. E. Pickett, J. W. Collins, Jr., C. M. Masi and R. G. Wilkinson, 'The effects of racial density and income incongruity on pregnancy outcomes', *Social Science and Medicine* (2005) 60 (10): 2229–38.

306. E. M. Roberts, 'Neighborhood social environments and the distribution of low birthweight in Chicago', *American Journal of Public Health* (1997) 87 (4): 597–603.

307. L. C. Vinikoor, J. S. Kaufman, R. F. MacLehose and B. A. Laraia, 'Effects of racial density and income incongruity on pregnancy outcomes in less segregated communities', *Social Science and Medicine* (2008) 66 (2): 255–9.

308. A. M. Jenny, K. C. Schoendorf and J. D. Parker, 'The association between community context and mortality among Mexican-American infants', *Ethnicity and Disease* (2001) 11 (4): 722–31.

309. J. R. Dunn, B. Burgess and N. A. Ross, 'Income distribution, public services expenditures, and all cause mortality in US States', *Journal of Epidemiology and Community Health* (2005) 59 (9): 768–74.

310. A. Deaton and D. Lubotsky, 'Mortality, inequality and race in American cities and states', *Social Science and Medicine* (2003) 56 (6): 1139–53.

311. D. K. McLaughlin and C. S. Stokes, 'Income inequality and mortality in US counties: does minority racial concentration matter?' *American Journal of Public Health* (2002) 92 (1): 99–104.

312. R. Ram, 'Income inequality, poverty, and population health: evidence from recent data for the United States', *Social Science and Medicine* (2005) 61 (12): 2568–76.

313. S. V. Subramanian and I. Kawachi, 'The association between state income inequality and worse health is not confounded by race', *International Journal of Epidemiology* (2003) 32 (6): 1022–8.

314. R. Ram, 'Further examination of the cross-country association between income inequality and population health', *Social Science and Medicine* (2006) 62 (3): 779–91.

315. J. Banks, M. Marmot, Z. Oldfield and J. P. Smith, 'Disease and disadvantage in the United States and in England', *Journal of the American Medical Association* (2006) 295 (17): 2037–45.

316. J. Banks, M. Marmot, Z. Oldfield and J. P. Smith, 'The SES Health Gradient on Both Sides of the Atlantic'. NBER Working Paper 12674. Cambridge, MA: National Bureau of Economic Research, 2007.

317. D. Vagero and O. Lundberg, 'Health inequalities in Britain and Sweden', *Lancet* (1989) 2 (8653): 35–6.

318. D. A. Leon, D. Vagero and P. O. Olausson, 'Social class differences in infant mortality in Sweden: comparison with England and Wales', *British Medical Journal* (1992) 305 (6855): 687–91.

319. S. V. Subramanian and I. Kawachi, 'Whose health is affected by income inequality? A multilevel interaction analysis of contemporaneous and lagged effects of state income inequality on individual self-rated health in the United States', *Health and Place* (2006) 12 (2): 141–56.

320. M. Wolfson, G. Kaplan, J. Lynch, N. Ross and E. Backlund, 'Relation between income inequality and mortality: empirical demonstration', *British Medical Journal* (1999) 319 (7215): 953–5.

321. S. J. Babones, 'Income inequality and population health: correlation and causality', *Social Science and Medicine* (2008) 66 (7): 1614–26.

322. C. A. Shively and T. B. Clarkson, 'Social status and coronary artery atherosclerosis in female monkeys', *Arteriosclerosis and Thrombosis* (1994) 14 (5): 721–6.

323. C. A. Shively and T. B. Clarkson, 'Regional obesity and coronary artery atherosclerosis in females: a non-human primate model', *Acta Medica Scandinavica*, Supplement (1988) 723: 71–8.

324. M. Sahlins, *Stone Age Economics*. London: Routledge, 2003.

325. T. Hobbes, *Leviathan*. Oxford: Oxford University Press, 1998.

326. K. Jensen, J. Call and M. Tomasello, 'Chimpanzees are rational maximisers in an ultimatum game', *Science* (2007) 318 (5847): 107–9.

327. J. Henrich, R. Boyd, S. Bowles, C. F. Camerer, E. Fehr, H. Gintis and R. McElreath, 'Overview and synthesis', in J. Henrich, R. Boyd, S. Bowles, C. F. Camerer, E. Fehr and H. Gintis (eds), *Foundations of Human Sociality*. Oxford: Oxford University Press, 2004.

328. F. B. de Waal and F. Lanting, *Bonobo: The forgotten ape*. Berkeley: University of California Press, 1997.

329. E. A. D. Hammock, L. J. Young, 'Microsatellite instability generates diversity in brain and sociobehavioral traits', *Science* (2005) 308 (5728): 1630–34.

330. J. B. Lassner, K. A. Matthews and C. M. Stoney, 'Are cardiovascular reactors to asocial stress also reactors to social stress?' *Journal of Personality and Social Psychology* (1994) 66 (1): 69–77.

331. R. I. M. Dunbar, 'Brains on two legs: group size and the evolution

of intelligence', in F. B. de Waal (ed.), *Tree of Origin: What primate behavior can tell us about human social evolution*. Cambridge, MA: Harvard University Press, 2001.

332. C. Boehm, *Hierarchy in the Forest: The evolution of egalitarian behavior*. Cambridge, MA: Harvard University Press, 1999.

333. D. Erdal and A. Whiten, 'Egalitarianism and Machiavellian intelligence in human evolution', in P. Mellars and K. Gibson K. (eds), *Modelling the Early Human Mind*. Cambridge: McDonald Institute Monographs, 1996.

334. R. G. Wilkinson, *The Impact of Inequality*. New York: New Press, 2005.

335. J. Woodburn, 'Egalitarian societies', *Man* (1982) 17: 431–51.

336. I. C. G. Weaver, N. Cervoni, F. A. Champagne, A. C. d'Alessio, S. Sharma, J. R. Seckl, S. Dymov, M. Szyf and M. J. Meaney, 'Epigenetic programming by maternal behaviour', *Nature Neuroscience* (2004) 7: 847–54.

337. S. Morris, 'Women laughed as they forced toddlers to take part in "dog fight"', *Guardian*, 21 April 2007.

338. G. Rizzolatti and L. Craighero, 'The mirror-neuron system', *Annual Review of Neuroscience* (2004) 27: 169–72.

339. M. Kosfeld, M. Heinrichs, P. J. Zak, U. Fischbacher and E. Fehr, 'Oxytocin increases trust in humans', *Nature* (2005) 435: 673–6.

340. P. J. Zak, R. Kurzban and W. Matzner, 'The neurobiology of trust', *Annals of the New York Academy of Sciences* (2004) 1032: 224–7.

341. J. K. Rilling, G. A. Gutman, T. R. Zeh, G. Pagnoni, G. S. Berns and C. D. Kilts, 'A neural basis for social cooperation', *Neuron* (2002) 35: 395–405.

342. N. I. Eisenberger and M. D. Lieberman, 'Why rejection hurts', *Trends in Cognitive Science* (2004) 8: 294–300.

343. J. W. Ouwerkerk, P. A. M. van Lange and M. Gallucci, 'Avoiding the social death penalty: ostracism and cooperation in social dilemmas', in K. D. Williams, J. P. Forgas and W. von Hippel (eds), *The Social Outcast: Ostracism, social exclusion, rejection and bullying*. New York: Psychology Press, 2005.

344. World Bank, *World Development Indicators (WDI) September 2006*. Economic and Social Data Service International, Manchester: Mimas.

345. World Wildlife Fund, *Living Planet Report 2006*. Gland, Switzerland: WWF International, 2007.

346. R. M. Titmuss, *Essays on the Welfare State*. London: Unwin, 1958.

347. H. Daly, *Steady-state Economics*. Washington, DC: Island Press, 1991.
348. M. Bookchin, *The Ecology of Freedom*. Oakland, CA: AK Press, 2005.
349. R. G. Wilkinson, *Poverty and Progress*. London: Methuen, 1973.
350. H. C. Wallich, 'Zero growth', *Newsweek*, 24 January 1972.
351. R. H. Frank, *Falling Behind: How rising inequality harms the middle class*. Berkeley, CA: University of California Press, 2007.
352. S. Bowles and Y. Park, 'Emulation, inequality, and work hours: was Thorsten Veblen right?' *Economic Journal* (2005) 115: F397–F412.
353. D. Neumark and A. Postlethwaite, 'Relative income concerns and the rise in married women's employment', *Journal of Public Economics* (1998) 70: 157–83.
354. Y. Park, *Veblen Effects on Labor Supply: Male earnings inequality increases women's labor force participation*. New London, CT: Department of Economics, Connecticut College, 2004.
355. S. J. Solnick and D. Hemenway, 'Is more always better? A survey on positional concerns', *Journal of Economic Behavior & Organization* (1998) 37: 373–83.
356. T. Veblen, *The Theory of the Leisure Class*. Oxford: Oxford University Press, 2007.
357. Planet Ark, *The Recycling Olympic Report*. Sydney: Planet Ark Environmental Foundation, 2004.
358. Vision of Humanity, *Global Peace Index: Methodology, results and findings*. Cammeray, NSW: Vision of Humanity, 2007.
359. G. B. Shaw, *The Intelligent Woman's Guide to Socialism and Capitalism*. Edison, NJ: Transaction Publishers, 2007.
360. M. Bloom, 'The performance effects of pay dispersion on individuals and organizations', *Academy of Management Journal* (1991) 42: 25–40.
361. J. P. Mackenbach, 'Socio-economic inequalities in health in Western Europe', in J. Siegrist and M. Marmot (eds), *Social Inequalities in Health*. Oxford: Oxford University Press, 2006.
362. OECD, *Social Expenditure – Aggregated Data*. Vol. 2008, OECD. Stat, 2001.
363. Tax Foundation, *State and Local Tax Burdens Compared to Other US States, 1970–2007*. Washington, DC: Tax Foundation, 2007.
364. Justice Policy Institute, *Cellblocks or Classrooms?* Washington, DC: Justice Policy Institute, 2002.
365. L. J. Schweinhart and D. P. Weikart, 'Success by empowerment:

the High/Scope Perry Preschool Study through age 27', *Young Children* (1993) 49: 54–8.

366. World Bank, *The East Asian Miracle*. Oxford: Oxford University Press, 1993.

367. J. M. Page, 'The East Asian miracle: an introduction', *World Development* (1994) 22 (4): 615–25.

368. R. M. Titmuss, 'War and social policy', in R. M. Titmuss (ed.), *Essays on the Welfare State* (3rd edition). London: Unwin, 1976.

369. L. McCall and J. Brash, *What do Americans Think about Inequality?* Working Paper. New York: Demos, 2004.

370. J. Weeks, *Inequality Trends in Some Developed OECD Countries*. Working Paper No. 6. New York: United Nations Department of Economic and Social Affairs, 2005.

371. J. Benson, 'A typology of Japanese enterprise unions', *British Journal of Industrial Relations* (1996) 34: 371–86.

372. L. Osberg and T. Smeeding, '"Fair" inequality? Attitudes to pay differentials: The United States in comparative perspective', *American Sociological Review* (2006) 71: 450–73.

373. J. Finch, 'The boardroom bonanza', *Guardian*, 29 August 2007.

374. International Labour Organization, 'Income inequalities in the age of financial globalization', *World of Work Report 2008*. Geneva: ILO, 2008.

375. Institute for Policy Studies, *Annual CEO Compensation Survey*. Washington, DC: Institute for Policy Studies, 2007.

376. United Nations Conference on Trade and Development, 'Are transnationals bigger than countries?' Press release: TAD/INF/PR/47. Geneva: United Nations Conference on Trade and Development, 2002.

377. T. Paine, *The Rights of Man*. London: Penguin, 1984.

378. G. Alperovitz, *America beyond Capitalism*. Hoboken, NJ: Wiley, 2004.

379. W. Hutton. 'Let's get rid of our silly fears of public ownership', *Observer*, 6 April 2008.

380. M. J. Conyon and R. B. Freeman, *Shared Modes of Compensation and Firm Performance: UK Evidence*. NBER Working Paper W8448. Cambridge, MA: National Bureau of Economic Research, 2001.

381. A. Pendleton and C. Brewster, 'Portfolio workforce', *People Management* (2001) July: 38–40.

382. G. Gates, 'Holding your own: the case for employee capitalism', *Demos Quarterly* (1996) 8: 8–10.

383. P. M. Rooney, 'Worker participation in employee owned firms', *Journal of Economic Issues* (1988) XXII (2): 451–8.

384. J. L. Cotton, *Employee Involvement: Methods for improving performance and work attitudes*. Newbury Park, CA: Sage, 1993.

385. National Center for Employee Ownership, *Employee Ownership and Corporate Performance: A comprehensive review of the evidence*. Oakland, CA: National Center for Employee Ownership, 2004.

386. J. Blasi, D. Kruse and A. Bernstein, *In the Company of Owners*. New York: Basic Books, 2003.

387. P. A. Kardas, A. Scharf and J. Keogh, *Wealth and Income Consequences of Employee Ownership*. Olympia, WA: Washington State Department of Community, Trade and Economic Development, 1998.

388. R. Oakeshott, *Jobs and Fairness: The logic and experience of employee ownership*. Norwich: Michael Russell, 2000.

389. M. Quarrey and C. Rosen, 'How well is employee ownership working?' *Harvard Business Review* (1987) Sep.–Oct.: 126–32.

390. T. Theorell, 'Democracy at work and its relationship to health', in P. Perrewe and D. E. Ganster (eds), *Emotional and Physiological Processes and Intervention Strategies: Research in occupational stress and well being*, Volume 3. Greenwich, CT: JAI Press, 2003.

391. R. de Vogli, J. E. Ferrie, T. Chandola, M. Kivimaki and M. G. Marmot, 'Unfairness and health: evidence from the Whitehall II Study', *Journal of Epidemiology and Community Health* (2007) 61 (6): 513–18.

392. D. Erdal, *Local Heroes*. London: Viking, 2008.

393. D. Erdal, 'The Psychology of Sharing: An evolutionary approach'. Unpublished PhD thesis, St Andrews, 2000.

394. S. Milgram, *Obedience to Authority*. New York: Harper, 1969.

395. L. T. Hobhouse, *Liberalism*. London: Williams & Norgate, 1911.

396. D. Coyle, *The Weightless World*. Oxford: Capstone, 1997.

397. K. E. Kiernan, F. K. Mensah. 'Poverty, maternal depression, family status and children's cognitive and behavioural development in early childhood: A longitudinal study'. *Journal of Social Policy* 2009; doi: 10.1017/S0047279409003250: 1–20.

398. J. Bradshaw, N. Finch. *A Comparison of Child Benefit Packages in 22 Countries*. Table 2.2. London: Department for Work and Pensions, 2002.

399. OECD. *Society at a glance 2009: OECD Social Indicators*. OECD 2009.

400. I. Kawachi, B. P. Kennedy, K. Lochner, D. Prothrow-Stith. 'Social capital, income inequality, and mortality'. *Am J Public Health* 1997; 87(9): 1491–8.

401. E. Uslaner. *The moral foundations of trust*. Cambridge: Cambridge University Press, 2002.

402. F. J. Elgar, W. Craig, W. Boyce, A. Morgan, R. Vella-Zarb. 'Income inequality and school bullying: Multilevel study of adolescents in 37 countries'. *Journal of Adolescent Health* 2009; 45(4): 351–9.

403. World Intellectual Property Organization. *Intellectual property statistics, Publication A.* Geneva: WIPO, 2001.

404. Personal communication, R. De Vogli, D. Gimeno 2009.

405. R. G. Wilkinson, K. E. Pickett. *Equality and sustainability.* London: London Sustainable Development Commission, 2009.

406. J. Hills, T. Sefton, K. Stewart (eds). *Towards a more equal society? Poverty, inequality and policy since 1997.* Bristol: Policy Press, 2009.

407. P. Krugman. *The Conscience of a Liberal: Reclaiming America from the right.* London: Penguin, 2009.

408. L. Bamfield, T. Horton. *Understanding attitudes to tackling economic inequality.* York: Joseph Rowntree Foundation, 2009.

409. M. I. Norton, D. Ariely, 'Building a better America – one wealth quintile at a time', *Perspectives on Psychological Science:* in press.

410. D. Runciman, *London Review of Books* 2009, No. 29; 22 Oct. 2009.

411. J. H. Goldthorpe, 'Analysing Social Inequality: A Critique of Two Recent Contributions from Economics and Epidemiology', *European Sociological Review*, 2009; doi: 10.1093/esr/jcp046

412. N. Oreskes, E. M. Conway, *Merchants of Doubt: How a Handful of Scientists Obscured the Truth on Issues from Tobacco Smoke to Global Warming.* New York: Bloomsbury, 2010.

413. The Equality Trust. The authors respond to questions about *The Spirit Level*'s analysis. *http://www.equalitytrust.org.uk/resources/response-to-questions* 2010.

414. M. Daly and M. Wilson, 'Cultural inertia, economic incentives, and the persistence of "southern violence"', in *Evolution, culture, and the human mind.* Edited by M. Schaller, A. Norenzayan, S. Heine, T. Yamagishi and T. Kameda. New York: Psychology Press. (2010) Pp. 229–241.

415. F. J. Elgar, N. Aitken, 'Income inequality, trust and homicide in 33 countries', *European Journal of Public Health* 2010; doi:10.1093/eurpub/ckq068.

416. P. Saunders, *Beware of False Profits*, Policy Exchange, London 2010.

417. C. J. Snowdon, '*The Spirit Level Delusion*', Democracy Institute / Little Dice, London 2010.

418. S. Hales, P. Howden-Chapman, C. Salmond, A. Woodward, J. Mackenbach, 'National infant mortality rates in relation to gross national product and distribution of income', *Lancet* 1999; 354:2047.

419. N. A. Ross, M. C. Wolfson, J. R. Dunn, J. M. Berthelot, G. A. Kaplan, J. W. Lynch, 'Relation between income inequality and mortality in Canada and in the United States: cross sectional assessment using census data and vital statistics', *British Medical Journal* 2000; 320: 898–902.

420. P. Walberg, M. McKee, V. Shkolnikov, L. Chenet, D. A. Leon, 'Economic change, crime, and mortality crisis in Russia: regional analysis', *British Medical Journal* 1998; 317 (7154) : 312–8.

421. X. Pei , E. Rodriguez, 'Provincial income inequality and self-reported health status in China during 1991–7, *Journal of Epidemiology and Community Health* 2006; 60:1065–9.

422. Y. Ichida, K. Kondo, H. Hirai, T. Hanibuchi, G. Yoshikawa, C. Murata, 'Social capital, income inequality and self-rated health in Chita peninsula, Japan: a multilevel analysis of older people in 25 communities', *Social Science & Medicine* 2009; 69(4):489–99.

423. S. V. Subramanian, I. Delgado, L. Jadue, J. Vega, I. Kawachi, 'Income inequality and health: multilevel analysis of Chilean communities', *Journal of Epidemiology and Community Health* 2003;57(11):844–8.

424. K. E. Pickett, R. G. Wilkinson, 'Child wellbeing and income inequality in rich societies: ecological cross sectional study', *British Medical Journal* 2007; 335 (7629):1080.

425. K. E. Pickett, O. W. James, R. G. Wilkinson. Income inequality and the prevalence of mental illness: a preliminary international analysis. *J Epidemiol Community Health* 2006; 60(7): 646–7.

426. J. Blanden, 'How much can we learn from international comparisons of intergenerational mobility', London: Centre for the Economics of Education, London School of Economics, 2009.

427. S. J. Babones, 'Income inequality and population health: Correlation and causality', *Social Science & Medicine* 2008; 66(7): 1614–26.

428. D. Collison, C. Dey, G. Hannah, L. Stevenson, 'Income inequality and child mortality in wealthy nations', *Journal of Public Health* 2007; 29(2): 114–7.

429. F. J. Elgar, 'Income Inequality, trust, and population health in 33 countries', *American Journal of Public Health,* doi: 10.2105/AJPH.2009.189134.

430. V. Hildebrand, P. Van Kerm, 'Income inequality and self-rated health status: evidence from the European Community Household Panel', *Demography* 2009; 46(4): 805–25.

431. A. J. Idrovo, M. Ruiz-Rodriguez, A. P. Manzano-Patino, 'Beyond the income inequality hypothesis and human health: a worldwide exploration', *Revista Salude Publica* 2010; 44(4): 695–702.

432. M. H. Jen, K. Jones, R. Johnston, 'Compositional and contextual approaches to the study of health behaviour and outcomes: using multi-level modelling to evaluate Wilkinson's income inequality hypothesis', *Health & Place* 2009; 15(1):198–203.

433. M. H. Jen, K. Jones, R. Johnston, 'Global variations in health: evaluating Wilkinson's income inequality hypothesis using the World Values Survey', *Social Science & Medicine* 2009; 68(4): 643–53.

434. M. Karlsson, T. Nilsson, C. H. Lyttkens, G. Leeson, 'Income inequality and health: importance of a cross-country perspective', *Social Science & Medicine* 2010; 70(6): 875–85.

435. D. Kim, I. Kawachi, S. V. Hoorn, M. Ezzati, 'Is inequality at the heart of it? Cross-country associations of income inequality with cardiovascular diseases and risk factors', *Social Science & Medicine* 2008; 66(8): 1719–32.

436. A. Barford, D. Dorling, K. E. Pickett, 'Re-evaluating self-evaluation: A commentary on Jen, Jones, and Johnston (68: 4, 2009). *Social Science & Medicine* 2010; 70(4): 496–7.

437. D. Dorling, A. Barford, 'The inequality hypothesis: thesis, antithesis, and a synthesis?' *Health & Place* 2009; 15(4): 1166–9.

438. N. Kondo, G. Sembajwe, I. Kawachi, R. M. van Dam, S. V. Subramanian, Z. Yamagata, 'Income inequality, mortality, and self rated health: meta-analysis of multilevel studies', *British Medical Journal* 2009; 339:b4471.

439. A. Clarkwest, 'Neo-materialist theory and the temporal relationship between income inequality and longevity change', *Social Science & Medicine* 2008; 66 (9): 1871–81.

440. J. Holt-Lunstad, T. B. Smith, J. B. Layton, 'Social relationships and mortality risk: a meta-analytic review'. *PLoS Medicine* 2010; 7(7):e1000316.

441. D. Dorling, 'Is more equal more green?' Lecture to the Royal Geographical Society; 2010; London. http://sasi.group.shef.ac.uk/presentations/rgs/.

442. R. G. Wilkinson, K. E. Pickett, R. De Vogli, 'A convenient truth', *British Medical Journal* in press.

443. J. T. Roberts, B. C. Parks, *Climate of Injustice: Global Inequality, North-South Politics and Climate Policy*. Boston: The MIT Press, 2006.

444. J-S. You, S. Khagram, 'Comparative study of inequality and corruption', *American Sociological Review* 2005; 70: 136–57.

445. I. Kawachi, B. P. Kennedy, 'Socioeconomic determinants of health : Health and social cohesion: why care about income inequality?' *British Medical Journal* 1997; 314: 1037.

446. B. Geysa, 'Explaining voter turnout: A review of aggregate-level research' Electoral Studies, 2006; 25(4): 637–663.

447. M. Iacoviello, 'Household debt and income inequality 1963 to 2003', *Journal of Money, Credit and Banking* 2008; 40:929–65.

448. OECD StatExtracts 2008, 2009 http://stats.oecd.org/Index.aspx?DataSetCode=SNA http://www.oecdwash.org/PUBS/ELECTRONIC/SAMPLES/natac_vol3_guide.pdf

449. D. Sington, *The Flaw*: Dartmouth Films, 2010.

450. B. Milanovic, 'Income inequality and speculative investment by the rich and poor in America led to the financial meltdown', Two Views on the Cause of the Global Crisis – Part I. *YaleGlobal Online*, 4 May 2009.

451. D. Moss, 'An Ounce of Prevention: Financial Regulation, Moral Hazard, and the End of "Too Big to Fail"', *Harvard Magazine*, 2009; September–October 2009.

452. P. Krugman, 'Inequality and crises: coincidence or causation?' http://www.princeton.edu/~pkrugman/inequality_crises.pdf

453. D. Cameron, the *Guardian* Hugo Young Lecture, 10 November 2009.

454. E. Miliband, Victory speech, Labour Party Conference, Manchester 25 September 2010.

455. E. Miliband, BBC Radio 4, *Today*, 12 July 2010.

456. The Equality Trust. http://www.equalitytrust.org.uk/pledge/signatories

SPIRIT LEVEL: WHY EQUALITY IS BETTER FOR EVERYONE
Text Copyright ©Richard Wilkinson and Kate Pickett, 2009, 2010
First Published by Allen Lane 2009
Simplified Chinese edition copyright ©2016 by New Star Press Co., Ltd.
Published under licence from Penguin Books Ltd.
Penguin（企鹅）and the Penguin logo are trademarks of Penguin Books Ltd.
First published in Great Britain in the English language by Penguin Books Ltd.
All right reserved.
封底凡无企鹅防伪标识者均属未经授权之非法版本。

图书在版编目（CIP）数据

公平之怒 /（英）理查德·威尔金森，（英）凯特·皮克特著；李岩译 . -- 北京：新星出版社，2017.9
ISBN 978-7-5133-2810-4

Ⅰ . ①公… Ⅱ . ①理… ②凯… ③李… Ⅲ . ①平等－研究 Ⅳ . ① D081

中国版本图书馆 CIP 数据核字（2017）第 199792 号

公平之怒

（英）理查德·威尔金森，凯特·皮克特 著；李岩 译

出版统筹：刘丽华 向 珂
特约编辑：葛 畅
责任编辑：汪 欣
责任印制：李珊珊
封面设计：董茹嘉

出版发行：新星出版社
出 版 人：谢 刚
社　　址：北京市西城区车公庄大街丙3号楼　　100044
网　　址：www.newstarpress.com
电　　话：010-88310888
传　　真：010-65270449
法律顾问：北京市大成律师事务所

读者服务：010-88310811　　service@newstarpress.com
邮购地址：北京市西城区车公庄大街丙3号楼　　100044

印	刷：北京鹏润伟业印刷有限公司
开	本：660mm×970mm　　1/16
印	张：19.75
字	数：155千字
版	次：2017年9月第一版　2017年9月第一次印刷
书	号：ISBN 978-7-5133-2810-4
定	价：48.00元

版权专有，侵权必究；如有质量问题，请与印刷厂联系调换。